联合国人权理事会

历史、机制与实践

毛俊响、彭芩萱、盛喜、王欣怡 合著

五洲传播出版社

前言

习近平总书记在2022年2月中央政治局第三十七次集体学习时，曾发表重要讲话，讲话指出，坚持积极参与全球人权治理，既是中国人权发展的主要特征，又是我国在推进人权事业实践中取得的宝贵经验。发展人权是全人类共同的事业。我们应弘扬全人类共同价值观，坚持平等互信、包容互鉴、合作共赢、共同发展的理念，推动全球人权治理朝着更加公平公正合理包容的方向发展。我们要积极参与联合国人权事务，广泛同各国特别是发展中国家开展国际人权交流合作，在全球人权治理中发挥建设性作用。

中国历来支持在多边主义框架下推进全球人权治理，重视并深度参与联合国人权事务。联合国人权理事会是推进全球人权治理的最重要的多边机制。中国不仅支持创建人权理事会，而且在其能力建设中发挥了重要作用，曾经五次当选人权理事会成员，与人权理事会各项机制保持密切合作。自2009年以来，中国三次接受人权理事会普遍定期审议并顺利通过核可，对各国所提建议均给予认真、负责任的反馈。中国提出的构建人类命运共同体的理念，多次被写入人权理事会决议。同时，中国在人权理事会还多次提出了“发展对享有所有人权的贡献”的决议，将“以发展促人权”的理念引入国际人权体系。

推动构建更加公平公正合理包容的全球人权治理体系，关键是要高举真正的多边主义旗帜，推动联合国人权理事会运行逻辑朝着普遍性、非选择性、建设性对话等方向发展。要推动包括人权理事会在内的联合国人权机制的建设与改革，切实提升广大发展中国家在联合国人权事务中的代表性和发言权；要积极推动国际关系民主化和法治化，共同反对单边主义、霸权主义，实现更公平、更公正、更合理、更包容的全球人权治理。

中国要在联合国人权机制建设和改革方面发挥更加重要的作用，就必须深入了解人权理事会的历史发展与当前实践，深刻把握人权理事会的运行逻辑和工作机制，提升运用人权理事会程序规则推动其改革与建设的能力和水平。当前，我国实务部门人员、媒体以及普通公众对人权理事会的了解程度与我国深度参与人权理事会的迫切需求并不匹配。因此，出版一本全面系统地介绍人权理事会的历史、机制与实践的知识读本，有助于社会大众深入了解人权理事会及其运作程序，有助于促进中国在全球人权治理中发挥更大作用。

在这一背景下，作为贯彻习近平总书记要“广泛开展人权宣传和知识普及，营造尊重和保障人权的良好氛围”重要讲话精神的具体成果，中南大学人权研究中心（国家人权教育与培训基地）主持编著了《联合国人权理事会：历史、机制与实践》一书。本书系统回顾了人权理事会建立的背景，以翔实的资料介绍了国际社会在建立人权理事会过程中的争论与合作；全面系统地介绍了人权理事会工作机构、工作机制、工作方法、会议制度，重点介绍了人权理事会普遍定期审议机制、特别程序、申诉程序；阐明了人权理事会与联合国其他机构的关系，讨论了非政府组织参与人权理事会的机制安排；深刻揭示了中国对人权理事会机制建设的重大贡献，全面介绍了中国参与人权理事会普遍定期审议机制、中国与人权理事特别程序的合作等问题。本书理论与实践相结合，历史与现实相对照，资料详实，可读性强，是一本有助于社会公众全面了解人权理事会的知识读本，可作为国内高校、党校和人权机构开展人权知识教育与培训的参考教材。

本书由毛俊响、彭芩萱、盛喜、王欣怡合著。毛俊响教授负责全书框架和具体章节的设计，并负责全书的审读与定稿工作。因合著者水平有限，本书肯定存在诸多不足之处，敬请读者批评指正。

毛俊响

2022 年 8 月于岳麓山

毛俊响

中南大学人权研究中心执行主任、教授

彭芩萱

武汉大学国际法治研究院副研究员

中南大学人权研究中心兼职研究员

盛　喜

中南大学人权研究中心研究人员

中南大学法学院博士生（与荷兰阿姆斯特丹自由大学联合培养）

王欣怡

中南大学人权研究中心研究人员

中南大学法学院博士生

目 录

第四章 人权理事会特别程序

第五章 人权理事会申诉程序

第六章 人权理事会与联合国其他机构的关系

第七章 非政府组织参与人权理事会

第八章 中国与人权理事会

| 第一章 |

人权理事会建立背景

第一节 联合国人权机制发展历程

一、国际人权保护运动的演进

（一）20 世纪之前国际人权保护的初步实践

19 世纪之前，国际政治生态的显著特征，就是“各国政府如何对待处于其管辖下的个人是其国内管辖权和国家主权所及的事项。那些人权遭受侵犯的受害者不能寻求超出国界的某种形式的保护，因为他们的命运不被认为是任何可能的国际行动合法关注的内容”[1]。这种情况的存在，被解释为与国际法本质的传统理论相关。[2] 国际法在传统上用来调整主权国家之间的关系，因此不被认为负责调整国家与其国民之间的关系或者其国民与国民之间的关系。在第二次世界大战之前，特别是 20 世纪以前，除非牵涉到不止一个国家的利益，国际法并不保护个人的权利。[3]

尽管如此，“无论是国际政治体系还是国际法，从来就没有将国内事务及一国内部的个人事务完全置之度外”[4]。历史表明，国际社会也会就保护个体权利开展协调行动，特别是通过制定条约的方式在国际关系准则中融入某些关注个人的因素。虽然与国家利益相比不那么重

---

1 Paul Gordon Lauren, *The Evolution of International Human Rights: Versions Seen*, Philadelphia: University of Pennsylvania Press, 2003, p.36.

2 ［美］托马斯 · 伯根索尔等：《国际人权法精要》（第 4 版），黎作恒译，法律出版社 2010 年版，第 2 页。

3 ［奥］曼弗雷德 · 诺瓦克：《国际人权制度导论》，柳华文译，孙世彦校，北京大学出版社 2010 年版，第 17 页。

4 ［美］路易斯 · 亨金：《国际法：政治与价值》，张乃根等译，中国政法大学出版社 2005 年版，第 247 页。

要，并且也时常成为国际干预的理由从而异化为政治工具，保障人权或者说个体权利成为国际政治体系的议题却是一种客观现实。早在公元前1200年前后，赫梯王国的一些所谓战争法规则，就已经作为法律和人道的惯例被人们遵守。[5]在中世纪，伊斯兰关于战争的国际关系规则中，已经存在获胜士兵不要伤害妇女、儿童和老人并以怜悯之心对待战俘的戒律。[6]16世纪以来，有关少数者被保护、废除奴隶贸易和人道主义保障等问题，逐渐成为国际社会所关注的事项，并产生了相关的国际条约规则。例如，1555年，神圣罗马帝国皇帝查理五世同帝国境内德意志新教诸侯缔结《奥格斯堡宗教和约》，规定"教随国定"原则，并明确承认路德宗和天主教的信仰自由，路德宗新教和天主教同权平等。1648年的威斯特伐利亚和约，重申了"教随国定"和宗教平等原则。1815年，维也纳会议通过的《最后议定书》规定，打击当时猖獗的国际奴隶贸易。1856年，巴黎会议签订《法国、奥地利、英国、普鲁士、俄国、萨丁和土耳其和平友好总条约》（简称《巴黎条约》）。在《巴黎条约》中，奥斯曼苏丹宣布，出于对臣民福利的关心，将不分信仰或种族来改善他们的生存状况。[7] 1878年柏林会议上签订的《柏林条约》规定，土耳其和巴尔干半岛的国家有保护少数教派的义务，这甚至被认为是国际条约对于人权保障迈出的第一步。[8]19世纪欧洲范围内的多次战争，也催生了人道主义运动的兴起。19世纪60年代在欧洲出现的红十字运动，推

5　杨泽伟：《国际法史论》，高等教育出版社2011年版，第11页。

6　[美]阿瑟·努斯鲍姆：《简明国际法史》，张小平译，法律出版社2011年版，第22页。

7　杨泽伟：《国际法史论》，高等教育出版社2011年版，第71页。

8　杨泽伟：《国际法史论》，高等教育出版社2011年版，第74页。

动了欧洲范围内人道主义公约的签订，如1864年的日内瓦会议就签订了《改善陆军伤员境遇公约》（简称《日内瓦公约》）。1899年的第一次海牙和会虽然失败，但是，这次会议却达成了三项非常有意义的公约，即《和平解决国际争端公约》《陆战法规与惯例公约》《日内瓦公约的诸原则适用于海战的公约》。[9] 总体来说，20世纪以前国际人权保护的主体和范围均非常有限，实践形态也比较单一，主要是通过签订双边或多边条约来保障宗教或语言上的少数者权利、禁止奴隶贸易或制定人道法规则。

（二）20世纪上半叶国际人权机制初建

处于两次世界大战期间的国际联盟时期，国际社会在少数者保护、禁止奴隶制、人道主义等领域的合作不断深化，并拓展至劳工权利、废除强迫劳动等领域。战争结束，国家之间划分新的边界时，在传统上就会出现民族、语言和宗教上的少数者。一战结束后，一些国家达成了有关人权保障的双边条约。比如，关于芬兰境内阿兰诸岛上的瑞典少数者条约，奥地利和意大利之间签订的所谓"南蒂罗尔一揽子协议"。还有一些国家达成了多边条约，以确保少数者最低限度的权利，例如第一次世界大战后签订的部分和约。[10]1919年成立的国际劳工组织制定了大量的国际劳工公约，对促进各国提高劳工条件、保护劳动者权利起到了重要的示范和促进作用。这一时期人权国际保护最有意义的实践形态，就是出现了保障人权条约实施的监督机制。在少数者权利保障领域，各国

9 ［美］阿瑟·努斯鲍姆：《简明国际法史》，张小平译，法律出版社2011年版，第22页。

10 ［奥］曼弗雷德·诺瓦克：《国际人权制度导论》，柳华文译，孙世彦校，北京大学出版社2010年版，第19页。

对少数者权利保护的承诺，被置于国际联盟的监督之下。[11] 在劳工权利保障领域，国际劳工组织创造性地设立缔约国报告程序和指控程序，以监督缔约国实施相关的国际劳工标准。

尽管如一些学者所言，这一时期的国际人权监督机制对于促进人权保护的作用非常有限，[12] 但是，它仍然具有相当重要的历史意义。众所周知，国际人权条约重在履行。在国际条约中规定保障个人权利，意味着国际法开始关注国家如何对待个人，但是这只停留在义务宣示的阶段，对于国家是否以及如何履行义务并没有一种约束和促进机制。在国际条约中建立监督国家实施保障人权义务的机制，则意味着国际法开始关注国家是否信守它所承担的义务以及如何提升一国履行义务的能力，它要求国家在履行人权条约义务方面相互监督并开展国际合作。这表明，国际社会开始关注如何从法律方面建立国际机制，以推动国际人权运动的发展。

（三）20 世纪中叶以来国际人权法律体系初成

二战以后，人权保护开始全面进入国际社会。以制定“国际人权宪章”为起点，国际人权标准和国际人权监督机制并行发展，并形成比较完整的国际人权法律体系。

第二次世界大战是促成人权保护进入国际社会的直接动因。在二战期间，法西斯势力所犯下的种族灭绝、大屠杀等大规模侵犯人权的罪行挑战了人类良知的底线，促使各国爱好和平的人们对人权与世界和平的关系等重大问题进行了深刻的反思。“作为针对纳粹主义暴政的一种反

---

11 ［英］詹宁斯、瓦茨修订，王铁崖等译：《奥本海国际法》（第一卷，第二分册），中国大百科全书出版社 1998 年版，第 350 页。

12 周勇：《少数人权利的法理》，社会科学文献出版社 2002 年版，第 62 页。

应，国际法才对个人相对于其政府而言的权利予以调整。”[13]二战的惨痛教训使人们确信：尊重人权与维护国际和平和安全密切相关。在这种背景下，1945 年通过的《联合国宪章》将尊重人权和基本自由作为联合国的基本宗旨之一，这开启了二战后国际人权法的发展之门。《联合国宪章》第 1 条第 3 款开宗明义地宣布：“增进并激励对于全体人类之人权及基本自由之尊重”。同时，《联合国宪章》还从多个方面强调了对人权的尊重与保护。

第一，《联合国宪章》明确规定了联合国尊重、促进和保护人权的宗旨。《联合国宪章》序言强调：“我联合国人民同兹决心……重申基本人权，人格尊严与价值，以及男女与大小各国平等权利之信念”；《联合国宪章》第 1 条第 3 款规定：“促成国际合作，以解决国际属于经济、社会、文化及人类福利性质之国际问题，且不分种族、性别、语言或宗教，增进并激励对于全体人类之人权及基本自由之尊重。”

第二，《联合国宪章》在多个条款中规定了联合国组织尊重、促进和保护人权的义务。《联合国宪章》规定了联合国大会和经济及社会理事会在促进人权方面的职责。例如，《联合国宪章》第 13 条规定，联合国大会应发动研究，并作成建议“以促进经济、社会、文化、教育及卫生各部门之国际合作，且不分种族、性别、语言或宗教，助成全体人类之人权及基本自由之实现”。《联合国宪章》第 62 条规定，经济及社会理事会“为增进全体人类之人权及基本自由之尊重及维护起见，得作成建议案”。为促进经济及社会理事会更好地履行促进人权的职责，

13　[奥]曼弗雷德·诺瓦克：《国际人权制度导论》，柳华文译，孙世彦校，北京大学出版社 2010 年版，第 17 页。

《联合国宪章》第 68 条规定，“经济及社会理事会应设立经济与社会部门及以提倡人权为目的之各种委员会，并得设立于行使职务所必需之其他委员会”。

第三，《联合国宪章》明确规定了联合国及其会员国尊重、促进和保护人权的不同义务。《联合国宪章》第 55 条规定，联合国应促进“全体人类之人权及基本自由之普遍尊重与遵守，不分种族、性别、语言或宗教”。为此，联合国有在促进人权方面采取具体行动的义务。这主要包括：通过关于人权问题的决议，以指导和影响各国政府、有关国际组织及公众的行为；通过起草公约和其他国际文书确立国际人权标准；召开国际会议讨论重要的人权问题或通过重要的人权文书；提供人权领域的咨询服务，包括提供技术援助；准备和散发关于人权问题的文件和资料；处理有关侵犯人权的问题。[14] 为促进联合国更好地履行第 55 条的义务，《联合国宪章》第 56 条规定，“各会员国担允采取共同及个别行动与本组织合作，以达成第 55 条所载之宗旨”。第 56 条规定的义务指向联合国会员国，本质上是与联合国合作或者相互之间开展合作以实现第 55 条规定的义务，其中包括促进“全体人类之人权及基本自由之普遍尊重与遵守，不分种族、性别、语言或宗教”的义务。联合国会员国如果不与联合国合作以促进人权的尊重和遵守，则违反了这种义务。当然，这并不表明《联合国宪章》为会员国施加了在国内促进人权的义务。各会员国在国内促进人权的义务和同联合国合作促进人权的义务是不同的。与此同时，为了合作，各会员国必须采取共同及个别行动，而为采

14　古德里奇等：《联合国宪章——评述与文件》（英文第 3 版），1969 年版，第 377 页。转引自许光建主编：《联合国宪章诠释》，山西教育出版社 1999 年版，第 395 页。

取共同行动，各会员国还应相互合作。

在《联合国宪章》的指引下，国际社会开始着手制定国际人权法案。1948 年 12 月 10 日，联合国大会通过了《世界人权宣言》（Universal Declaration of Human Rights），作为世界各国和人民努力实现的共同标准。随后，联合国大会 1966 年通过了《公民及政治权利国际公约》（International Covenant on Civil and Political Rights）及其任择议定书和《经济社会文化权利国际公约》（International Covenant on Economic, Social and Cultural Rights）。《世界人权宣言》《公民及政治权利国际公约》及其任择议定书和《经济社会文化权利国际公约》被统称为“国际人权宪章”（International Bill of Human Rights）。“国际人权宪章”的通过，标志着国际人权法开始形成一个比较完整的法律体系。此后，国际社会陆续制定了专门性国际人权公约，其中比较重要的有：《消除一切形式种族歧视国际公约》（1965 年）、《消除对妇女一切形式歧视公约》（1979 年）、《禁止酷刑和其他残忍、不人道或有辱人格的待遇或处罚公约》（1984 年）、《儿童权利公约》（1989 年）、《保护所有移徙工人及其家庭成员权利国际公约》（1990 年）、《残疾人权利公约》（2006 年）、《保护所有人免遭强迫失踪国际公约》（2006 年）。此外，国际社会还通过了一系列重要宣言，如 1968 年的《德黑兰宣言》，1972 年的《人类环境宣言》，1986 年的《发展权利宣言》，1993 年的《维也纳宣言和行动纲领》。

目前，国际社会制定并通过了 270 多份普遍性、专门性和区域性的人权条约、议定书和宣言，它们构成了国际人权法的主要渊源。这些国际人权文件涉及的范围非常广泛，除了国际人权宪章规定的公民及政治权利、经济社会文化权利之外，其他专门性的人权文件还具体规定了自决权、防止歧视、战争罪行、危害人类罪行、废除奴隶制、人身自由和安全、禁止酷刑、国籍、难民、外国人的人权、新闻自由、结社自由、就业政策、妇女人权、儿童权利、社会福利和进步、残疾人的人权、人道主义等内容。20 世纪 70 年代以来，国际社会提出了发展权、环境权等第三代人权概念，进一步拓展了国际人权法的权利体系。

二、联合国人权机制的建立

在《联合国宪章》和国际人权条约的基础上，以《联合国宪章》为基础的监督机制和以联合国人权公约为基础的监督机制相继出现并不断完善。在区域层面，欧洲、美洲和非洲逐步形成了区域人权机制。通过国际和区域合作以开展国际人权保护，已经成为当前国际社会的普遍共识。这种共识不仅指各国应基于国际道德而在人权方面开展合作，以实现对人性尊严的维护，还指各国应将国际合作视为推动国际人权保护不可或缺的重要方式。对于大多数国家而言，这是基于国际人权公约而承担的法律义务，标志着国际人权保护进入法律化、制度化和组织化时代。

（一）以宪章为基础的监督机制

在联合国系统内部，存在着依据《联合国宪章》人权条款建立起来的各种监督机构和程序，它们负责联合国人权事务。这些监督机构和程序一般被统称为“以宪章为基础的监督机制”（UN Charter-Based Monitoring Mechanism）。

1. 人权委员会

联合国人权委员会（United Nations Commission on Human Rights）成立于 1946 年，由经济及社会理事会依据《联合国宪章》第 68 条建立，是经济及社会理事会下属的职司委员会。在 1946 年至 2006 年间，人权委员会是联合国在人权领域的主要政治机构。它有 53 个会员国，每年三四月份在联合国驻日内瓦总部召开为期 6 周的常规会议。通常情况下，人权委员会只是每年春天召开一次常规会议，无法对于发生在下半年的严重和系统性的人权侵犯做出及时反应。因此，经济及社会理事会授权人权委员会可针对紧急情况提议召开紧急会议。第一次紧急会议于 1992 年召开，旨在处理在前南斯拉夫发生的特别严重和系统性的侵犯人权的情况。随后，人权委员会又召开了关于卢旺达、东帝汶以及以色列占领巴勒斯坦领土的紧急会议。[15]

在人权委员会存续的前 20 年间，人权委员会的工作集中于起草国际人权文件或者提供技术咨询服务等。究其原因，根据《联合国宪章》的规定，人权委员会无权对各国发生的严重和系统性人权侵犯采取行动。这种“无权采取行动”的原则在 20 世纪 60 年代后期被打破。自 1960 年南非沙佩维尔发生屠杀以后，国际社会对南非种族隔离政治的批评与日俱增。1967 年，人权委员会开始任命一个五人工作组，负责审查南部非洲的人权形势。同年，以色列占领巴勒斯坦领土后，人权委员会开始关注这一情势。1973 年 9 月 11 日智利发生政变后，人权委员会也开

15 ［奥］曼弗雷德 · 诺瓦克：《国际人权制度导论》，柳华文译，孙世彦校，北京大学出版社 2010 年版，第 105 页。

始关注该国国内的人权侵犯问题。[16]

在这一背景下，人权委员会的职权范围不断拓展，这至少包括：起草国际人权文件；协助经济及社会理事会协调联合国系统内的人权活动；就涉及国际人权文件、保护少数者和防止歧视以及其他人权事项向经济及社会理事会提交建议和报告；发展各种处理人权侵犯的程序，如工作组和特别报告员程序，并对大规模侵犯人权的情况进行监督。

在被人权理事会取代之前，人权委员会是国际人权保护机制中最重要的机构，也是联合国体系内处理人权问题的最主要的政府间机构。在其存续的60年间，人权委员会在国际人权保护方面发挥了不可替代的作用。许多重要的国际人权文件，如《国际人权宪章》及若干专门性国际人权公约都是人权委员会起草的。此外，人权委员会所创立的处理人权问题的特别程序，也在国际人权保护方面发挥着重要作用。

冷战结束以来，国际政治对抗、意识形态冲突等因素导致人权委员会最终沦为一些国家政治斗争的工具。人权委员会机制文化中充斥着政治化、区域结盟和集团投票以及使用“不动议程序”来阻止对特定国家人权状况进行辩论等现象。[17]2004年，联合国秘书长任命的“威胁、挑战和改革问题高级别小组”的一份报告中认为，人权委员会的信用和专业性在下降，各国寻求当选人权委员会委员，并不是为了促进本国人权

16　[奥]曼弗雷德·诺瓦克：《国际人权制度导论》，柳华文译，孙世彦校，北京大学出版社2010年版，第105页。

17　Meghna Abraham, *A New Chapter for Human Rights: A Handbook on Issues of Transition from the Commission on Human Rights to The Human Rights Council*, International Service for Human Rights, Friedrich Ebert Stiftung 11(2006).

发展，而是为了避免批评并批评他国人权状况。[18]2005 年，时任联合国秘书长发布改革报告《大自由：实现所有人的发展、安全和人权》，建议设立一个小型的常设机构——人权理事会来取代人权委员会。[19] 由此，设立人权理事会取代人权委员会的改革进程实质性启动。

2. 人权理事会

2006 年 3 月 15 日，联合国大会通过第 61/250 号决议，宣布建立人权理事会（United Nations Human Rights Council），作为联合国大会的附属机构。[20]2006 年 3 月 22 日，经济及社会理事会通过“实施联合国大会第 60/251 号决议”的决议，决定于 2006 年 6 月 16 日废除人权委员会，人权委员会的工作交由新成立的联合国人权理事会接手。[21]

人权理事会的工作以普遍性、公正性、客观性和非选择性以及建设性国际对话及合作等原则为指导，旨在促进和保护公民权利以及政治、经济、社会和文化权利等包括发展权在内的所有人权。人权理事会继续履行和改进人权委员会的所有职能，并确立了普遍定期审议机制，即世界各国一律平等，无论是发展中国家还是发达国家，每隔 4 年都接受一次人权状况审议。理事会成员在任期内必须接受定期普遍审议机制的审查。[22]

---

18 UN General Assembly, A More Secure World: Our Shared Responsibility, Report of the High-level Panel on Threats, Challenges and Change, A/59/565, 2 December 2004, para.283.

19 UN General Assembly, In Larger Freedom: towards Development, Security and Human Rights for all, Report of the Secretary-General, A/59/2005, 21 March 2005, para.183, p.45.

20 A/RES/60/251.

21 E/2006/2.

22 A/HRC/5/1.

3. 联合国人权事务高级专员办事处

联合国大会 1993 年 12 月 20 日通过决议，设立联合国人权事务高级专员，在联合国秘书长授权下负责协调联合国人权领域的活动。[23] 人权事务高级专员由联合国秘书长任命，并经联合国大会批准，任期 4 年，可连任一次。

人权事务高级专员主管联合国人权事务高级专员办事处。人权事务高级专员办事处（以下或简称“人权高专办”）是联合国所开展的各种人权活动的协调中心，实际上是为人权理事会、条约监督机构以及其他联合国人权机构服务的秘书处。人权事务高级专员的主要职责是负责开展联合国的各种人权活动，其中包括：促进和保护所有人切实享有全部人权；推动人权事务方面的国际合作；鼓励和协调联合国系统内部的人权行动；协助制定新的人权标准；促进人权条约的批准。此外，人权事务高级专员还被授权处理严重侵犯人权行为，并采取预防性行动和措施。

4. 妇女地位委员会

1946 年 6 月，经济及社会理事会设立妇女地位委员会。妇女地位委员会是经济及社会理事会下属的职司委员会，其职责是研究妇女在经济和社会发展中的作用；在全球范围内就保障妇女在政治、经济、社会、教育和法律等方面权利的进展情况，向经济及社会理事会提交报告，并就在妇女权益方面需立即引起注意的事项向经济及社会理事会提出建议；制定有关妇女地位的公约、宣言；监督重要国际文件的执行；就有关妇女问题筹备和召开会议；制定提高妇女地位的计划和预算；协调联合国系统的妇女活动等。在实践中，妇女地位委员会最重要的成就是发

23　A/RES/48/141.

起制订联合国消除对妇女一切形式歧视的公约。但是，除了进行具有推动性质的活动外，妇女地位委员会在其他方面的作用有很大的局限性。直到20世纪80年代，经济及社会理事会才授权它在有限范围内受理一些指控受到人权侵犯的来文。[24]

（二）以条约为基础的监督机制

联合国核心人权公约[25]设立监督机构来监督缔约国履行公约义务的情况，这些监督机构运用缔约国报告程序、缔约国间来文指控程序、个人来文申诉程序、国际调查程序等机制来行使监督职责。依据联合国核心人权公约建立起来的人权监督机制，被称为“以条约为基础的监督机制”（UN Treaty-Based Monitoring Mechanism）。

表1：联合国核心人权公约监督机制一览表

公约中文名称	公约英文名称	监督机构	缔约国报告机制	缔约国间指控机制	个人来文申诉机制	国际调查机制	实地查访与国家预防机制
《消除一切形式种族歧视国际公约》	International Convention on the Elimination of All Forms of Racial Discrimination（CERD）	消除种族歧视委员会	CERD (9)	CERD (11-12)	CERD (14)		
《公民及政治权利国际公约》	International Covenant on Civil and Political Rights（ICCPR）	人权事务委员会	ICCPR (40)	ICCPR (41-42)			

24 白桂梅：《国际法》，北京大学出版社2006年版，第315页。

25 所谓联合国核心人权公约，是指由联合国大会通过并供各国批准或加入的、规定了核心人权标准、包含实体条款和实施监督程序的人权公约及其议定书。参见毛俊响：《论“联合国核心人权公约”的共性》，载《人权》2017年第6期。

《公民及政治权利国际公约任择议定书》	Optional Protocol to the International Covenant on Civil and Political Rights（ICCPR-OP1）	人权事务委员会			ICCPR-OP1 (1-5)			
《经济社会文化权利国际公约》	International Covenant on Economic, Social and Cultural Rights（ICESCR）	经济、社会和文化权利委员会	ICESCR（16-17）					
《经济社会文化权利国际公约任择议定书》	Optional Protocol to the Covenant on Economic, Social and Cultural Rights（ICESCR-OP）	经济、社会和文化权利委员会		ICESCR-OP (2-9)	ICESCR-OP (10)	ICESCR-OP (11)		
《消除对妇女一切形式歧视公约》	Convention on the Elimination of All Forms of Discrimination against Women（CEDAW）	消除对妇女歧视委员会	CEDAW (18)					
《消除对妇女一切形式歧视公约任择议定书》	Optional Protocol to the Convention on the Elimination of Discrimination against Women（CEDAW-OP）	消除对妇女歧视委员会			CEDAW-OP (1-7)	CEDAW-OP (8)		
《禁止酷刑和其他残忍、不人道或有辱人格的待遇或处罚公约》	Convention against Torture and Other Cruel, Inhuman or Degrading Treatment or Punishment (CAT)	禁止酷刑委员会	CA (19)	CAT (21)	CAT (22)	CA (20)		

《禁止酷刑和其他残忍、不人道或有辱人格的待遇或处罚公约任择议定书》	Optional Protocol to the Convention against Torture and Other Cruel, Inhuman or Degrading Treatment or Punishment (CAT-OP)	防范酷刑和其他残忍、不人道或有辱人格待遇或处罚小组委员会						CAT-OP
《儿童权利公约》	Convention on the Rights of the Child (CRC)	儿童权利委员会	CRC (44)					
《儿童权利公约关于儿童卷入武装冲突问题的任择议定书》	Optional Protocol to the Convention on the Rights of the Child on the Involvement of Children in Armed Conflict (CRC-OP-AC)	儿童权利委员会	CRC-OP-AC (8)					
《儿童权利公约关于买卖儿童、儿童卖淫和儿童色情制品问题的任择议定书》	Optional Protocol to the Convention on the Rights of the Child on the Sale of Children, Child Prostitution and Child Pornography (CRC-OP-SC)	儿童权利委员会	CRC-OP-SC (12)					
《儿童权利公约关于设定来文程序的任择议定书》	Optional Protocol to the Convention on the Rights of the Child on a Communications Procedure (CRC-OP-IC)	儿童权利委员会		CRC-OP-IC (5-11)	CRC-OP-IC (12)	CRC-OP-IC (13-14)		
《保护所有移徙工人及其家庭成员权利国际公约》	International Convention on the Protection of the Rights of All Migrant Workers and Members of Their Families (CMW)	保护所有移徙工人及其家庭成员权利委员会	CMW (73-74)	CMW (76)	CMW (77)			

《保护所有人免遭强迫失踪国际公约》	International Convention for the Protection of All Persons from Enforced Disappearance (CPED)	强迫失踪问题委员会	CPED (29)	CPED (32)	CPED (31)	CEPD (33)	CPED (30)
《残疾人权利公约》	Convention on the Rights of Persons with Disabilities (CRPD)	残疾人权利委员会	CRPD (35-36)				
《残疾人权利公约任择议定书》	Optional Protocol to the Convention on the Rights of Persons with Disabilities (CRPD-OP)	残疾人权利委员会			CRPD-OP (1-5)	CRPD-OP (6-7)	

1. 条约监督机构

条约监督机构依据人权公约设立，由以个人身份任职的独立专家组成。目前，主要的条约监督机构有 10 个，分别是：消除种族歧视委员会，人权事务委员会，经济、社会和文化权利委员会，消除对妇女歧视委员会，儿童权利委员会，禁止酷刑委员会，防范酷刑和其他残忍、不人道或有辱人格待遇或处罚小组委员会，保护所有移徙工人及其家庭成员权利委员会，残疾人权利委员会，强迫失踪问题委员会。比较特殊的是，经济、社会和文化权利委员会是由经济及社会理事会设立的。所以，有学者认为，经济、社会和文化权利委员会不是条约监督机构，而是依据《联合国宪章》建立起来的监督机构。[26]

26　Matthew C.R. Craven, *The International Convention on Economic Social and Culture Rights: A Perspective on Its Development,* Oxford: Clarendon Press,1995, p. 50.

2. 缔约国报告程序

缔约国报告程序是联合国核心人权公约使用最为广泛的一种国际监督机制。[27] 联合国核心人权公约的缔约国报告程序是强制性的，缔约国批准加入设有此种监督机制的人权公约，就相应地承担此种程序义务。

缔约国报告程序大致如下：缔约国在人权公约对其生效后的一定期限内及此后条约监督机构要求的时候，提出关于本国已经采取而使公约所承认的各项权利得以实施的措施和关于享受这些权利的进展的报告。报告中应指出影响公约实现的因素和困难。所有报告应送交联合国秘书长转交条约监督机构审议。条约监督机构研究公约缔约国提出的报告，并把它自己的报告以及它认为适当的建议送交缔约国。这种建议通常被称为结论性意见。结论性意见反映的是条约监督机构对缔约国实施公约状况的集体观点，也是条约监督机构对缔约国报告的国别评价。结论性意见没有法律约束力，仅供缔约国在以后的实践中参考。[28]

缔约国报告程序在实践中暴露出报告内容空泛、报告提交迟延或不履行报告义务、监督过程流于形式等问题，因此改革缔约国报告程序的呼声日渐高涨。当前，国际社会拟议中的改革方案主要有：以单一的综合报告取代多重报告；在定期报告中限定具体的主题范围，精简报告内容；合并条约监督机构，将其减少为两至三个，从而减少缔约国提交报告的数量；修改人权公约，以解决某些条约监督机构成员不足、经费无

---

27 《保护所有人免遭强迫失踪国际公约》第 29 条没有规定缔约国提交定期报告，只规定缔约国在公约对其生效后两年内提交初次报告，并规定条约监督机构有权要求缔约国提交有关履行公约的补充资料。

28 相关资料，可参见尹生：《缔约国报告制度发展趋势研究》，中国政法大学出版社 2017 年版；彭锡华：《缔约国报告制度：人权事务委员会的理论与实践》，吉林人民出版社 2005 年版；彭锡华：《< 公民权利和政治权利国际公约 > 国际监督制度研究》，吉林人民出版社 2001 年版。

保障等问题。[29]

3. 缔约国间来文指控程序

缔约国间来文指控程序大致如下：人权公约某缔约国认为另一缔约国未执行公约的规定，可以用书面通知的形式提请该国注意此事项。收到通知的国家应在收到后的一定期限内对发出通知的国家提供一项有关澄清此事项的书面解释或其他书面声明，其中应可能并恰当地引证在此事上已经采取、即将采取的或现有的补救措施。如果此事项的处理结果在接受国接到第一次通知后的一定期限内尚未使双方满意，两国中的任何一国有权以通知条约监督机构和对方的方式将此事项提交条约监督机构。

缔约国来文指控程序多是任择性质的。缔约国可随时声明它承认条约监督机构有权接受和审议一缔约国指控另一缔约国不履行它在公约下的义务的通知。这种通知，必须由曾经声明其承认条约监督机构有权审议指控来文的缔约国提出。在这个前提下，条约监督机构才有权接受和审议该项通知。如果通知是关于尚未做出这种声明的缔约国的，条约监督机构不得加以接受。比较特殊的是，《消除一切形式种族歧视国际公约》第 11 条规定的缔约国来文指控程序并非任择性，它的启动并不取决于缔约国对该程序的声明同意。除非缔约国在签署、批准或加入《消除一切形式种族歧视国际公约》时对第 11 条有所保留，否则该条款规定的来文指控程序可在缔约国之间适用。

如果提交条约监督机构处理的事项未能获得使各有关缔约国满意的解决结果，条约监督机构需经各有关缔约国事先同意，指派一个专设和解委员会。和解委员会应对有关缔约国提供斡旋，以便在尊重公约的基

29　UN Doc E/CN.4/1997/74.

础上求得此事项的友好解决。

综观各项人权条约中的国家间来文程序，可以看出，它们具有强制性或任择性、法律性或政治性、对应性与非对应性、公益性与自利性等特征。[30] 在实践中，缔约国间来文指控程序的效果并不理想，各缔约国多基于政治因素的考虑，较少向条约监督机构提起此种指控。有学者认为，之所以如此，除了国际政治面向的若干原因之外，更有着深层次的法理根源：在微观层面，它是国际法实施机制的相互原则与国际人权条约的非对应性特征之间内在矛盾的直接反映；在宏观层面，它是现代国际法体系中共存国际法与人权国际法之间结构性冲突的必然结果。[31]

4. 个人来文申诉程序

个人来文申诉程序大致如下：凡声称其在公约规定下的任何权利遭受缔约国侵害的个人或团体，在用尽国内救济的情况下，可向条约监督机构提出书面来文申请，由条约监督机构审查。但是，这一程序的前提是，来文所指控的缔约国承认条约监督机构有权接受并审查该国管辖下的个人或团体声称为该缔约国公约权利受害者的来文。

一般情况下，个人来文如果不具名、滥用呈文权或来文不符合规定，条约监督机构不予受理。条约监督机构收到来文后，应将来文提请被控违反公约规定的缔约国注意，收到通知的缔约国应在一定期限内向条约监督机构做出书面解释声明，说明原委和所采取的救济办法。条约监督机构依据来文者和缔约国提出的书面资料审议来文。在下列情况下，条约监督机构不得审议来文：同一事项正处于另一国际调查或解决程序审查之中；来

---

30 戴瑞君：《论国际人权条约中的国家间来文》，载《国际法研究》2021 年第 6 期。

31 古祖雪、柳磊：《影响人权条约国家间指控机制实施效果的因素》，载《太平洋学报》2008 年第 11 期。

文者没有用尽国内救济，但救济办法的实施有不合理的拖延除外。

条约监督机构秘密审议来文，会做出缔约国是否违反公约义务的结论，并将结论通知相关缔约国和来文者。条约监督机构的上述结论没有法律约束力。

个人来文申诉程序有利于弥补缔约国报告程序的不足。因为缔约国报告提供的都是反映一国人权保护的一般性问题，据此，条约监督机构很难判断调整某一具体权利的立法、行政措施是否与人权公约相符。个人来文则反映缔约国在保护人权方面的具体问题。通过对来文的审议，条约监督机构有机会将该具体问题置于特定情况下进行深入研究，就缔约国的作为或不作为在何种程度上符合人权公约的规定形成权威意见。这对于正确理解人权公约条款的具体内涵具有重要意义。

5. 国际调查程序

国际调查程序大致如下：如果条约监督机构收到可靠的信息，认为其中有确凿迹象显示在某一缔约国境内出现经常性或大规模违反公约义务的情况，条约监督机构应请该缔约国共同研究该信息，并为此目的就有关情报提出说明。条约监督机构对于有关缔约国可能提出的任何说明以及可能得到的其他有关信息，如果认为有正当理由，可以指派一名或几名成员进行秘密调查并立即向条约监督机构提出报告。开展调查时，条约监督机构应寻求有关缔约国的合作。在该缔约国同意的前提下，这种调查可以在该国境内展开。条约监督机构审查其成员提交的调查结果后，应将这些结果连同根据特定情况做出的任何意见或建议一并转交该有关缔约国。上述程序均应保密，在程序的各个阶段，均应寻求缔约国的合作。

第二节 人权委员会的成立与职能

一、人权委员会的成立

人权委员会是经济及社会理事会根据《联合国宪章》建立起来的机构。为实现《联合国宪章》第 1 条第 3 款的规定精神，《联合国宪章》第 55 条要求："为造成国际间以尊重人民平等权利及自决原则为根据之和平友好关系所必要之安定及福利条件起见，联合国应促进：（子）较高之生活程度，全民就业及经济与社会进展。（丑）国际间经济、社会、卫生及有关问题之解决；国际间文化及教育合作。（寅）全体人类之人权及基本自由之普遍尊重与遵守，不分种族、性别、语言或宗教。"为此，《联合国宪章》第 60 条规定，由大会和经济及社会理事会来处理联合国框架内的经济及社会事务。此外，《联合国宪章》第 68 条还进一步规定，经济及社会理事会应设立"经济与社会部门及以提倡人权为目的之各种委员会，并得设立于行使职务所必需之其他委员会"。可见，成立人权委员会已经是《联合国宪章》所明确规定的事项。

《联合国宪章》明确提及人权委员会也有一段特殊历史，一些国家的非政府组织在其中起到了很大的作用。例如，美国犹太人委员会和美国基督教会联合会联合其他一些非政府组织，把制定国际人权宪章作为目标，同时把建立一个人权委员会当作达到这一目标的必经之路。他们认为，在《联合国宪章》中写入设立这样一个委员会的条款，这个组织就可以被授权起草人权宪章。最终，获得了美国代表团谘商地位的 42 个非政府组织游说施压，成功地说服了美国代表团团长、美国国务卿爱德华 · R · 斯泰丁纽斯，并得到了美国代表团所有成员的支持。尽管大国之间在创建人权委员会的设想上存在争议，但美国的建议最终还是获得了通过。这样，人权委员会就成了《联合国宪章》中明确提及的一个机构。[32]

在人权委员会成立之前，经济及社会理事会在第一届会议上成立了核心委员会（Nuclear Committee）。起初，核心委员会的成员是以个人身份任职的。[33]1946 年 4 月 29 日至 5 月 20 日，该委员会召开会议，研究自身的组成并请求联合国秘书长尽可能地搜集有关这一主题的所有资料。在这一阶段，秘书处设立了人权司（the Division of Human Rights）。人权司开始着手研究各种草案。随后，根据已故美国总统罗斯福的夫人埃莉诺 · 罗斯福主持的核心委员会的建议，经济及社会理事会于 1946 年 6 月正式建立联合国人权委员会。该委员会由 18 个成员国组成，分别为澳大利亚、比利时、白俄罗斯、智利、中国、埃及、法国、印度、伊朗、黎巴嫩、巴拿马、菲律宾、乌克兰、英国、美国、苏联、乌拉圭、南斯拉夫。美国代表埃莉诺 · 罗斯福当选为人权委员会首任主席，中国代表张彭春、黎巴嫩代表查理 · 马利克当选为副主席。[34]

人权委员会初建时只有 18 个成员国，1979 年扩大为 43 国。1992 年第 48 届会议起，成员国增至 53 个。人权委员会的成员从经济及社会理事会成员国中选出。每年改选大约 1/3 的成员国席位，任期 3 年。成员国席位按地域分配，其中非洲集团 15 席，亚洲集团 12 席，东欧集团

32　[瑞典] 格德门德尔 · 阿尔弗雷德松、[挪威] 阿斯布佐恩 · 艾德编：《〈世界人权宣言〉：努力实现的共同标准》，中国人权研究会组织翻译，四川人民出版社 1999 年版，第 3 页。

33　A M Bolin Pennegard, Overview over Human Rights- the Regime of the UN, from International Human Rights Monitoring Mechanisms, edited by Gudmundur Alfredsson, Jonas Grimheden, Bertram G. Ramcharan and Alfred de Zayas, *Kluwer Law International*, 2001, p. 60.

34　孙平华：《〈世界人权宣言〉研究》，北京大学出版社 2012 年版，第 75-76 页。

5席，拉丁美洲和加勒比国家集团11席，西欧和其他国家集团10席。

人权委员会还设立了若干附属机构，其中主要有1947年设立的防止歧视和保护少数小组委员会。1999年，该小组委员会更名为促进和保护人权小组委员会（Sub-Commission on the Promotion and Protection of Human Rights）。小组委员会的主要职能是对有关促进人权、保障基本自由和预防种族、民族、宗教、语言歧视的各种问题进行研究并向人权委员会提出报告。小组委员会由26名专家组成，名额根据地域分配，其中非洲7名，亚洲5名，拉丁美洲5名，东欧3名，西欧6名，委员会成员以个人身份任职，任期四年，每两年改选委员会中的半数成员。

二、人权委员会的职能

在经济及社会理事会1946年召开的第一次和第二次会议上，人权委员会被授权就下列事项提交草案、建议和报告：（1）国际人权法案；（2）有关公民自由、妇女、信息自由以及类似事项的国际宣言；（3）少数人保护；（4）防止给予种族、性别、语言或宗教的歧视；（5）以上未包括的与人权有关的事项。正因为如此，人权委员会在成立后的相当一段时间内，把主要精力放在起草人权文件上。到了20世纪60年代，随着当时国际形势的变化，人权委员会开始介入一些国家发生的人权侵犯情势。

（一）起草国际人权文件

在成立初期，人权委员会优先的工作任务是起草国际人权宪章，包括《世界人权宣言》以及人权公约。《世界人权宣言》的起草工作大致在1947年1月至1948年6月之间完成。而联合国人权两公约，则在1947年至1955年间由人权委员会开始起草，并被提交给联合国大会审议。1948 年 12 月 10 日，联合国大会通过了《世界人权宣言》，作为世界各国和人民努力实现的共同标准。随后，联合国大会 1966 年通过了《公民及政治权利国际公约》及其任择议定书和《经济社会文化权利国际公约》。上述文件的通过，标志着国际人权法开始形成一个比较完整的法律体系。随后，人权委员会陆续制定了专门性的国际人权公约，其中比较重要的有：《消除一切形式种族歧视国际公约》（1965 年）、《消除对妇女一切形式歧视公约》（1979 年）、《禁止酷刑和其他残忍、不人道或有辱人格的待遇或处罚公约》（1984 年）、《儿童权利公约》（1989 年）、《保护所有移徙工人及其家庭成员权利国际公约》（1990 年）、《残疾人权利公约》（2006 年）、《保护所有人免遭强迫失踪国际公约》（2006 年）。

（二）建立和发展特别程序

起草国际人权宪章这一压倒性的工作任务，导致人权委员会在成立初期没有更多精力去考虑其他事项或起草其他文书。但是，联合国每年都会收到成千上万的人权侵犯申诉案件。人权委员会对于人权侵犯的视而不见以及没有制定有效程序来应对有关人权侵犯的申诉，使得公众对其比较失望，这严重影响了人权委员会的声誉。20 世纪 60 年代中期，一些国际情势的发展，推动人权委员会采取不同的工作方法介入人权侵犯情势。在这种情况下，人权委员会的成员数量逐步扩大，许多来自第三世界的国家代表进入人权委员会。联合国大会 1965 年通过的《消除一切形式种族歧视国际公约》允许个人提交针对国家的申诉案件。此外，许多第三世界国家在东欧国家的支持下，努力促成一种非条约的申诉程序，以反对种族主义和殖民主义政策。在这一背景下，联合国大会 1966 年要求人权委员会尽快制定新的策略，以提升联合国制止人权侵犯的能力。[35]

1. 联合国人权专家机制[36]

人权委员会在其成立的前二十年间，工作的重点在于制定人权标准，而无意处理侵犯人权的行为。直到 1967 年，人权委员会才特设专家工作组调查南非的人权状况，从而为通过特殊程序处理侵犯人权问题首开先河。1975 年，人权委员会特设工作组，调查智利境内的人权状况。1979 年，人权委员会以特别报告员和专家取代工作组，调查智利境内失踪者的下落。此后，人权委员会不断创新这些机制，并使之适应范围日渐扩大的侵犯人权的行为。

人权委员会的专家机制主要包括两种类型，即国别机制和专题机制。[37] 国别机制针对一国之内发生的侵犯人权的状况。执行国别专题任务的专家访问了包括南非、智利在内的至少 35 个国家，并向人权委员会报告与其任务有关的情况。专题机制则择取重要的人权问题提出报告，如被迫失踪、任意处决。专家的任务一般由人权委员会规定。唯一的例外是，关于武装冲突中的儿童问题的任务由联合国大会规定。

上述特别程序通常委托给一名专家独立完成，因而也被称为专家机制。在有些情况下，鉴于被审议问题的性质，人权委员会也设立专家工

35 本节内容主要参考 A M Bolin Pennegard, Overview over Human Rights- the Regime of the UN, from International Human Rights Monitoring Mechanisms, edited by Gudmundur Alfredsson, Jonas Grimheden, Bertram G. Ramcharan and Alfred de Zayas, *Kluwer Law International*, 2001, pp. 60-66.

36 《关于联合国特别报告员的十七个常见问题》（概况介绍第 27 号），https://www.ohchr.org/sites/default/files/Documents/Publications/FactSheet27ch.pdf，最后访问时间：2022 年 9 月 20 日。

37 Gudmundur Alfredsson, Jonas Grimheden, Bertran G. Ramcharan and Alfred de Zayas, ed, *International Human Rights Monitoring Mechanism*, Martinus Nijhoff Publishers, 2001, pp. 271-273.

作组。工作组通常由五人组成。人权委员会给予专家的头衔各不相同，其中包括特别报告员、独立专家、秘书长代表或委员会代表。专家任务的重点是就侵犯人权的行为提出报告，或对某一问题做出分析，或协助提供技术援助，或合并执行其中的一项或多项任务。所有专家都要向人权委员会等政府间机构或联合国大会就他们的意见、结论和建议提出报告。大多数专家调查并研究人们关心的问题，对国家进行视察，接受和审查侵犯人权行为受害者的控诉，并代表受害者与国家政府进行交涉。

自 1999 年开始，专家的任期最长为 6 年。专家在法律上属于 1946 年的《联合国特权和豁免公约》“负联合国使命之专家”这一类别。专家在执行使命期间，享有该公约第 6 条第 22 节规定的职能特权和豁免。专家的工作接受人权委员会的监督。

2. 1235 号程序和 1503 号程序

1235 号程序和 1503 号程序是人权委员会处理个人和团体有关指控大规模侵犯人权和基本自由的来文的程序。

1235 号程序是以 1967 年经济及社会理事会第 42 届会议通过的第 1235 号（XLII）决议命名的。该决议打破人权委员会长期采取的对侵犯人权情况不采取行动的政策，授权人权委员会和防止歧视和保护少数小组委员会（1999 年更名为促进和保护人权小组委员会）审查在所有国家内有关严重侵犯人权与基本自由的情况，授权人权委员会在适当的情况下，并在审议所收到的来文后，对持续不断侵害人权的情势进行彻底研究，并提出建议，向经济及社会理事会汇报。1235 号程序的重要特点是其公开性，因此被人们称为“公开程序”。[38]

38　白桂梅：《国际法》，北京大学出版社 2006 年版，第 317 页。

1503 号程序是依据经济及社会理事会题为《有关侵犯人权和基本自由的来文处理程序》的第 1503 号（XLVIII）决议命名的。该决议授权防止歧视和保护少数小组委员会建立五人的来文工作组，审查联合国收到的来文，将其中揭露某种持续不断、大规模和证据确凿地侵犯人权和基本自由的来文，连同相关政府的答复，提交小组委员会注意。

小组委员会在非公开的会议上审议来文工作组提供的来文、政府答复和其他材料，并决定是否将那些内容属实的来文及其他材料提交人权委员会。人权委员会收到来文时，将决定是否由人权委员会向经济及社会理事会报告或提出建议，以便按照 1235 号程序对来文进行深入研究；或是否由人权委员会指定专门委员会进行国别调查，但调查必须在有关国家同意的前提下才能进行。

1503 号程序只适用于持续不断、大规模和证据确凿的侵犯人权的情况，而不适用于对个人人权的侵犯。因此，它不是一种个人来文申诉程序。1503 号程序的整个过程都是秘密的，个人来文、防止歧视和保护少数小组委员会和人权委员会审议来文的过程都是不公开的。

为了克服 1503 号程序秘密的局限性，人权委员会倾向于适用 1235 号程序而非 1503 号程序来处理大规模侵犯人权的情况。这使得人权委员会在小组委员会处理 1503 号程序的来文之前，就对其进行全面研究，将其置于人权委员会的议程之上，在公开会议上进行讨论。这种变通方法使人权委员会可以不再受到 1503 号程序保密性要求的约束。[39]

（三）咨询服务和技术援助

20 世纪 90 年代，人权委员会越来越重视向各国提供咨询服务和技

---

39 Thomas Buergenthal, Dinah Shelton, David Stewart, *International Human Rights*, West Group, 2002, p. 118.

术援助的需要，以克服妨碍所有人享有人权的障碍。比较而言，人权委员会的咨询服务和技术援助更加强调促进经济、社会和文化权利，包括发展权利和适当生活水平的权利。此外，人权委员会咨询服务和技术援助还更加注意保护社会上的脆弱群体，包括少数民族和土著人民的权利，注意保护儿童和妇女的权利，包括消除对妇女的暴力行为和实现妇女的平等权利。

第三节 人权理事会的建立

一、建立人权理事会的背景与过程

（一）人权委员会的“信誉危机”

人权委员会成立六十年来，为促进世界人权事业的发展发挥了重要作用。但人权委员会也存在一些问题，最突出的是一些发达国家出于其各自的政治利益需要，热衷于搞针对发展中国家的国别人权提案，利用人权搞政治对抗。由国别人权审议引发的政治对抗，使得人权委员会偏离了促进人权发展的轨道，导致人权委员会陷入了“信誉危机”。[40]

冷战结束后，人权委员会多次在欧美发达国家的主导下，审议特定国家人权状况。人权委员会审议国家人权状况的实践中，不同类型国家的角色固化现象明显。特定国家，如朝鲜、缅甸、叙利亚、利比亚，总是处于“被告”的地位，而欧美发达国家则经常扮演“法官”的角色。古巴代表曾在2004年12月23日第59届联大第76次全体会议中指出：……发达国家企图劫持联合国组织在人权领域的多方面工作，促进

40 江国青、熊志强：《联合国人权理事会法律制度探析》，载《外交评论（外交学院学报）》2006年第4期。

他们自己的政治利益，进而完全摧毁联合国人权机制工作不偏不倚、一视同仁和客观公正的形象……如果这样，等于联合国接受某些会员国以人权问题事务法官自居，同时完全不顾他们本国或其盟国自身存在的问题。这些都无助于恢复联合国人权机构损失的威望，尤其是人权委员会自身的威望。[41] 角色固化现象反映出发达国家和发展中国家在国际人权机制中的地位差异，也是欧美发达国家在人权话语输出和人权状况评价方面叠加强势地位的展现。

人权委员会国别人权状况审议夹杂着政治因素和双重标准，极易引发基于人权问题的政治对抗。对被审议或面临被审议的国家而言，这不啻于一场多边人权场合的“公审大会”。自 1990 年开始，西方国家在人权委员会 11 次提出决议草案，要求人权委员会对中国人权状况进行审议。除 1995 年针对中国的人权决议草案被付诸表决（最终未能通过）外，其他年份西方国家提出的审议中国人权状况的议案，都被中国或其他国家通过不付诸表决的动议程序所挫败。[42]

首先，国别人权审议体现出相关国家在争夺评判一国人权状况的主动权。欧美发达国家对于中国人权状况的关注，很难说是出于促进人权的善意或初衷。相反，它与 1970 年代末期以来的欧美人权外交攻势以及冷战后的局势有关。在运用人权武器攻击其他国家方面，人权委员会国别人权审议，在欧美发达国家的操纵下，成为“点名和羞辱”的多边平台。人权委员会针对某个国家的人权状况进行审议，该国就被迫对本国人权立场、本国人权实践模式进行辩护。在这种情势下，被审议的国家一开

---

41 《联合国大会第 59 届会议第 76 次全体会议正式记录》，A/59/PV.76。

42 中国人权研究会:《中国在联合国人权会议上连续挫败西方反华提案说明什么》，载《人民日报》2006 年 4 月 21 日，第 9 版。

始就处于舆论下风。而在人权委员会主动提出该项议案的国家，则容易获得促进人权的道德优势，在评价被审议国的人权状况方面获得主动权。

其次，国别人权审议，还牵涉国际人权规则解释与适用、人权实施模式优劣等方面的主导权争夺。提案国提出审议国别人权状况的决议草案，对一国人权问题表示关注，主要理由是一国人权存在问题、所涉人权问题不符合现行国际人权规则要求、需要依照现行规则加以改正。这种情势表明提案国试图掌握解释和运用国际人权标准的话语优先权，其逻辑就是：提案国依据某种人权规则或标准、实施人权规则的路径或模式的解释和适用是正确的。自然，它一再强化的是提案国家在解释和适用国际人权规则、实施国际人权义务的模式等方面的话语优势。

再次，国别人权状况审议背后还体现了欧美发达国家对特定人权观念的选择性适用。例如，针对中国的人权状况审议草案，几乎都是集中于公民权利和政治权利，而这种侧重却与中国关于人权的立场和话语存在差异。在中国看来，生存权和发展权是首要的基本人权，欧美发达国家无视中国在改善经济社会状况方面的人权进步，对中国采取选择性和双重标准，这是一种将人权政治化的做法。因此，围绕国别人权审议的话语争论，自然也表现为在投票之前各国宣示本国人权观念并驳斥竞争者所持的人权观念。

总之，国别人权审议的选择性监督，使得许多发展中国家经常在人权委员会处于被审议的地位；欧美发达国家动辄以“法官”自居，在人权委员会公开对发展中国家的人权状况进行评判。这在造成话语地位不平等的同时，强化了部分被审议的发展中国家在人权委员会乃至国际社会中的身份弱势，进而固化了发达国家和发展中国家在国际舆论中的角色定位。

（二）改革联合国人权机构的呼声与努力

1. 联合国秘书长的改革报告

（1）联合国秘书长发布《大自由：实现所有人的发展、安全和人权》

在人权委员会时期，许多发展中国家在多个场合批评人权委员会工作背离了它的宗旨，容易导致选择性、双重标准和政治对抗，需要改革。[43]例如，1999 年中国政府代表团在出席人权委员会第 55 届会议时就提出以合作取代对抗的主张，认为应改革人权委员会机制，使之适应时代发展的要求。中国代表团提出，应通过平等对话解决分歧，反对对抗；应抛弃冷战时期不同意识形态、不同社会制度的国家之间政治对抗的做法，通过在平等、相互尊重基础上的对话与合作妥善解决分歧。[44]随着人权委员会政治对抗的气氛日益加剧，发展中国家团结抗争的意识不断增强，改革人权委员会的呼声也在不断增强。

与此同时，西方一些国家对人权委员会的不满也与日俱增。以美国为首的西方国家对人权委员会难以通过国别人权提案感到不满，特别是对非洲国家以集团立场，利用“不采取行动”动议等方式阻止人权委员会通过苏丹、津巴布韦等国别提案非常恼火，认为不能让人权委员会这种状况持续下去。他们极力主张成立一个新的机构取而代之。从 2003 年起，美国等西方国家就开始酝酿成立人权理事会，并为此游说联合国

---

43 《联合国大会第三委员会第52 次会议记录》，中国代表发言，UN Doc A/C.3/61/SR.52，第 15 段，https://documents.un.org/prod/ods.nsf/xpSearchResultsM.xsp，最后访问时间：2022 年 9 月 20 日。《联合国人权委员会第 61 届会议第 20 次会议记录》，中国代表发言，UN Doc. E/CN.4/2005/SR.20，第 17 段，https://documents.un.org/prod/ods.nsf/xpSearchResultsM.xsp，最后访问时间：2022 年 9 月 20 日。

44 新华社：《中国代表就改革人权委员会机制提出建议》，《人民日报》1999 年 3 月 24 日。http://news.sina.com.cn/richtalk/news/world/9903/032412.html，最后访问时间：2022 年 9 月 20 日。

秘书长安南，要求其接受这一建议。[45]

在这一背景之下，2004年联合国“威胁、挑战和改革问题”高级别小组在报告中认为，人权委员会的信用和专业性在下降，各国寻求当选人权委员会委员，不是为了促进人权，而是为了避免批评并批评他国。[46]但是，高级别小组无意对现存的人权组织进行彻底的改革。它仅仅建议原来的人权委员会在成员国结构上应该具有普遍性，同时又提出各成员国的代表团团长应该是杰出并且经验丰富的人权界知名人士。最终，2005年3月联合国秘书长安南的改革报告《大自由：实现所有人的发展、安全和人权》不赞同高级别工作小组关于扩大人权委员会成员国席位的建议，而是建议设立一个小型的常设机构——人权理事会来取代人权委员会。[47]《大自由：实现所有人的发展、安全和人权》报告肯定了人权委员会的历史贡献，但客观指出：“委员会执行任务的能力，因信誉和专业精神低落而日益受到影响。特别是，各国竞相成为成员国，目的不是加强人权，而是保护本国免遭批评，或者批评他国。结果，委员会‘信誉赤字’扩大，给整个联合国系统的名誉蒙上阴影。”对于未来改革，报告指出：“如果联合国想满足全世界各地人们的期望，甚至说联合国要像对待安全和发展问题那样认真对待人权问题，那么会员国就应当同意将人权委员会改造成一个规模较小的常设人权理事会。会员国必须决定，是让人权委员会成为联

45　谢波华:《联合国人权理事会的台前和幕后》，载《红旗文稿》2006年第12期。

46　UN General Assembly, A More Secure World: our Shared Responsibility, Report of the High-level Panel on Threats, Challenges and Change, A/59/565, 2 December 2004, para. 283.

47　UN General Assembly, In Larger Freedom: Towards Development, Security and Human Rights for All, Report of the Secretary-General, A/59/2005, 21 March 2005, p. 45.

合国的一个主要机构，还是成为大会的一个附属机构。不论成为哪一种机构，其成员由大会出席并参加表决的会员 2/3 多数直接选举产生。创建这个理事会将赋予人权问题更崇高的地位，符合人权在《宪章》内所占的首要位置。会员国应当就该理事会成员的组成和任期做出决定。当选的理事会成员应承诺遵守高级别的人权标准。”[48]

（2）联合国秘书长对《大自由：实现所有人的发展、安全和人权》的补充说明

2005 年 5 月，联合国秘书长科菲 · 安南向联合国大会第 59 届会议提交了一份对《大自由：实现所有人的发展、安全和人权》的补充说明，再次对拟设立的人权理事会的若干问题进行了具体解释。[49]

第一，人权理事会的地位与作用。安南认为，设立人权理事会，是联合国日益重视人权的具体体现。人权委员会升格为一个全面的人权理事会，将把人权提升到《联合国宪章》原本赋予的优先地位。此种结构使得联合国的架构更加清晰，因为联合国已经设有处理安全和发展两大宗旨的理事会。关于人权理事会的地位，安南认为有两种选择，或作为大会的主要机构，或作为大会的附属机构。将人权理事会作为联合国的一个主要机构，可使之具有与安全理事会和经济及社会理事会同等的地位，但需要修改《联合国宪章》。在这两种情况下，安南建议依据《联合国宪章》设立机构的高标准和“重要事项”由 2/3 多数表决来做出决定。

第二，人权理事会的性质与选举。安南认为，人权理事会将是常设

48 UN General Assembly, In Larger Freedom: towards Development, Security and Human Rights for All, Report of the Secretary-General, A/59/2005, 21 March 2005, para.183,p.45.

49 A/59/2005/Add.1.

机构，可以定期开会，也可以随时开会，以处理迫在眉睫的危机，并及时、深入地审议人权问题。在会期上，可以使人权问题讨论摆脱已经充满政治争斗的六周会议的安排，还可以有时间采取实质性的后续行动，监测各项决定和决议的执行情况。安南建议，人权理事会成员由大会全体成员选举产生，这会使得这个成员更加负责，并使这个机构更具代表性。此外，人权理事会经联合国主要立法机构大会直接选举，其权威性也大于人权委员会，因为人权委员会只是经济及社会理事会的附属机构。实际上，根据《联合国宪章》，在经济及社会理事会下履行各种职能，包括履行促进人权的职能，最终责任在于联合国大会。安南还认为，减少人权理事会成员数目，将使人权理事会得以进行重点更加突出的辩论和讨论。

第三，人权理事会机构的设立地点。安南认为，人权理事会应设在日内瓦，使它能继续与联合国人权事务高级专员办事处密切合作。人权理事会虽然设在日内瓦，但具有在纽约“扩大”影响的灵活性。因此，可以在纽约举行特别会议，或将特定的分支机构设在纽约，以便更好地与大会、安全理事会和经济及社会理事会沟通。

第四，人权理事会同侪审议职能。2005 年 4 月 7 日，安南在向人权委员会发表讲话时，阐述了人权理事会行使同侪审议职能的新提议：“人权理事会应起到同侪审议的作用，其职能应明确界定，主要任务是评价各国履行各项人权义务的情况。这将具体体现人权的普遍性和不可分割原则。公民、政治、经济、社会和文化权利以及发展权必须受到同等重视。人权理事会应有能力向各国提供技术援助，并向各国和联合国机构提供政策咨询。在这种体制下，每个成员将定期受到审议。但此种轮流审议的做法，不应妨碍人权理事会处理可能发生的一切大规模严重侵犯人权的情况。实际上，人权理事会必须可以提请国际社会注意紧急危机。”

安南认为，同侪审议机制对人权条约规定的缔约国报告程序起到的是补充作用，而不是取而代之。缔约国报告程序源于法律承诺，由独立专家组对照这些条约的具体规定，对缔约国法律、规章和做法进行严格监督。此种程序产生明确的、有权威的行动建议。而依照同侪审议的程序，各国自愿就各自国内的人权问题进行讨论。此种讨论的依据是促进和保护《联合国宪章》规定、《世界人权宣言》表述的各项权利的义务和责任。审议结论的落实，应作为一种合作行动，并应协助各国发展这方面的能力。

安南认为，同侪审议至关重要的一点是普遍监督，即所有成员国对于各项人权承诺的履行情况应当受到其他国家的评估。同侪审议有助于尽可能避免政治化和选择性，而政治化和选择性是人权委员会的特征。同侪审议应当触及人权的各方面，即公民、政治、经济、社会和文化权利。人权理事会必须确保建立公正、透明和可行的同侪审议制度，以同一标准对各国进行审议。要建立一个公平的制度，必须就所需资料的质量和数量达成协议，作为审议的基准点。在这方面，联合国人权事务高级专员办事处可起核心作用，汇编此种资料，并确保以全面、均衡的方式对待各项人权。人权理事会同侪审议的结果，不仅有助于国际社会更好地提供技术援助和政策咨询，亦有助于促使当选的成员对其人权承诺负起责任。

第五，人权理事会的任务和职能。安南建议，除了经济及社会理事会第 1235(XLII) 号和第 1503(XLVIII) 号决议规定的人权委员会现有职能和责任外，人权理事会将在同侪审议制度的基础上审议所有国家各项人权的情况。专题和特定国家程序的任务规定以及政府间工作组和小组委员会须向人权理事会报告，人权理事会成立后将彻底审议这些方面，并根据理事会自己的职权范围及工作议程和工作方法予以重新审议、完善或修订。

安南建议，除了同侪审议外，人权理事会还应履行下列职能：在严重人权局势发生时，会员国应当能够一起采取行动；在监督和促进国际人权法的解释和发展方面发挥关键作用。国际法律和标准是联合国保护人权制度的核心。

第六，人权理事会的组成。安南建议，人权理事会成员不是由经济及社会理事会选举产生，而由大会2/3的选票选出，这将体现联合国对该机构的重视。安南认为，联合国大会有必要就人权理事会成员任期长短、成员选举和轮任方式做出决定；如果会员国选择以区域为基础选举人权理事会成员，那么所有区域集团都应具有与其在联合国的代表权相符的代表权。

第七，人权理事会成员数目。人权委员会在2005年有53个成员，只比经济及社会理事会成员少一个。人权委员会最初有18个成员，后来数目剧增。安南认为，人权理事会成员数目较少，将有助于进行更有重点的讨论和辩论。

2. 联合国大会第60届会议期间各国的呼声与期望

2005年3月人权委员会第61次会议开幕时，发展中国家集中表达了对人权委员会的不满。印尼人权委员会主席号召各国政府不要对国家人权侵犯情势发出中伤的声明，这一声明得到埃及的附随。韩国、巴基斯坦、中国和古巴批评人权委员会以政治化的方式行事。巴基斯坦指出人权委员会通过国别决议体现出日益明显的政治化；韩国呼吁对话协商和共识建设，以避免人权委员会工作的政治化；古巴的批评最强烈，指责人权委员会一直将南方国家置于被告的位置，进行宗教审判，认为最需要的改革是取消强加于一些国家之上的不公正的决议，结束双重标准以及对大国的豁免。印度也认为，人权委员会已经偏离了 1946 年时作为标准制定机构的定位。[50]2005 年 6 月 7 日，中国外交部发布《中国关于联合国改革问题的立场文件》，指出："中国赞同并支持改革联合国人权机构。改革的关键是扭转将人权问题政治化的现状，不搞双重标准，减少和避免对抗，促进合作。"[51]

由于发展中国家和发达国家都赞同改革联合国人权机构，所以，在 2005 年 9 月开始的联合国大会第 60 届会议期间，各国就改革联合国人权机构，特别是成立人权理事会充分表达了意见和立场。[52] 在 2005 年 9 月 14 日联合国大会第 60 届会议第二次全体会议上，时任联合国秘书长科菲·安南再次呼吁通过建立新的人权理事会来弥补人权委员会的失败，并建议具体细节应在联合国大会第 60 届会议期间拟定。[53]

联合国大会第 60 届会议期间，许多发展中国家和发达国家表达了对成立人权理事会的支持。在联合国第 60 届会议第二次全体会议上，时任美国总统布什在发言中认为："这个重要机构的会员国曾推选臭名

---

50 Commission on Human Rights Opens Sixty-First Session, 14/03/2005, Press Release. HR/CN/1107, http://www.un.org/press/en/2005/hrcn1107.doc.htm, visited on 4 August 2018.

51 中国外交部：《中国关于联合国改革问题的立场文件》，http://infogate.fmprc.gov.cn/ziliao_674904/zt_674979/ywzt_675099/2005year_675849/zgylhg_675873/200506/t20050607_9288805.shtml，最后访问时间：2022 年 9 月 20 日。

52 各国立场，参见联合国大会第 60 届会议期间召开的多次全体会议记录，A/60/PV.2，A/60/PV.4，A/60/PV.5，A/60/PV.7，A/60/PV.8，A/60/PV.10，A/60/PV.11，A/60/PV.12，A/60/PV.13，A/60/PV.14，A/60/PV.16，A/60/PV.18，A/60/PV.19，A/60/PV.20,A/60/PV.21，A/60/PV.22，A/60/PV.23，A/60/PV.24，A/60/PV.72 等。

53 联合国大会第 60 届会议第二次全体会议记录，A/60/PV.2。

昭著的侵犯人权的国家为联合国人权委员会成员，使这项崇高的事业蒙羞，使整个联合国组织的信誉受到损害。会员国如果希望联合国受到尊重并发挥高效，就应该从保证联合国值得令人尊重开始。”[54] 牙买加总理兼国防部长帕西瓦尔·詹姆斯·帕特森阁在联合国大会第 60 届会议第五次全体会议上指出：“改革应结束过分的政治化和彼此敌对的做法，因为这种情况使人权委员会的工作失去了信誉。”[55] 加拿大总理保罗·马丁在联合国大会第 60 届会议第七次全体会议上指出：“联合国人权委员会现在有严重的信誉问题，其成员组成、其日益的政治化以及它在处理世界各地侵犯人权问题时缺乏有效性的状况已使其成就黯然失色。”[56] 加纳总统库福尔、西班牙国王胡安·卡洛斯一世、芬兰共和国总统塔里娅·哈洛宁、拉脱维亚总统瓦伊拉·维凯－弗赖贝加、博茨瓦纳总统费斯图斯·莫哈埃、巴基斯坦总理佩尔韦兹·穆沙拉夫、匈牙利总统绍约姆·拉斯洛、墨西哥总统比森特·福克斯、荷兰首相扬·彼得·鲍肯内德、爱尔兰总理伯蒂·埃亨等领导人都在发言中强调发展、安全与人权之间不可分割的联系，支持建立人权理事会，加强联合国人权工作。[57] 应该说，国际社会已经就成立人权理事会取得基本共识。

在联合国大会第 60 届会议期间，各国元首和政府首脑召开了世界首脑峰会。会议审议了题为《2005 年世界首脑会议成果》的决议草案（A/60/L.1），同意设立人权理事会，并强调“人权理事会将负责促进普遍尊重对所有人的所有人权和基本自由的保护，不做任何区别，一律公正平等。人权理事会应处理各种侵犯人权的情况，包括粗暴、蓄意侵

54 联合国大会第 60 届会议第二次全体会议记录，A/60/PV.2。

55 联合国大会第 60 届会议第五次全体会议记录，A/60/PV.5。

56 联合国大会第 60 届会议第七次全体会议记录，A/60/PV.7。

57 联合国大会第 60 届会议第四次全体会议记录，A/60/PV.4。

犯人权的事件，并提出有关建议。人权理事会还应促进联合国系统内部的有效协调，推动将人权纳入主流。”[58]尽管存在对人权委员会的不满，但各国对于新机构并未有一致的看法。这些分歧包括：成员国的标准、规模和组成，选举程序，功能和组织地位，特别是人权理事会是否升级为联合国的主要机构。[59]结果，在世界峰会上，成员国仅号召“大会主席举行公开、透明和包容各方的谈判，并在第60届会议期间尽快完成谈判，以确定人权理事会的任务授权、模式、职能、规模、组成、成员、工作方法和程序”。[60]

在联合国大会第60届会议期间，许多国家不仅表态支持建立人权理事会，也对人权理事会的未来表示出期待。这集中在以下几个方面：第一，人权理事会应消除政治对抗和双重标准。一些发展中国家表达了拟建立的人权理事会应去政治化与双重标准、促进合作与对话的期望。印尼总统苏希洛建议，人权理事会不得政治化，不得有双重标准。[61]巴拿马总统马丁·埃斯皮诺也建议，人权理事会应有清楚和确切的任务，以避免目前的政治化和歧视。[62]哥伦比亚总统阿尔瓦罗·乌里韦·贝莱斯在发言中认为，在人权理事会中，使问题政治化并且削弱联合国提供帮助和支持各国促进和保护人权能力的惩罚性和点名指责的做法不能占

58 UN General Assembly, 2005 World Summit Outcome, A/RES/60/1, 16 September 2005, para. 159.

59 Rosemary Foot and Rana Siu Inboden, China's Influence on Asian States during the Creation of the U.N. Human Rights Council: 2005–2007, 54 (5) Asian Survey 853 (2014).

60 UN General Assembly, 2005 World Summit Outcome, A/RES/60/1, 16 September 2005, para. 160.

61 联合国大会第60届会议第七次全体会议记录，A/60/PV.7。

62 联合国大会第60届会议第七次全体会议记录，A/60/PV.7。

上风。[63] 苏丹外交部长穆斯塔法·奥斯曼·伊斯梅尔在发言中认为，人权领域出现的问题是选择性、双重标准和为政治目的滥用人权问题造成的结果。因此，需要做的不仅是改革机构，而且要改变做法。[64] 印度代表也认为，人权理事会应该不受政治化和双重标准影响，而应促进对话和具体合作。[65] 巴基斯坦代表认为，人权理事会的任务和方法是促进合作，而不是对抗。[66] 古巴更是言辞激烈地抨击："由于一群发达国家以将本国的政治利益强加于别国之上作为唯一目标，并进行政治操纵，体现出选择性、政治化、双重标准、勒索和虚伪，人权委员会的危机进一步加重。这些问题极有可能遗留给将要成立的人权理事会。要改变这个世界的状况，必须改变现在的不公正、不平等和单级的国际秩序。"[67]

第二，尊重主权和不干涉内政，平等合作。阿塞拜疆外交部长埃尔马·马哈拉姆·奥格鲁·马迈季亚罗夫建议，为了有效地处理目前的各种挑战，应该改进联合国人权机构，同时，应该妥善地遵守尊重主权和不干涉会员国内政的原则，应该促进会员国保护和促进人权的努力。[68] 圭亚那担心人权理事会成为一个对其他国家人权进行审判的不平等的机构，认为某些国家在民主和人权事务上自以为是的态度，在一个以国家平等、相互理解和尊重原则为基础的组织中是不可接受的。[69] 缅甸希望

63　联合国大会第 60 届会议第八次全体会议记录，A/60/PV.8。

64　联合国大会第 60 届会议第八次全体会议记录，A/60/PV.8。

65　联合国大会第 60 届会议第 14 次全体会议记录，A/60/PV.14。

66　联合国大会第 60 届会议第 18 次全体会议记录，A/60/PV.18。

67　第 60 届联大第三委员会第 32 次会议简要记录，A/C.3/60/SR.32，第 72 段。

68　联合国大会第 60 届会议第七次全体会议记录，A/60/PV.7。

69　联合国大会第 60 届会议第 18 次全体会议记录，A/60/PV.18。

人权理事会能以应有的客观态度和尊重主权与领土完整、政治独立和不干涉国家内部事务的原则来处理人权问题。[70]

第三，人权理事会应该支持人权概念的多样性。新加坡副总理贾古玛在发言中认为："关于人权，赋予我们各国人民经济、社会以及政治和公民权利，必须既是发展的目的，也是发展的手段。我国代表团对于将人权委员会转变为人权理事会的建议持开放态度，但问题是：根本的问题只是结构性的吗？事实是，所声称的权利中除少数几个外，根本上都是有争议的概念。联合国的基本作用是实施商定的准则以及扩大对于构成商定准则内容的共识。但是，一些国家倾向于将它们的看法说成是普遍准则，这不可避免地引起抵制，不必要地使这个进程政治化，最终无助于人权事业。如果不能适当处理这个较深层的问题，那么任何变革都将只是表面的。"[71] 埃及外交部长艾哈迈德·阿布·盖特也表达了类似观点："我们应该达成考虑到文化、教育及社会多样性的共同谅解。我们应该避免利用人权理事会来达到政治目的。"[72] 苏丹也强调人权理事会在处理人权问题时必须尊重文化和宗教的多元化。[73]

（三）联合国大会第 60 届会议第 72 次全体会议通过 A/RES/60/251 决议

世界峰会结束后，各国在第 60 届联大主席、瑞典前驻美大使埃里亚松主持下，就人权理事会展开了 5 个多月的谈判，形成了 A/60/L.48 决议草案。2006 年 3 月 15 日，第 60 届联合国大会第 72 次全体会议召开，

---

70 第 60 届联大第三委员会第 30 次会议简要记录，A/C.3/60/SR.30，第 36 段。

71 联合国大会第 60 届会议第八次全体会议记录，A/60/PV.8。

72 联合国大会第 60 届会议第八次全体会议记录，A/60/PV.8。

73 第 60 届联大第三委员会第 33 次会议简要记录，A/C.3/60/SR.33，第 45 段。

讨论并表决通过建立人权理事会的决议草案 A/60/L.48。

在第 72 次全体会议就关于人权理事会的决议草案 A/60/L.48 进行讨论并付诸表决之前，第 60 届联大主席、瑞典前驻美大使埃里亚松于 2006 年 2 月 23 日在全体会议非正式磋商中已将草案的案文送达各国。自 2 月 23 日提出案文以来，各国详尽研究了决议草案。在各国进行审议后，决议草案得到了广泛的支持。在付诸表决之前，埃里亚松大使介绍了决议草案 A/60/L.48 的基本内容，并请与会各国进行审议。

古巴、委内瑞拉等国在表决前就投票立场进行解释发言。古巴代表的解释发言主要有以下几点意见：第一，设立人权理事会，是因为迫切需要扭转人权委员会所陷入的极其不佳的声誉，而这种声誉是美国和欧洲联盟对其工作实行政治操纵、虚伪做法和双重标准的结果。但是，古巴代表强调，决议草案“绝不是一个能使我们团结一致共同对付挑战的反应”，因为“案文中没有任何地方会防止在新理事会中再度出现北方大国采取传统伎俩，不公正地指责第三世界国家的现象”。第二，决议草案 A/60/L.48 有严重的缺漏，它没有反映大多数会员国在整个过程中所表达的立场。例如，与人权委员会相比，决议草案减少了人权理事会成员数目，损害到该机构的代表性。决议草案认可有关暂时停止理事会成员资格的条款，该条款可在出席并投票的 2/3 多数成员的支持下启动，但并没有规定最低法定票数。决议草案也没有排除乃至限制国别审议。第三，尽管有严重的保留，但是考虑到一些国家代表团对古巴表达的要求，古巴决定对决议草案 A/60/L.48 投赞成票，并将在人权理事会中努力维护正义、国际法、真正的对话以及非常必要的合作，以保护和促进所有各国人民和所有个人的所有人权。[74]

74　联合国大会第 60 届会议第 72 次全体会议正式记录，A/60/PV.72。

委内瑞拉代表通过解释发言表达如下意见：第一，对序言部分第一段持有明确的保留意见。该段中仍保留着“人道主义性质”一语，这或许会使某些人找到借口，干涉他国的内部事务。第二，对序言部分的第11段以及对执行部分的第1和第2段，对第3、第4及第5段(e)和(f)分段有保留。第三，所谓“保留”是说这些段落并非义务，对委内瑞拉没有任何政治或法律效力。[75]

在会议通过决议草案A/60/L.48之前，曾有提议采取协商一致方式通过决议。由于美国坚持付诸表决，会议采取投票方式进行表决。[76]最终，决议草案A/60/L.48以170票赞成、4票反对、3票弃权而获通过，这就是联合国大会成立人权理事会的第60/251号决议。其中，以色列、马绍尔群岛、帕劳、美国反对通过该决议，白俄罗斯、伊朗、委内瑞拉弃权。[77]

二、围绕人权理事会机制的争议

在联大最终完成决议草案A/60/L.48的谈判并通过建立人权理事会的决议之前，西方国家和以发展中国家为主体的“观点相近国家”（Like Minded Group）围绕人权理事会决议草案展开了五个多月的谈判。这场谈判争论的问题主要集中于理事会的职能、地位、规模、选举、会期、非政府组织、国别人权提案等方面。在这些问题上，“观点相近国家”广泛开展团结与合作，推动人权理事会的制度设计充分尊重和反映发展

75 联合国大会第60届会议第72次全体会议正式记录，A/60/PV.72。

76 伊朗、肯尼亚等建议以协商一致方式通过。参见联合国大会第60届会议第72次全体会议正式记录（伊朗、肯尼亚代表的解释发言），A/60/PV.72。

77 联合国大会第60届会议第72次全体会议正式记录，A/60/PV.72。

中国家的观点和立场，为人权理事会机制建设朝着公正合理的方向发展做出了应有的贡献。

（一）**人权理事会的职能**[78]

一些西方国家主张，人权理事会应能随时处理和审议侵犯人权的问题。因此，人权委员会的所有职能，特别是国别人权提案、来文指控程序、特别报告员机制、紧急会议机制必须保留。同时强调，人权理事会应能处理任何“严重和持续发生”(serious and continuative) 的侵犯人权行为。应在人权理事会设立“普遍定期审议”机制，并将所有联合国成员国都纳入这一机制，以接受有关人权问题的审议。为此目的，应授权人权高专编写年度全球人权报告。加拿大认为，人权理事会必须是一个常设机构，并按照具体标准，以 2/3 多数选举成员，而且它必须规定一个同侪审议制度。[79] 智利也同意设立同侪审议制度。[80] 时任联合国人权事务高级专员阿尔布尔认为，新的人权理事会采用的同侪审议机制能确保所有会员国在履行其人权义务方面接受其他国家某种形式的问责，这会有助于解决有关偏袒和双重标准的指责。[81] 新西兰建议，新的人权理事会应该能够审议人权状况，并就此向会员国和联合国系统的其他机构，包括安全理事会提出建议。[82]

以“观点相近国家”为代表的多数发展中国家认为，新机构应当成为促进合作对话的讲坛。国别提案最好不要，如要，也应设立一定标准，

78　本部分内容，除参考联合国文件记录之外，主要参考谢波华《联合国人权理事会的台前和幕后》，载《红旗文稿》2006 年第 12 期。

79　联合国大会第 60 届会议第 18 次全体会议记录，A/60/PV.18。

80　联合国大会第 60 届会议第 18 次全体会议记录，A/60/PV.18。

81　第 60 届联大第三委员会第 23 次会议简要记录，A/C.3/60/SR.23，第 35 段。

82　第 60 届联大第三委员会第 31 次会议简要记录，A/C.3/60/SR.31，第 59 段。

不能对发展中国家随意点名和羞辱。同时，不同意授权高专办编写全球人权报告，并要求理事会承担监督高专办工作的职能。关于“普遍定期审议”机制，要求先对其具体内容、职能及后续行动做出澄清和说明。巴基斯坦认为，新的人权理事会应当以合作方式努力促进和保护所有人权。[83]白俄罗斯反对针对某一个国家人权状况的审议，认为“这种（审议）决议摧毁就人权进行国际合作的基础，鼓励不信任和对抗而非对话与合作”。[84]苏丹认为，关于人权问题的决议通常将矛头对准发展中国家，人权理事会必须解决这一问题。[85]

经过磋商，“观点相近国家”在最终达成的决议中争取到如下重要成果：第一，决议重申了《联合国宪章》的宗旨和原则，强调所有人权都是普遍、不可分割、相互依存的，必须以公正和平等的方式，在同样的基础上，以同样的重视程度对待所有人权。第二，决议在确认和平与安全、发展和人权是联合国三个支柱的同时，也确认了三者间相互联系和相辅相成的关系，而非人权居于首位。第三，首次在联大文件中明确提出，联合国人权机构在审议人权问题时，必须“消除双重标准和政治化”。第四，决议指出应加强不同文明、文化和宗教间的对话，通过对话和合作的方式，协助预防侵犯人权的行为。第五，根据《维也纳宣言和行动纲领》，决议强调理事会所重点处理的应是“严重和系统的”(gross and systematic) 侵犯人权行为，没有使用西方原先坚持的提法。第六，决议肯定了人权理事会负有监督高专办工作的职能。

作为妥协，“观点相近国家”同意草案对人权委员会既有监督和来

---

83 第 60 届联大第三委员会第 32 次会议简要记录，A/C.3/60/SR.32，第 87 段。

84 第 60 届联大第三委员会第 33 次会议简要记录，A/C.3/60/SR.33，第 50 段。

85 第 60 届联大第三委员会第 42 次会议简要记录，A/C.3/60/SR.42，第 47 段。

文机制的肯定，接受了人权理事会应在联合国系统内促进人权问题主流化的表述；同时，同意人权理事会建立普遍定期审议机制，以审查每个国家履行人权义务和承诺的情况。

（二）人权理事会的地位

一些国家希望人权理事会是一个强有力的机构，主张人权理事会应为联合国主要机构，即与安理会、经济及社会理事会同等重要的机构。考虑到这样做涉及修改《联合国宪章》，需要时间，作为过渡，可先为大会下属机构，但应在5年内对其给予升格。[86]例如，挪威希望人权理事会能成为联合国的一个主要机构。[87]澳大利亚支持建立一个强有力的理事会，使其能够对严重的违反人权现象做出有效和有信誉的回应。[88]智利[89]、日本[90]也主张人权理事会应该是联合国的主要机构。

另一些国家，特别是“观点相近国家”不同意将人权理事会升格为主要机构，认为人权理事会作为大会下属机构即可；或者可在5年后讨论其工作情况，但不能预定讨论升格问题。[91]例如，瑞士希望人权理事会能够获得大会附属机构的地位。[92]印尼支持设立的人权理事会应该是大会的一个附属机构。[93]斐济支持成立一个直接对大会负责的人权理事

86　谢波华：《联合国人权理事会的台前和幕后》，载《红旗文稿》2006年第12期。

87　联合国大会第60届会议第22次全体会议记录，A/60/PV.22。

88　联合国大会第60届会议第七次全体会议记录，A/60/PV.7。

89　联合国大会第60届会议第72次全体会议正式记录，A/60/PV.72。

90　联合国大会第60届会议第72次全体会议正式记录，A/60/PV.72。

91　谢波华：《联合国人权理事会的台前和幕后》，载《红旗文稿》2006年第12期。

92　第60届联大第三委员会第31次会议简要记录，A/C.3/60/SR.31，第13段。

93　联合国大会第60届会议第七次全体会议记录，A/60/PV.7。

会的建议。[94] 在“观点相近国家”坚持下，决议确定人权理事会为联大附属机关，使用大会议事规则；联大将在 5 年内审查理事会的状况。[95]

（三）人权理事会的规模

在成立人权理事会的谈判中，“大多数发达国家希望把人权理事会席位总数控制在 38 个”[96]。例如，美国和欧盟等认为，以往人权委员会效率不高，就是因为成员过多，应当缩小规模。美国主张 20 到 30 个，欧盟则提出 38 到 42 个成员。[97] 欧洲联盟委员会成员贝尼塔 · 费雷罗 – 瓦尔德纳参加审议 2005 年世界首脑会议成果时提出：“组建新的、更小的和更有效的人权理事会，将有助于联合国成为一个真正推动人权保护的力量。”[98] 冰岛认为，理想的人权理事会应该比人权委员会的规模小，不能包括践踏人权的主要国家。[99] 斯洛伐克赞成人权理事会由少量成员组成，以便它在应对新出现的问题时具有必要的灵活性。[100] 斯洛文尼亚也支持人权理事会成员数目少一些，而且必须由联合国大会以 2/3 多数选举产生。[101]

“观点相近国家”认为应该扩大人权理事会的规模。2005 年 6 月 7 日，中国外交部发布《中国关于联合国改革问题的立场文件》，强调：“由一个小规模的‘人权理事会’取代‘人权委员会’，恐怕解决不了当前

94 联合国大会第 60 届会议第 21 次全体会议记录，A/60/PV.21。

95 谢波华：《联合国人权理事会的台前和幕后》，载《红旗文稿》2006 年第 12 期。

96 杨志望：《人权理事会“大小”之争背后》，载《新华每日电讯》2006 年 2 月 17 日。

97 谢波华：《联合国人权理事会的台前和幕后》，载《红旗文稿》2006 年第 12 期。

98 联合国大会第 60 届会议第八次全体会议记录，A/60/PV.8。

99 联合国大会第 60 届会议第 16 次全体会议记录，A/60/PV.16。

100 联合国大会第 60 届会议第 10 次全体会议记录，A/60/PV.10。

101 联合国大会第 60 届会议第 14 次全体会议记录，A/60/PV.14。

人权领域严重的'信誉赤字'……"[102]2006年1月26日，第60届联大第三委员会第23次会议上，中国代表指出："人权理事会应具有充分的代表性……大会成员可以基于公平的地域分布，以简单多数选举出理事会成员"。[103]2005年7月19日，俄罗斯联邦常驻联合国代表致信秘书长："如果不能就普遍成员制达成共识，俄罗斯联邦赞成适当缩减新设人权机构的成员名额，人权委员会现有53名成员，理事会就暂时减到48至50名成员。同时，也必须坚持现行的通过区域集团以简单多数票选举的原则。"[104]2005年9月14日，卡塔尔代表在联合国大会第60届会议第四次全体会议期间发言指出："一个成员数量有限的理事会可能不能代表这一国际组织更广泛的成员，或者处理所有不同的人权方面的问题。因此，我们希望在多边一级对这项建议进行审议和谈判，以期各国政府达成一项协议，即应在大会下设立一个机构，其成员人数多到足以消除任何有选择性的怀疑，并且保证其效率和良好业绩。"[105]2005年9月16日，瓦努阿图代表在联合国大会第60届会议第七次全体会议期间发言指出："我们认为没有必要把人权委员会变成一个小型理事会，因为它可能被某些具有影响力的势力和集团有选择地加以利用，成为促进其利益的工具而给其他国家造成不利。"[106]利比亚代表认为，人权理事会应该享有广泛的授权和众多的成员，从而确保成员国拥有公正的地

102　《中国政府发布关于联合国改革问题的立场文件》，载《人民日报》2005年6月8日。

103　《第60届联大第三委员会第23次会议简要记录》，议程项目71：人权问题，A/C.3/60/SR.23，第78段。

104　联合国大会第59届会议，议程项目45和55，《2005年7月19日俄罗斯联邦常驻联合国代表给秘书长的信》，A/59/878。

105　联合国大会第60届会议第四次全体会议记录，A/60/PV.4。

106　联合国大会第60届会议第七次全体会议记录，A/60/PV.7。

区代表性。[107]2006 年 3 月 1 日，古巴常驻联合国代表致信联合国秘书长，公开抨击美国企图提高人权理事会会员国门槛、减少规模、排斥发展中国家的建议。[108] 圣马力诺认为，人权理事会应当直接向大会负责，其组成应当基础广泛，让中小国家充分参与。[109] 在发展中国家看来，人权理事会规模过小，一些想进入人权理事会的国家或许落选；小规模的人权理事会会变成安理会，也给大国控制人权理事会提供了最大可能。[110] 因此，“发展中国家主张人权理事会保持人权委员会的现有规模，即至少拥有 53 个席位，以体现该机构的代表性”[111]。

此外，“观点相近国家”认为，新机构应充分考虑不同区域集团成员数量的变化，特别是亚洲国家已成为第一大区域集团的事实（亚洲区域集团有 54 个成员，非洲区域集团 53 个成员），新机构的区域集团应当按照新的成员比例重新分配。为此，新加坡、巴基斯坦等国还拿出了具体分配方案作为磋商基础。根据这些方案，各区域集团的比例大体为：亚洲、非洲各占 28%，拉美占 17%，西方集团占 14 %，东欧占 6% 左右。[112]

经过反复磋商，“观点相近国家”同意理事会由 47 个成员组成，欧盟等则接受了新加坡等国提出的成员比例方案。具体名额分配如下：亚洲和非洲集团各 13 个，拉美 8 个，西方集团 7 个，东欧集团 6 个。

---

107 第 60 届联大第三委员会第 30 次会议简要记录，A/C.3/60/SR.30，第 3 段。

108 联合国大会第 60 届会议，议程项目 71 和 118，《2006 年 3 月 1 日古巴常驻联合国代表给秘书长的信》，A/60/704。

109 联合国大会第 60 届会议第 16 次全体会议记录，A/60/PV.16。

110 Philip Alston, Reconceiving the UN Human Rights Regime: Challenges Confronting the New UN Human Rights Council, 7 Melbourne Journal of International Law (2006), p. 198.

111 杨志望：《人权理事会“大小”之争背后》，载《新华每日电讯》2006 年 2 月 17 日。

112 谢波华：《联合国人权理事会的台前和幕后》，载《红旗文稿》2006 年第 12 期。

很显然，新机构的成员分配与人权委员会的构成情况有了明显不同，在成员总数减少的情况下，亚洲集团由人权委员会 11 个成员增加为 13 个，西方集团由 10 个减少为 7 个，拉美集团由 9 个减少为 8 个，东欧集团则由 5 个增加到 6 个。这一新的组成，客观上使发展中国家在国别人权提案的斗争中处于更为有利的地位。还需说明的一点是，在讨论理事会成员任期问题上，由于各国利益不同，一部分国家主张可以连选连任，一部分国家，特别是中、小国家坚决要求设定任期。最后，草案规定理事会成员最多只能连任两届。这一规定，突破了联合国大会、经济及社会理事会及其下属机构选举不限定任期的做法。[113]

最终，在第 60 届联大第 72 次全体会议上，联合国大会就人权理事会决议草案（A/60/L.48）进行讨论。[114] 该决议草案最终以联大第 60/251 号决议获得通过。根据联大第 60/251 号决议，在人权理事会会员国标准、选举程序、规模以及地理分布席位等问题上，发展中国家的立场基本上得到了体现。联大第 60/251 号决议第七段规定：理事会由 47 个会员国组成，每个成员由大会通过无记名投票，以会员国过半数直接选举产生。特别是，人权理事会经联合国大会以 2/3 多数而选举其成员的建议未写入决议，美国提出的不超过 30 个成员的建议也没有获得支持。"拥有 47 名成员的人权理事会无疑与联合国秘书长倾向于小型理事会的建议相去甚远。人权理事会规模较大也许是因为人们普遍怀疑小型机构的工作效能，并迫切需要加强其普遍性和广泛的代表性。它力图使全球各

113　谢波华：《联合国人权理事会的台前和幕后》，载《红旗文稿》2006 年第 12 期。

114　联合国大会第 60 届会议第 72 次全体会议正式记录，A/60/PV.72。

个地理区域都能得到公平的成员国席位，并能得到各方同意。”[115]

（四）人权理事会的选举

人权理事会成员门槛和选举标准，涉及人权理事会内部治理的主体资格问题。围绕这一问题，存在不同主张。

第一，高标准和高门槛。2005 年，联合国秘书长安南在《大自由：实现所有人的安全、发展和人权》的报告中就对未来人权理事会成员的选举和标准问题提出了建议。报告建议：“……其成员由大会出席并参加表决的会员 2/3 多数直接选举产生。……会员国应当就该理事会成员的组成和任期做出决定。当选的理事会成员应承诺遵守最高的人权标准。”[116] 丹麦首相安诺斯 · 福格 · 拉斯穆森在联合国大会第 60 届会议第五次全体会议上也建议：“应该同意成立人权理事会，一个拥有实权、其成员承诺遵守最高人权准则的理事会。”[117] 斯洛伐克[118]、日本[119]、新西兰[120]赞成人权理事会由联合国大会 2/3 多数选举产生。加拿大[121]、意大利[122]、英国[123]坚持成员应遵循最高人权标准的立场。

115 C · S · R · 摩西：《人们对联合国改革由渴望到批评的历程：关于联合国建设和平委员会与人权理事会》，载《“联合国改革与发展 —— 欧亚视角”国际会议论文集》2006 年 4 月 24 日。

116 UN General Assembly, In Larger Freedom: towards Development, Security and Human Rights for All, Report of the Secretary-General, A/59/2005, 21 March 2005, para.183, p.45.

117 联合国大会第 60 届会议第五次全体会议记录，A/60/PV.5。

118 联合国大会第 60 届会议第 10 次全体会议记录，A/60/PV.10。

119 联合国大会第 60 届会议第 72 次全体会议正式记录，A/60/PV.72。

120 联合国大会第 60 届会议第 72 次全体会议正式记录，A/60/PV.72。

121 联合国大会第 60 届会议第 18 次全体会议记录，A/60/PV.18。

122 第 60 届联大第三委员会第 23 次会议简要记录，A/C.3/60/SR.23，第 47 段。

123 第 60 届联大第三委员会第 23 次会议简要记录，A/C.3/60/SR.23，第 53 段。

第二，“民主国家”门槛。2001 年美国落选人权委员会而苏丹等国当选，刺激了美国及其支持者提出针对性立场，即提出抽象或明确的标准来证明他们排除利比亚、苏丹、古巴等国成员资格的政治决定的合理性。2004 年，美国提出只有“真正民主”的国家才有享有成员资格的建议，其目的在于避免使人权委员会成为人权侵犯者的挡箭牌。[124] 美国认为，应该对加入人权理事会设置更高的障碍，使那些没有对人权做出明确承诺的国家更难赢得理事会中的席位。美国建议，应经联合国大会 2/3 多数选举人权理事会成员，人权理事会应把公然侵犯人权者排斥在人权理事会之外，不应让那些有真实证据表明其有计划地和公然地侵犯人权的国家，或那些因侵犯人权而受到联合国制裁的国家进入人权理事会。[125] 除要求理事会成员应由大会 2/3 多数选举产生，美国还要求各区域集团必须以差额方式提出候选国；欧盟表示，如果某区域集团提不出差额，则应允许其他集团组提出新的候选国作为该区域集团的补充，即设立所谓“流动席位”。[126]

第三，无门槛。联合国“威胁、挑战和改革问题”高级别小组的报告建议：“扩大人权委员会，让所有国家参加。这样就会强调所有成员都依循《宪章》承诺促进人权，因而可能有助于重新集中注意实质性问题，而不去注意谁在辩论和表决这些问题。”[127]

---

124 Philip Alston, Reconceiving the UN Human Rights Regime: Challenges Confronting the New UN Human Rights Council, *Melbourne Journal of International Law Vol.7* , 2006, p. 193.

125 《联合国大会第 60 届会议第 72 次全体会议正式记录》，A/60/PV.72，第 6 页。

126 谢波华：《联合国人权理事会的台前和幕后》，载《红旗文稿》2006 年第 12 期。

127 UN General Assembly, A More Secure World: our Shared Responsibility, Report of the High-level Panel on Threats, Challenges and Change, A/59/565, 2 December 2004, para. 285.

第四，公平地域分配。[128]“观点相近国家”反对引入成员标准、由联合国大会 2/3 多数直接选举产生等较高的门槛。中国、俄罗斯和古巴等国家则协调立场，针锋相对地提出“地域公平分配”和“简单多数当选”的标准。例如，中国认为，大会成员可以基于公平的地域分布以简单多数选举出理事会成员。[129]“观点相近国家”还认为，联合国应尊重各国的平等地位，不应人为设定所谓标准。新加坡大使指出，以安理会制裁或调查作为参选标准，等于预先将五个常任理事国排除在此标准之外，这从法律上讲是不公正的。[130]“观点相近国家”坚持认为，作为大会下属机构，理事会应遵循联大惯例，以简单多数方式选出即可。同时，所谓差额选举的方式在联合国并没有先例和规定，不应采纳。[131]

经过争论，联大第 60/251 号决议第七段规定，“理事会成员资格应向联合国所有会员国开放”“成员构成应以公平地域分配为基础”。该决议第九段仅仅简单提及，“理事会成员在促进和保护人权方面应坚持最高标准”。决议未将所谓安理会是否制裁或调查作为参选标准，亦未采纳美国提出的区域集团推荐的主张，只是笼统规定，联合国会员国在选举理事会成员时应考虑候选国在促进和保护人权方面的贡献以及为此做出的自愿誓言和承诺。[132]可见，在人权理事会成员资格方面，美国

---

128 Rosemary Foot and Rana Siu Inboden, China's Influence on Asian States during the Creation of the U.N. Human Rights Council: 2005–2007, *Asian Survey,* Vol. 54, No.5, 2014, p. 855.

129 第 60 届联大第三委员会第 23 次会议简要记录，A/C.3/60/SR.23，第 79 段。

130 Rosemary Foot and Rana Siu Inboden, China's Influence on Asian States during the Creation of the U.N. Human Rights Council: 2005–2007,54 Asian Survey, No.5 (2014), p. 855.

131 谢波华：《联合国人权理事会的台前和幕后》，载《红旗文稿》2006 年第 12 期。

132 谢波华：《联合国人权理事会的台前和幕后》，载《红旗文稿》2006 年第 12 期。

企图通过提高选举门槛将一些发展中国家排除在人权理事会之外的目的未能达到。决议还规定，对“严重和有计划”侵犯人权的成员，如得到联大 2/3 投票同意，可暂停该国的成员资格。制裁理事会成员的门槛显然要高于参选理事会的门槛。[133]

（五）人权理事会的会期 [134]

美国等国家认为，目前人权委员会每年一次、每次 6 周的会期已经无法适应形势需要， 因此应当增加会期和会议时间。他们主张每年召开三次会议，每次三至四周。此外，应继续维持召开紧急会议机制，并降低启动这一机制的门槛，即由秘书长、理事会主席提出或成员国简单多数同意即可。

“观点相近国家”认为，为不过多增加发展中国家的与会负担，会期每年两次、每次三周即可。这基本上维持了目前人权委员会的会议时间，只是会期增加一次。此外，在紧急会议问题上，主张基本参照人权委员会模式，由成员国 2/3 多数同意方可召开。

经过讨论，确定人权理事会每年会议不少于三次，包括一次主要会议，总会期不少于 10 周。同时，可在理事会成员要求及 1/3 成员同意的情况下召开特别会议。作为妥协，欧盟放弃由理事会主席和联合国秘书长提出开会要求的主张。

（六）非政府组织参与 [135]

美国等国家强调，应拟定比较简单的规则，以尽可能开放非政府组织参加人权理事会会议。“观点相近国家”主张，非政府组织如何参会，

133　谢波华：《联合国人权理事会的台前和幕后》，载《红旗文稿》2006 年第 12 期。

134　谢波华：《联合国人权理事会的台前和幕后》，载《红旗文稿》2006 年第 12 期。

135　谢波华：《联合国人权理事会的台前和幕后》，载《红旗文稿》2006 年第 12 期。

应当参照1996年经济及社会理事会通过的关于非政府组织参加联合国活动的办法和人权委员会的已有实践，在此基础上制定必要的议事规则和方法。该办法明确指出，非政府组织申请参与联合国活动需经非政府组织委员会审议并经经济及社会理事会批准，办法同时规定了非政府组织参与活动的权利与义务，强调经济及社会理事会和非政府组织委员会有权监督非政府组织在联合国中的活动并对违规行为进行处罚。

经过激烈争论，欧盟国家在决议中基本接受了“观点相近国家”的意见。应当说，这一条款的确定，为发展中国家今后在人权理事会管理和监督非政府组织活动奠定了重要基础。

（七）国别人权提案

人权委员会国别人权审议的选择性、双重标准和对抗性使得一些饱受其害的发展中国家坚决反对在人权理事会保留国别决议机制。人权理事会成立后，有关国别人权提案的争议，仍然反映在人权理事会成立初期的体制建设讨论过程中。2006年6月22日，在人权理事会第一届会议上，委内瑞拉等国家的代表认为，人权理事会不应拥有通过国别人权提案的权力。以“观点相近国家”为代表的多数发展中国家认为，新机构应当成为促进合作对话的讲坛。国别提案最好不要，如要，也应设立一定标准，不能对发展中国家随意点名和羞辱。[136] 但美国代表认为，人权理事会应能够对广泛的人权问题做出反应，并为这些问题的提出提供一个更加有力和灵活的机制；从长远来看，要想实现这些目标，人权理事会需要通过国别决议。[137] 荷兰代表也支持国别决议，认为人权理事会

136　谢波华：《联合国人权理事会的台前和幕后》，载《红旗文稿》2006年第12期。

137　杨京德：《多国指出：人权理事会不应以施惩罚为目标》，载《新华每日电讯》2006年6月24日。

应该有权通过针对一国人权状况的决议。[138] 部分发展中国家提出，应对国别人权提案设置高门槛，针对一国人权状况的国别提案应由人权理事会成员国 2/3 的多数同意通过。这一立场遭到欧美发达国家的反对，因为 2/3 多数通过的标准可能使得国别提案几乎难以通过。[139] 对此，有学者分析认为，尽管许多发展中国家，特别是亚洲国家，支持限制国别提案的通过，他们也没有办法在这样一个有分歧的问题，特别是一个欧美发达国家强烈支持的问题上获得胜算。[140] 国别人权审议尽管被政治化，但是它并非没有最起码的积极意义，至少它保持了对侵犯人权行为的国际监督压力。毕竟，在履行人权义务方面接受国际监督，是各国在设立人权理事会时达成的基本共识。问题在于，国别人权审议在实际操作中被欧美发达国家所把持，成为政治斗争的工具。在欧美发达国家强烈支持保留这一机制的背景下，人权理事会不得不在这一问题上寻找折中的方案。

在这种背景下，“为防止国别人权再度沦为人权问题政治化的工具，为成立伊始的人权理事会树立信誉和权威，中国和其他发展中国家在建章立制的磋商中明确提出了国别提案的适用标准。在中国和其他发展中国家的积极推动下，‘主席案文’明确规定国别提案应获得最广泛的支

138　Statements Delivered during the High Level Segment of the first Session of the United Nations Human Rights Council, Netherlands: Statement by H.E. Dr. Bernard Bot, 19 June 2006, https://www.ohchr.org/Documents/HRBodies/HRCouncil/RegularSession/Session1/HLS/netherlands.pdf, visited on 1st June 2021.

139　Rosemary Foot and Rana Siu Inboden, China’s Influence on Asian States during the Creation of the U.N. Human Rights Council: 2005–2007, *Asian Survey*, Vol. 54, No.5, 2014, p.857.

140　Rosemary Foot and Rana Siu Inboden, China’s Influence on Asian States during the Creation of the U.N. Human Rights Council: 2005–2007, *Asian Survey*, Vol. 54, No.5, 2014, p.857.

持（最好 15 个成员国联署）”[141]。中国针对国别人权提案适用标准的建议，能够在一定程度上防止国别机制的滥用，避免人权理事会陷入人权委员会期间政治对抗的困局，因而得到了许多发展中国家的认可。这一建议最终被纳入人权理事会有关能力建设的第 5/1 号决议。该决议强调“一项国别决议的提案国有责任在采取行动前为其提议争取到尽量广泛的支持（最好得到 15 个成员的支持）”。对“广泛的支持”的强调，意味着对一国人权状况进行审议的提案必须具有相当的立场共识以及可能存在侵犯人权的客观情势。这种安排类似于一种前置门槛，旨在防止由于个别国家随意行动所引发的相关国家之间不必要的对抗。

（八）各国在通过成立人权理事会决议后的解释性发言

2006 年 3 月 15 日，联合国大会第 60 届会议第 72 次全体会议表决通过成立人权理事会的第 60/251 号决议后，一些国家进行了投票后的解释性发言。从各国的解释性发言中，可以看出当时国际社会对于新成立的人权理事会的一些看法。

1. 对决议表示反对或严重保留

美国驻联合国大使博尔顿就美国投反对票给出了理由，即人权理事会的组成与成员的信誉问题。美国建议人权理事会经联合国大会以 2/3 多数选举其成员。美国认为，对加入人权理事会设置更高的障碍，会使那些没有对人权做出明确承诺的国家更难赢得人权理事会中的席位。美国还提出了一项排除标准，把公然侵犯人权者排斥在人权理事会之外。但是，美国对上述建议并未写入新的案文感到很遗憾。[142]

伊朗代表解释了该国政府对决议草案投弃权票的原因。伊朗认为，

---

141 杨京德：《联合国人权理事会建章立制》，载《人民日报》2007 年 6 月 21 日。

142 联合国大会第 60 届会议第 72 次全体会议正式记录，A/60/PV.72。

中止成为人权理事会成员的权利，可能会被某些国家用作出于政治动机寻求其本国利益企图的借口。因此，伊朗认为，对决议中所述用语，即“严重和有系统地侵犯人权”，应做出明确和无可置辩的解释。伊朗希望决议更明确地规定和更好地阐述人权理事会的会议频率和持续时间，以免将来出现相互矛盾的解释和可能的混乱。伊朗认为，决议文本没有充分反映穆斯林国家的关切。[143]

2. 对决议表达满意

印度代表在发言中高度赞赏决议的通过，并认为决议内容与多数代表团希望取得和愿意看到的内容没有什么矛盾。印度不认为人权理事会将做和应做的事与各种人权文书、各国对人权的理解之间有任何矛盾。[144]

墨西哥代表在发言中表达了对决议草案以及人权理事会的支持。墨西哥认为，人权理事会在以下方面有重大改进：第一，它提高了人权在联合国中的地位。它通过选举其成员而为保持尊重和致力于人权的高标准确立了要求，那些想成为人权理事会成员的国家必须满足这一要求。这意味着将根据每个国家的表现情况而评估其候选资格。第二，对话与合作是人权理事会工作的主要指导方针，这一方针可以增强各国履行其义务和满足国际人权标准的能力。第三，人权理事会包括一种有效机制，可要求大会中止那些严重和有计划地侵犯人权的成员的权利。第四，毫无疑问，人权理事会的主要优势之一，就是普遍定期审议机制。这将提供更精细的评估参考，同时向在履行义务中要求得到帮助的国家提供更大的协助。[145]

---

143 联合国大会第 60 届会议第 72 次全体会议正式记录，A/60/PV.72。

144 联合国大会第 60 届会议第 72 次全体会议正式记录，A/60/PV.72。

145 联合国大会第 60 届会议第 72 次全体会议正式记录，A/60/PV.72。

奥地利代表欧洲联盟表达了对人权理事会的支持，并从十个方面归纳了人权理事会的改进之处，认为它们有助于提高人权机制的信誉和效力：第一，人权理事会是常设机构，得以持续和以建设性方式处理人权问题。第二，设立了中止侵犯人权的国家的会员资格的机制。第三，联合国大会做出了以无记名投票方式、经多数票而直接个别选举成员的新规定。第四，设立普遍定期审议机制对人权理事会成员进行审查。第五，人权理事会的地位因其成为大会的一个附属机构而得到加强。第六，人权理事会为所有国家提供指导和协助，以便通过对话、合作和能力建设来实现保护人权的最高标准；有责任促进防止侵犯人权行为并对人权紧急情况做出迅速反应；还将处理发生侵犯人权行为的局势，包括对人权的粗暴和系统侵犯，并就其提出建议。第七，人权理事会促进有效地协调和加强联合国系统内的人权活动，并就促进和保护人权问题向所有有关机构提出建议。第八，所有国家都负有促进和保护人权的首要责任，普遍定期审议是一种新的做法。第九，非政府组织的参与是人权理事会审议工作的一个重要内容，并将对其职能产生积极影响。第十，人权理事会保留了特别程序制度。[146]

瑞士代表认为，尽管这个决议并没有实现人们所有的宏伟理想，但是一个很好的折中决议，它在不同的看法和愿望之间求得了一种公正的平衡。瑞士对决议规定把人权理事会设在日内瓦表示欢迎。瑞士认为：决议特别通过确保全年定期举行会议和确保普遍定期审议机制等方式，加强了联合国人权机构建设；决议致力于通过采取合作性而不是对抗性的做法来落实所有人权；决议创建了一个具有更大合法性的新机构，成

146 联合国大会第60届会议第72次全体会议正式记录，A/60/PV.72。

员国不仅将经过更仔细的选择，而且必须与理事会进行合作，并做出自愿承诺；决议在有效性和包容性这两种必要性之间求得了一种适当的平衡：人权理事会的成员组成必须是广泛包容的，但在发生最严重的侵犯人权事件时，国际社会必须能够采取行动；决议制定了审查和改善联合国人权机制的时间表。[147]

新加坡、越南等国家的代表在发言中支持成立人权理事会的决议，认为它是一个平衡的的折中案文，发展中国家和发达国家的关键关切问题得到了处理。[148]

3. 支持成立人权理事会但表达对决议相关内容的保留

也门代表伊斯兰会议组织发言，认为伊斯兰会议组织成员对成立人权理事会的决议远非满意，因为决议在序言部分和执行部分没有明确、毫不含糊地提及煽动、仇恨和宗教不容忍行为。当然，伊斯兰会议组织成员不会采取可能致使决议变得支离破散或阻挠它获得通过的步骤。[149]

南非代表非洲集团发言。在发言中，南非代表赞扬决议案文中包括合作与对话的重要因素，并且承认消除双重标准和选择性做法的重要性。南非代表重申了非洲集团未被决议采纳的三点立场：第一，会议次数。非洲集团希望会议安排有益于所有国家参加，包括较小的国家，特别是最不发达国家；第二，人权理事会成员的数目。非洲集团希望成员数目比现已通过的决议规定的再多一些，以便让更多的国家有机会参加；第三，发展。非洲集团希望纳入一个更加有力的发展议程。非洲集团期望，在五年后将要举行的审议大会上，有机会重新考虑以上所述的非洲集团

147　联合国大会第 60 届会议第 72 次全体会议正式记录，A/60/PV.72。

148　联合国大会第 60 届会议第 72 次全体会议正式记录，A/60/PV.72。

149　联合国大会第 60 届会议第 72 次全体会议正式记录，A/60/PV.72。

的立场。[150]

日本欢迎设立人权理事会，当然也表达了对新机构的不满。为了创建一个真正有效的人权机构，日本提议新的人权理事会应是联合国的一个主要机构，其成员以联合国大会 2/3 多数选出。日本很遗憾这些内容没有反映在最后案文中。[151]

俄罗斯代表认为该决议草案尽管远非完美无缺，但它是极其艰难地寻求妥协的成果，妥协对于确保奠定基础，以使联合国的人权工作有质的改善以及消除这方面的双重标准、选择性和政治化，都是必不可少的。俄罗斯代表指出，有关人权理事会的决议草案的许多条款是含糊的，其价值令人怀疑。例如，执行部分第七段指出人权理事会成员只能有连续两个任期，该规定显然违背《联合国宪章》中有关本组织成员普遍性的原则，根据该原则，每个会员国都可以申请担任联合国系统任何机构的成员。此外，决议对于人权理事会成员地位的规定不是十分明确，理事会成员“向所有联合国会员国开放”，但与此同时，又取决于某些标准。俄罗斯希望人权理事会尽可能纠正决议中非常模糊的条款。[152]

中国也对决议草案作了解释性发言。中国代表团赞赏决议草案重申了重要的人权原则，如尊重各国、各地区的历史、文化和宗教背景，促进不同文明、文化和宗教间的对话，公民政治权利、经济社会文化权利和发展权不可分割、同等重要。决议草案在序言和执行段中数次提及以公正和非选择的方式处理人权问题，避免双重标准和政治化，促进人权领域建设性的对话和合作。中国代表团认为，上述原则应成为未来人

150 联合国大会第 60 届会议第 72 次全体会议正式记录，A/60/PV.72。

151 联合国大会第 60 届会议第 72 次全体会议正式记录，A/60/PV.72。

152 联合国大会第 60 届会议第 72 次全体会议正式记录，A/60/PV.72。

权理事会工作的指导方针，以避免重蹈人权委员会政治对抗的覆辙。此外，决议草案根据公平地域分配原则，重新分配了各区域集团的席位，纠正了长期以来亚洲国家在人权委员会代表性不足的问题。决议草案规定了人权理事会将根据联大48/141号决议，对人权高专办的工作进行指导。草案还指出非政府组织参与理事会工作将根据经济及社会理事会1996/31号决定做出安排。中国代表团对于上述内容表示支持和赞赏。中国代表同时指出："决议草案没有能够充分反映包括中国在内的许多发展中国家在人权问题上的关切。第一，决议草案未能针对人权委员会的顽疾，即国别提案引起的政治对抗，从机制上予以避免或提供有效保障。第二，决议草案创建的普遍定期审议机制，易与联合国人权公约机构及特别机制职能重叠，增加发展中国家的报告负担。第三，根据中方理解，案文中规定的人权理事会的建议权仅限于大会，不涉及其他联合国机构。"[153]

巴西代表在支持决议草案的同时，表达了一些关切：第一，决议草案本来可以更广泛地制定对话与合作的概念，以此作为处理侵犯人权行为的手段。第二，关于提交一份全面报告的提案未能纳入最后草案。巴西认为，必须在全球一级监测人权状况，以减少政治化、选择性和双重标准，因为这两种情况是人权委员会工作遭受有充分根据的批评的缘由。第三，与人权委员会相比，拉丁美洲和加勒比国家集团在理事会的代表性降低了27%。[154]

---

153 联合国大会第60届会议第72次全体会议正式记录，A/60/PV.72。

154 联合国大会第60届会议第72次全体会议正式记录，A/60/PV.72。

三、人权理事会的地位、职能与组成

（一）建立人权理事会的目的

联合国大会在第 60/251 号决议的序言中，明确了建立人权理事会的目的，即克服人权委员会工作的不足，加强联合国人权机制工作。序言强调：肯定人权委员会所做的工作，确认有必要保持和巩固其成就，克服其不足之处；确认在审议人权问题时要确保普遍性、客观性和非选择性，并要消除双重标准和政治化；确认促进和保护人权应以合作和真正对话的原则为基础，目的是增强会员国履行其人权义务的能力，以造福于所有人……重申加强联合国人权机制的决心，以确保人人切实享有公民、政治、经济、社会和文化权利等所有人权，包括发展权，并为此目的，决定设立人权理事会。

（二）人权理事会的地位

根据第 60/251 号决议，联合国大会决定在日内瓦设立人权理事会，取代人权委员会。人权理事会是联合国大会的附属机关，这与人权委员会有很大的不同。人权委员会是经济及社会理事会的附属机关，而经济及社会理事会是在联合国大会的权力之下负责协调经济与社会工作的机关。有学者认为“这就将原先附属于经济及社会理事会的司职级别的人权委员会升级到作为联大一个辅助机关的人权理事会。”[155] 第 60 届联大主席埃利亚松也指出，新的人权理事会地位比原来的人权委员会更高，它将审议所有国家在履行人权责任方面的情况。[156]

155 江国青、熊志强：《联合国人权理事会法律制度探析》，载《外交评论（外交学院学报）》2006 年第 4 期。

156 江国青、熊志强：《联合国人权理事会法律制度探析》，载《外交评论（外交学院学报）》2006 年第 4 期。

（三）人权理事会的职能

根据第 60/251 号决议，人权理事会承担下列职能：第一，人权理事会应负责促进对于基本自由的尊重及所有人公正平等地享有所有人权；第二，人权理事会应处理侵犯人权的情况，包括严重和系统的侵犯行为，并就此提出建议。理事会还应在联合国系统内促进有效协调，将人权问题主流化；第三，人权理事会的工作应以普遍性、公正性、客观性和非选择性以及建设性国际对话及合作等原则为指导，以期促进和保护公民、政治、经济、社会和文化权利等所有人权，包括发展权；第四，其他职能，包括：(a) 促进人权教育和学习以及咨询服务、技术援助和能力建设；这些工作应与有关会员国协商并在后者同意的前提下开展；(b) 充当关于所有人权问题专题对话的论坛；(c) 向大会提出关于进一步发展人权领域国际法的建议；(d) 促进全面落实各国承担的人权义务以及联合国各届会议和首脑会议有关促进和保护人权的目标和承诺的后续行动；(e) 根据客观和可靠的信息，以确保普遍、平等地对待并尊重所有国家的方式，定期普遍审议每个国家履行人权义务和承诺的情况；审议应是一个基于互动对话的合作机制，由相关国家充分参与，并考虑到其能力建设需要；这个机制应补充而不是重复条约机构的工作；理事会应在举行首届会议后一年内，拟定普遍定期审议的方法并做出必要的时间分配；(f) 通过对话及合作，协助预防侵犯人权行为，并及时应对人权紧急状况；(g) 承担大会 1993 年 12 月 20 日第 48/141 号决议决定授予人权委员会与联合国人权事务高级专员办事处工作相关的作用和责任；(h) 在人权领域与各国政府、区域组织、国家人权机构和民间社会密切协作；(i) 提出有关促进和保护人权的建议；(j) 向大会提交年度报告；等等。

（四）人权理事会的组成

根据第 60/251 号决议，人权理事会由 47 个会员国组成，每个成员由联合国大会通过无记名投票，以联合国会员国过半数直接选举产生；成员构成应以公平地域分配为基础，席位在各个区域集团之间分配如下：非洲国家集团 13 个；亚洲国家集团 13 个；东欧国家集团 6 个；拉丁美洲和加勒比国家集团 8 个；西欧和其他国家集团 7 个。人权理事会成员任期为 3 年，连续两任后不得立即寻求新任期。

人权理事会成员资格向联合国所有会员国开放；会员国在选举人权理事会成员时，应考虑候选国对促进和保护人权的贡献以及就此做出的自愿许诺和承诺；对于人权理事会中严重并系统侵犯人权的成员，经大会出席并投票成员的 2/3 多数同意，可暂时取消其在人权理事会的成员资格。当选为人权理事会成员的国家在促进和保护人权方面应坚持最高标准，与人权理事会充分合作，并在任期内接受普遍定期审议机制的审查。

（五）人权理事会会议制度

根据第 60/251 号决议，人权理事会应全年定期开会，每年排定不少于三届会议，包括一届主要会议，总会期不少于 10 周，并可在需要时经人权理事会成员要求及人权理事会 1/3 成员的支持下举行特别会议。

| 第二章 |

人权理事会机制建设

第一节 人权理事会机构

一、人权理事会成员与观察员

（一）人权理事会成员选举

根据联合国大会设立人权理事会的第 60/251 号决议，人权理事会由 47 个成员国组成。人权理事会的成员资格以公平的地域分配为基础，席位在各个区域集团之间公平分配。[1]

人权理事会成员由联合国大会通过无记名投票，以联合国会员国过半数直接选举产生。人权理事会成员的任期为 3 年，连任两届后不得立即寻求新任期。在选举人权理事会成员时，联合国大会充分考虑候选国对促进和保护人权的贡献以及这些国家在这方面的自愿保证和承诺。当选为人权理事会成员的国家在促进和保护人权方面应坚持最高标准，与人权理事会充分合作，并在任期内接受普遍定期审议机制的审查。根据第 60/251 号决议，选举人权理事会新成员的时候，成员的任期应间隔错开，首次选举应以抽签方式做出决定，同时考虑到公平地域分配。[2] 根据人权理事会 A/HRC/5/1 决议，新当选的人权理事会成员应在人权理事会年度开始的当天担任成员，取代已结束各自任期的成员。[3]

2006 年 5 月 9 日，联合国大会选举人权理事会首批成员。2006 年 6 月 19 日，人权理事会举行首次会议。根据第 60/251 号决议的建议，经济及社会理事会要求人权委员会在其第 62 届会议上结束工作，并于

1 A/RES/60/251.

2 A/RES/60/251.

3 A/HRC/5/1.

2006 年 6 月 16 日解散人权委员会。[4]

截至 2022 年，有 122 个联合国会员国担任人权理事会成员国，这反映出联合国的多样性，并使人权理事会在就所有国家的侵犯人权行为发表意见时具有合法性。这 122 个国家是：阿富汗、阿尔巴尼亚、阿尔及利亚、安哥拉、阿根廷、亚美尼亚、澳大利亚、奥地利、阿塞拜疆、巴哈马、巴林、孟加拉国、比利时、贝宁、玻利维亚、波斯尼亚和黑塞哥维那、博茨瓦纳、巴西、保加利亚、布基纳法索、布隆迪、喀麦隆、加拿大、智利、中国、刚果、哥斯达黎加、科特迪瓦、克罗地亚、古巴、捷克、刚果民主共和国、丹麦、吉布提、厄瓜多尔、埃及、萨尔瓦多、厄立特里亚、爱沙尼亚、埃塞俄比亚、斐济、芬兰、法国、加蓬、格鲁吉亚、德国、加纳、冈比亚、危地马拉、匈牙利、冰岛、印度、印度尼西亚、伊拉克、爱尔兰、意大利、日本、约旦、哈萨克斯坦、洪都拉斯、肯尼亚、科威特、吉尔吉斯斯坦、立陶宛、卢森堡、拉脱维亚、利比亚、马达加斯加、马来西亚、马尔代夫、马里、马绍尔群岛、毛里塔尼亚、毛里求斯、墨西哥、蒙古、黑山、摩洛哥、纳米比亚、尼泊尔、荷兰、尼加拉瓜、尼日利亚、挪威、巴基斯坦、巴拿马、巴拉圭、秘鲁、菲律宾、波兰、葡萄牙、卡塔尔、韩国、摩尔多瓦共和国、北马其顿共和国、罗马尼亚、俄罗斯联邦、卢旺达、沙特阿拉伯、塞内加尔、塞拉利昂、斯洛伐克、斯洛文尼亚、南非、索马里、西班牙、斯里兰卡、苏丹、瑞士、泰国、多哥、突尼斯、乌干达、乌克兰、乌兹别克斯坦、阿联酋、英国、美国、乌拉圭、委内瑞拉、越南、赞比亚。[5]

4　A/RES/60/251.

5　联合国人权理事官网：https://www.ohchr.org/en/hr-bodies/hrc/membership, 最后访问时间：2022 年 9 月 20 日。

（二）人权理事会成员资格中止

对于人权理事会中严重并系统侵犯人权的成员，联合国大会经出席并投票成员的 2/3 多数同意，可中止其在理事会的成员资格。

人权理事会设立以来，先后出现过三次成员资格变动。第一次是 2011 年利比亚被联合国大会中止人权理事会成员资格。2011 年 3 月 1 日，联合国大会以协商一致的方式通过决议，中止利比亚联合国人权理事会成员资格。第二次是 2018 年 6 月 19 日，美国宣布退出人权理事会，这是第一次联合国安理会常任理事国退出人权理事会的事件。第三次是 2022 年 4 月 7 日，联合国大会召开特别紧急会议。会议以 93 票赞成、24 票反对、58 票缺席通过决议，暂停俄罗斯在人权理事会的会员资格。联合国大会特别紧急会议投票结束后，俄罗斯宣布退出人权理事会。这是第一次联合国安理会常任理事国被中止人权理事会成员资格的事件，也是第二次联合国安理会常任理事国宣布退出人权理事会的事件。

在人权委员会时期，也曾出现成员变动的情况。吉布提提出辞去人权委员会席位后，肯尼亚于 2001 年 1 月 31 日当选，以完成吉布提在人权委员会的任期。

（三）人权理事会观察员

对于人权理事会成员之外的其他国家、国际组织、非政府组织、国家人权机构等以观察员身份参与人权理事会，人权理事会第 5/1 号决议《联合国人权理事会：体制建设》第七部分《议事规则》第 7 条有着明确规定。

根据该条规定，人权理事会应采用大会各个委员会订立的可适用的议事规则，除非以后大会或理事会另有决定。包括非人权理事会成员的国家、专门机构、其他政府间组织和国家人权机构以及非政府组织在内的观察员的参与，以及人权理事会与这些国家与机构之间的协商，应依据人权委员会所遵循的包括经济及社会理事会1996年7月25日第1996/31号决议在内的各种安排和做法，同时确保这些实体做出最有效的贡献。国家人权机构的参与应依据人权委员会已商定的安排和做法，包括2005年4月20日第2005/74号决议，同时确保这些实体做出最有效的贡献。

二、人权理事会主席团

（一）主席团组成

在每个年度开始时，人权理事会应举行一次组织会议，选举主席团，审议并通过人权理事会年度各届常会的议程、工作方案和日历，尽可能提出结束工作的目标日期、审议各项目的大概日期以及分配给每个项目的会议次数。[6]

人权理事会主席团处理程序和组织事项，由5人组成，包括1名主席和4名副主席。他们代表五个区域集团。按照人权理事会的年度周期，人权理事会主席和副主席的任期为1年。

（二）选举

根据人权理事会第5/1号决议《联合国人权理事会：体制建设》第七部分“议事规则”第9条，在人权理事会每个年度开始时，人权理事会应在其组织会议上从其成员的代表中选出1名主席和4名副主席。主席和副主席组成主席团。副主席之一担任报告员。在选举人权理事会主席时，应考虑这一职位在非洲国家、亚洲国家、东欧国家、拉丁美洲和加勒比

6　联合国人权理事会《联合国人权理事会：体制建设》，A/HRC/5/1。

国家、西欧和其他国家区域集团中公平轮换。人权理事会的 4 名副主席应根据公平地域分配原则从主席所属区域集团以外的区域集团中产生。

在不违反第 5/1 号决议《联合国人权理事会：体制建设》第七部分“议事规则”第 13 条（主席和副主席的替换）的前提下，主席和副主席应任职一年。同一职位不得立即连选连任。主席因故不能出席某次会议或会议的一部分时，应指定一名副主席代行主席职务。副主席代理主席时，其权力和职责与主席相同。如果主席根据第 13 条不再担任主席职务，主席团余下成员应指定 1 名副主席代行主席职权，直到选举产生新的主席。

（三）主席和副主席的替换

人权理事会第 5/1 号决议《联合国人权理事会：体制建设》第七部分“议事规则”第 13 条规定，如果主席或任何一名副主席不再能够履行职责，或不再担任人权理事会成员代表，或者，如果该主席或副主席代表的联合国会员国不再担任人权理事会成员，则该主席或副主席应停止担任其职务，并应选举一名新的主席或副主席在尚未届满的任期内任职。

（四）秘书处

人权理事会第 5/1 号决议《联合国人权理事会：体制建设》第七部分“议事规则”第 14 条规定，联合国人权事务高级专员办事处应充当人权理事会秘书处。为此，人权高专办应以所有联合国官方语言接收、翻译、印制和分发人权理事会、人权理事会各委员会和机构的文件、报告和决议；为会议发言提供口译服务；编写、印刷和分发会议记录；保管文件并将其恰当保存于人权理事会档案库；向人权理事会各成员和观察员分发人权理事会所有文件，并从事人权理事会可能要求从事的所有其他工作。

第二节 人权理事会工作机制

人权理事会建立之后，积极致力于体制机制建设。通过一年多的努力，2007 年 6 月 18 日，人权理事会召开了第五届常规会议第九次会议，通过了具有机制规范意义的一揽子计划，即 A/HRC/5/1 决议所载题为《联合国人权理事会：体制建设》的附件。[7] 决议强调，“遵循联合国大会 2006 年 3 月 15 日第 60/251 号决议赋予的任务授权行事，审议了理事会主席提交的关于体制建设的案文草稿”。决议通过了《联合国人权理事会：体制建设》的草案，包括其中的附录。《联合国人权理事会：体制建设》作为人权理事会体制建设的一揽子方案，最终确立了人权理事会的基本框架，为人权理事会行使联合国大会 2006 年 3 月 15 日第 60/251 号决议所赋予的职责奠定了体制机制基础。

人权理事会第 5/1 号决议附件载入了人权理事会经过一年审慎准备专门为人权理事会所确立的工作机制，其内容包括：（1）普遍定期审议机制；（2）特别程序；（3）人权理事会咨询委员会；（4）申诉程序；（5）议程和工作方案框架；（6）工作方法；（7）议事规则。[8] 其中，普遍定期审议机制和人权理事会咨询委员会属于 2006 年人权理事会建立以来的新设部分，作为附属机构直接向人权理事会报告工作。而继承自人权委员会的特别程序和申诉程序（作为附属机构直接向人权理事会报告工作）作为旧有程序，革新工作方法，提升工作效率，与两个新设

7　联合国人权理事会官网：https://www.ohchr.org/CH/HRBodies/HRC/Pages/OtherSubBodies.aspx，最后访问时间：2022 年 9 月 20 日。

8　联合国人权理事会《联合国人权理事会：体制建设》，A/HRC/5/1。

机制协同推进人权理事会的各项工作。

一、普遍定期审议机制

（一）普遍定期审议机制的建立

普遍定期审议机制（Universal Periodic Review，简称 UPR）是根据联合国大会 2006 年第 60/251 号决议第 5（e）段所设立的一个独特的程序。该决议授权人权理事会“在尊重所有国家的基础上，采取能够确保普遍和平等对待的方式，根据客观和可靠的信息，定期普遍审议每个国家履行人权义务和承诺的情况。”[9] 该机制由人权理事会主持并由国家主导，每四年半对联合国所有成员国的人权义务和承诺履行情况进行定期审议。审议期间，每个国家借此机会公开其为改善国内人权状况而采取的行动及其履行人权义务的情况。作为人权理事会的一个重大创新，普遍定期审议旨在确保一视同仁地评估每个国家的人权状况，为各国提供机会展示其为改善人权状况而制定的行动方案，提醒各国有责任尊重所有人的人权和基本自由。这一新机制的最终目标是改善各国的人权状况，并设法解决在任何地方发生的侵犯人权事件。这一普遍机制目前是独一无二的。[10]2007 年 6 月 18 日，继首次会议的一年后，人权理事会成员国商定了其体制建设方案的第 5/1 号决议（A/HRC/RES/5/1），这一方案为理事会规划了未来工作的蓝图。体制建设方案的重点之一就是新的普遍定期审议机制。人权理事会在有关其工作和运作情况审查过程中通过的第 16/21 号决议和第 17/119 号决定，使该机制得到了进一步完

9 A/RES/60/251, para. 5(e).

10 联合国人权理事会官网：https://www.ohchr.org/CH/HRBodies/UPR/Pages/UPRmain.aspx，最后访问时间：2022 年 9 月 20 日。

善，并从形式上为第二轮及以后的审查周期提供了必要的修订。[11]

（二）普遍定期审议机制的宗旨

普遍定期审议是为加快、支持及扩大各区域促进和保护人权的工作而设置，其最终目标是改善每个国家的人权状况，并对全世界人民产生显著影响。为达到此目标，普遍定期审议机制包含了评估各国的人权纪录及处理在任何地方发生的侵犯人权事件的工作程序。此外，普遍定期审议也旨在为各国提供技术援助，以加强其有效处理人权问题的能力，并在国家和其他利益攸关方之间分享人权领域的最佳做法。[12]

（三）普遍定期审议的周期

普遍定期审议每轮审议周期为四年半，在此期间，所有联合国会员国的人权记录都要接受审议。工作组每年召开三次为期两周的会议，在整轮审议周期内共召开 14 次会议。目前已进行三轮审议，第一轮审议期间为 2008 年 4 月至 2011 年 10 月，普遍定期审议工作组在此期间召开了第一届至第十二届会议；第二轮审议期间为 2012 年 5 月至 2016 年 11 月，普遍定期审议工作组在此期间召开了第 13 届至第 26 届会议；第三轮审议期间为 2017 年 6 月至 2021 年 11 月，普遍定期审议工作组在此期间召开了第 27 届至第 40 届会议。三轮审议的时间安排见下表：[13]

11　联合国人权理事会官网：https://www.ohchr.org/CH/HRBodies/UPR/Pages/BasicFacts.aspx，最后访问时间：2022 年 9 月 20 日。

12　联合国人权理事会官网：https://www.ohchr.org/CH/HRBodies/UPR/Pages/BasicFacts.aspx，最后访问时间：2022 年 9 月 20 日。

13　图源：联合国人权理事会官网：https://www.ohchr.org/CH/HRBodies/UPR/Pages/CyclesUPR.aspx，最后访问时间：2022 年 9 月 20 日。

表 2：三轮普遍定期审议安排

人权理事会普遍定期审议（第一轮）												
	第一届会议(2008)	第二届会议(2008)	第三届会议(2008)	第四届会议(2009)	第五届会议(2009)	第六届会议(2009)	第七届会议(2010)	第八届会议(2010)	第九届会议(2010)	第十届会议(2011)	第十一届会议(2011)	第十二届会议(2011)
1	莫罗斯	加蓬	博茨瓦纳	喀麦隆	中非共和国	科特迪瓦	安达	几内亚	利比里亚	莫桑比克	塞舌尔	斯瓦兰
2	南非	加纳	布基纳法索乍得	吉布提	乍得	刚果民主共和国	埃及	几内亚比绍共和国	利比亚阿拉伯牙买加	纳米比亚	斯莱纳	多哥
3	突尼斯	马里	布隆迪	毛里求斯	科摩罗	几内亚	马达加斯加岛	肯尼亚	马拉维	尼日尔	索马里	乌干达
4	阿尔及利亚	赞比亚	佛得角	尼日利亚	刚果	厄立特里亚	甘比亚	莱索托	毛里塔尼亚	卢旺达	苏丹	坦桑尼亚联合共和国
5	巴林	贝宁湾	土库曼斯坦	塞内加尔	瓦努阿图	埃塞俄比亚	卡塔尔	基里巴斯	黎巴嫩	圣多美和普林西比	帕劳群岛	津巴布韦
6	印度	日本	图瓦卢	孟加拉共和国	越南	不丹	斐济	科威特	马尔代夫	缅甸	巴布亚新几内亚	阿拉伯叙利亚共和国
7	印度尼西亚	巴基斯坦	阿拉伯联合酋长国	中国	也门	文莱	伊朗	吉尔吉斯斯坦	马绍尔群岛	瑙鲁	萨摩亚	塔吉克斯坦
8	菲律宾	大韩民国	乌兹别克斯坦	约旦	阿富汗	柬埔寨	伊拉克共和国	老挝	密克罗尼西亚	尼泊尔	新加坡	泰国
9	阿根廷	斯里兰卡	哥伦比亚	马来西亚	乌拉圭	赛普勒斯	哈萨克斯坦	格林纳达	蒙古	阿曼	所罗门群岛	东帝汶
10	厄瓜多尔	汤加	巴哈马	沙特阿拉伯	伯利兹	朝鲜	玻利维亚民主	圭亚那	洪都拉斯	巴拉圭共和国	圣文森特和格林纳丁斯	特立尼达和多巴哥
11	巴西	危地马拉	巴巴多斯	古巴	智利	哥斯达黎加	尼加拉瓜	海地	牙买加	圣基茨和尼维斯	苏里南	委内瑞拉

12	荷兰	秘鲁	以色列	墨西哥	马耳他	多米尼加	萨瓦尔多	西班牙	巴拿马	圣卢西亚岛	比利时	安提瓜和巴布达
13	芬兰	法国	列支敦士登	加拿大	摩纳哥	多米尼加共和国	意大利	瑞典	美国	澳大利亚	丹麦	冰岛
14	英国	瑞士	卢森堡	德国	新西兰	挪威	圣马力诺	土耳其	安道尔	奥地利	希腊	爱尔兰
15	波兰	罗马尼亚	黑山	俄罗斯	斯洛伐克	葡萄牙	斯洛文尼亚	亚美尼亚	保加利亚	爱沙尼亚	匈牙利	立陶宛
16	捷克	乌克兰	塞尔维亚	阿塞拜疆	马其顿	阿尔巴尼亚	波斯尼亚和黑塞哥维那	白俄罗斯	克罗地亚	格鲁吉亚	拉脱维亚	摩尔多瓦

人权理事会普遍定期审议（第二轮）

	第十三届会议(2012)	第十四届会议(2012)	第十五届会议(2013)	第十六届会议(2013)	第十七届会议(2013)	第十八届会议(2014)	第十九届会议(2014)	第二十届会议(2014)	第二十一届会议(2015)	第二十二届会议(2015)	第二十三届会议(2015)	第二十四届会议(2016)	第二十五届会议(2016)	第二十六届会议(2016)
1	巴林	捷克共和国	法国	土库曼斯坦	沙特阿拉伯	新西兰	挪威	意大利	吉尔吉斯斯坦	白俄罗斯	密克罗尼西亚	纳米比亚	苏里南	多哥
2	厄瓜多尔	阿根廷	汤加	布基纳法索	塞内加尔	阿富汗	阿尔巴尼亚	萨尔瓦多	基里巴斯	利比里亚	黎巴嫩	尼日尔	希腊	叙利亚
3	突尼斯	加蓬	罗马尼亚	佛得角	中国	智利	刚果民主共和国	冈比亚	几内亚	马拉维	毛里塔尼亚	莫桑比克	萨摩亚	委内瑞拉
4	摩洛哥	加纳	马里	哥伦比亚	尼日利亚	越南	科特迪瓦	玻利维亚	老挝	蒙古	瑙鲁	爱沙尼亚	圣文森特和格林纳丁斯	冰岛

5	印度尼西亚	秘鲁	博茨瓦纳	乌兹别克斯坦	墨西哥	乌拉圭	葡萄牙	斐济	西班牙	巴拿马	卢旺达	巴拉圭	苏丹	津巴布韦
6	芬兰	危地马拉	巴哈马	图瓦卢	毛里求斯	也门	不丹	圣马力诺	莱索托	马尔代夫	尼泊尔	比利时	匈牙利	立陶宛
7	英国	贝宁	布隆迪	德国	约旦	瓦努阿图	多米尼加	哈萨克斯坦	肯尼亚	安道尔	圣卢西亚	丹麦	巴布亚新几内亚	乌干达
8	印度	韩国	卢森堡	吉布提	马来西亚	马其顿	朝鲜	安哥拉	美国	保加利亚	阿曼	帕劳	塔吉克斯坦	东帝汶
9	巴西	瑞士	加拿大	巴巴多斯	中非共和国	科摩罗	文莱	伊朗	几内亚比绍	洪都拉斯	奥地利	索马里	坦桑尼亚	摩尔多瓦
10	菲律宾	巴基斯坦	黑山	孟加拉国	摩纳哥	斯洛伐克	哥斯达黎加	马达加斯加	瑞典	美国	缅甸	塞舌尔	安提瓜和巴布达	海地
11	阿尔及利亚	赞比亚	阿拉伯联合酋长国	俄罗斯	伯利兹	厄立特里亚	几内亚	伊拉克	格林纳达	马绍尔群岛	澳大利亚	所罗门群岛	斯威士兰	南苏丹
12	波兰	日本	以色列	阿塞拜疆	乍得	塞浦路斯	埃塞俄比亚	斯洛文尼亚	土耳其	克罗地亚	格鲁吉亚	拉脱维亚	特立尼达和多巴哥	
13	荷兰	乌克兰	列支敦士登	喀麦隆	刚果	多米尼加	卡塔尔	埃及	圭亚那	牙买加	圣基茨和尼维斯	塞拉利昂	泰国	
14	南非	斯里兰卡	塞尔维亚	古巴	马耳他	柬埔寨	尼加拉瓜	波斯尼亚和黑塞哥维那	科威特	利比亚	圣多美和普林西比	新加坡	爱尔兰	

人权理事会普遍定期审议（第三轮）

	第二十七届会议(2017)	第二十八届会议(2017)	第二十九届会议(2018)	第三十届会议(2018)	第三十一届会议(2018)	第三十二届会议(2019)	第三十三届会议(2019)	第三十四届会议(2019)	第三十五届会议(2020)	第三十六届会议(2020)	第三十七届会议(2020)	第三十八届会议(2021)	第三十九届会议(2021)	第四十届会议(2021)
1	巴林	捷克共和国	法国	土库曼斯坦	沙特阿拉伯	新西兰	挪威	意大利	吉尔吉斯斯坦	白俄罗斯	密克罗尼西亚	纳米比亚	苏里南	多哥
2	厄瓜多尔	阿根廷	汤加	布基纳法索	塞内加尔	阿富汗	阿尔巴尼亚	萨尔瓦多	基里巴斯	利比里亚	黎巴嫩	尼日尔	希腊	叙利亚
3	突尼斯	加蓬	罗马尼亚	佛得角	中国	智利	刚果民主共和国	冈比亚	几内亚	马拉维	毛里塔尼亚	莫桑比克	萨摩亚	委内瑞拉
4	摩洛哥	加纳	马里	哥伦比亚	尼日利亚	越南	科特迪瓦	玻利维亚	老挝	蒙古	瑙鲁	爱沙尼亚	圣文森特和格林纳丁斯	冰岛
5	印度尼西亚	秘鲁	博茨瓦纳	乌兹别克斯坦	墨西哥	乌拉圭	葡萄牙	斐济	西班牙	巴拿马	卢旺达	巴拉圭	苏丹	津巴布韦
6	芬兰	危地马拉	巴哈马	图瓦卢	毛里求斯	也门	不丹	圣马力诺	莱索托	马尔代夫	尼泊尔	比利时	匈牙利	立陶宛
7	英国	贝宁	布隆迪	德国	约旦	瓦努阿图	多米尼加	哈萨克斯坦	肯尼亚	安道尔	圣卢西亚	丹麦	巴布亚新几内亚	乌干达
8	印度	韩国	卢森堡	吉布提	马来西亚	马其顿	朝鲜	安哥拉	美国	保加利亚	阿曼	帕劳	塔吉克斯坦	东帝汶
9	巴西	瑞士	加拿大	巴巴多斯	中非共和国	科摩罗	文莱	伊朗	几内亚比绍	洪都拉斯	奥地利	索马里	坦桑尼亚	摩尔多瓦
10	菲律宾	巴基斯坦	黑山	孟加拉国	摩纳哥	斯洛伐克	哥斯达黎加	马达加斯加	瑞典	美国	缅甸	塞舌尔	安提瓜和巴布达	海地

11	阿尔及利亚	赞比亚	阿拉伯联合酋长国	俄罗斯	伯利兹	厄立特里亚	几内亚	伊拉克	格林纳达	马绍尔群岛	澳大利亚	所罗门群岛	伊斯威蒂尼	南苏丹
12	波兰	日本	以色列	阿塞拜疆	乍得	塞浦路斯	埃塞俄比亚	斯洛文尼亚	土耳其	克罗地亚	格鲁吉亚	拉脱维亚	特立尼达和多巴哥	
13	荷兰	乌克兰	列支敦士登	喀麦隆	刚果	多米尼加	卡塔尔	埃及	圭亚那	牙买加	圣基茨和尼维斯	塞拉利昂	泰国	
14	南非	斯里兰卡	塞尔维亚	古巴	马耳他	柬埔寨	尼加拉瓜	波斯尼亚和黑塞哥维那	科威特	利比亚	圣多美和普林西比	新加坡	爱尔兰	

（四）普遍定期审议的程序与工作方法[14]

审议工作由人权理事会普遍定期审议工作组主持，依据相关文件，通过受审议国家与其他联合国成员国之间的互动讨论，对各国遵守人权义务的程度进行评估。在讨论期间，任何联合国会员国都可向受审议国家提问、发表评论或建议。以三个国家为一组的“三国小组”（troikas）会把对受审议国家提出的议题或问题归类，以确保互动对话能有条不紊地进行。在第一轮审议周期中，工作组对每个国家的审议时间为 3 个小时。从第二轮审议周期起，审议时间延长为 3 小时 30 分钟。审议期间，非政府组织可以出席并提交信息，也可以在人权理事会常规会议上审议某个国家的审议结果时进行陈述。

工作组会议中有半小时用于通过该次会议中各受审议国家的每份

14 联合国人权理事会官网：https://www.ohchr.org/CH/HRBodies/UPR/Pages/BasicFacts.aspx，最后访问时间：2022 年 9 月 20 日。

“结果报告”，并至少在国家审议的 48 小时后完成。受审议国家有机会对建议发表初步评论，选择接受或拒绝这些建议，被接受和被拒绝的建议都会被写入报告中。报告通过后，受审议国家可在两周之内对报告中本国的发言部分进行编辑修改。此后，报告必须在人权理事会全体会议上通过。在全体会议上，受审议国可以对在工作组会议期间内未充分表述的问题和议题做出回复，并回应受审议期间其他成员国提出的建议。人权理事会成员国和观察员国有时间对审议结果发表意见，非政府组织和其他利益攸关方也有时间做出一般评论。

在工作组完成国家审议后，“三国小组”在受审议国的参与及人权高专办的协助下撰写报告。这份结果报告包含对实际讨论的概述，即包括由各国向受审议国家提出的问题、评论和建议以及受审议国家的回应。

审议结束之后，国家须承担落实最终结果中各项建议的基本责任。普遍定期审议确保所有国家对落实这些建议过程中的进展和失败负责。当一个国家接受第二次审议时，必须提供它们为落实 4 年前第一次接受审议时提出的建议所开展工作的信息。国际社会与该国协商后，将协助执行有关能力建设和技术援助的建议和结论。必要时，人权理事会将会解决国家不合作的情况。对于长期拒绝与普遍定期审议合作的国家，人权理事会将根据 A/HRC/OM/7/1 号决议，决定采取相关措施。

二、特别程序

自 20 世纪 60 年代末以来，人权委员会陆续设立了一些特别报告员、秘书长特别代表、独立专家和由专家组成的工作组，统称为“联合国人权特别程序”（Special Procedures）。根据授权，这些程序分为两类，一类为国别任务（Country Mandates），负责调查和监督某一国家或地区的人权状况；另一类为专题任务（Thematic Mandates），主要对某一特定人权问题开展研究。人权理事会继承了人权委员会特别程序。截至2021年10月，共有共有苏丹、缅甸、朝鲜、伊朗等13个国别任务和住房权、教育权、言论自由、发展权等45个专题任务。[15]国别任务为期一年，专题任务为期3年，人权理事会可根据需要将任务多次延长。各国政府、各区域集团、国际组织、非政府组织及个人都可提名特别程序候选人，人权理事会主席确定合适人选，提交理事会会议核准。

（一）特别程序开展工作的方式

特别程序开展的活动主要包括受理个人申诉、进行国别访问、开展研究、提出技术合作建议、向人权理事会提交报告等。特别程序在联合国人权事务高级专员办事处的支持下开展国家访问；通过发函提请各国及其他行为者关注指称侵犯人权案件以回应个别案件及更广泛的结构性问题；撰写专题报告和组织专家讨论会；促进国际人权标准的发展完善；从事宣传活动；提高公众意识；为技术合作提供咨询意见等。特别程序每年向人权理事会作年度报告，大多数任务也向联合国大会作报告。设立或延长其任务的决议中具体定义了其任务内容。

（二）独立专家甄选和任命程序

人权理事会独立专家通过竞争性和透明性程序任命，该程序首先由符合秘书处要求的候选人在线书面申请，然后由五个区域集团各自提名的五位大使组成的协商小组通过电话对入围的候选人进行面谈。协商小组通过其公开报告向人权理事会主席提出建议。当主席提出的候选人获人权理事会批准时，任命最终确定。

15　联合国人权理事会官网：https://www.ohchr.org/en/special-procedures-human-rights-council，最后访问时间：2022年9月20日。

选拔和任命的一般标准如下：根据人权理事会 2007 年 6 月 18 日第 5/1 号决议的附件，提名、甄选任命任务负责人时需参照下列一般标准：(a) 专门知识；(b) 任务领域的经验；(c) 独立性；(d) 公正性；(e) 人品；(f) 客观性。还应适当考虑性别平衡和公平地域分配以及不同法系的适当代表性。同时，人权理事会还对任务负责人合格人选的技术和客观要求进行了规定，以确保合格人选高度合格，确实在人权领域具有公认的能力，拥有相关的专门知识以及广泛的专业经验。[16]

三、咨询委员会

根据人权理事会第 5/1 号决议第 65 至 84 段设立的人权理事会咨询委员会（Human Rights Council Advisory Committee）作为理事会的“智囊团”，主要侧重于研究和基于研究的建议。咨询委员会以任务实施为导向，对各种主题问题进行研究，包括文化基金、腐败、地方政府、灾后和冲突后局势、恐怖分子劫持人质、食物权、失踪人员、白化病患者的权利和通过体育和奥林匹克理想促进人权等。咨询委员会还制定了关于若干主题的草案以及原则和准则，部分主题得到联合国大会认可。[17]

（一）人权理事会咨询委员会的渊源

人权理事会咨询委员会的前身是人权委员会促进和保护人权小组委员会。1946 年 6 月 21 日，人权委员会根据联合国经济及社会理事会第 9（Ⅱ）号决议设立“防止歧视和保护少数小组委员会”。1999 年 7 月 27 日，经济及社会理事会决定将这一委员会更名为“促进和保护人

16　联合国人权理事会《联合国人权理事会：体制建设》，A/HRC/5/1。

17　Human Rights Council Booklet, p. 12. https://www.ohchr.org/Documents/HRBodies/HRCouncil/HRC_booklet_EN.pdf，最后访问时间：2022 年 9 月 20 日。

权小组委员会”。促进和保护人权小组委员会系人权委员会下属机构，主要职能是对有关的重要人权问题进行研究并向人权委员会提出报告。促进和保护人权小组委员会由26名以个人身份工作的独立专家组成。2006年人权理事会成立后，咨询委员会成立并取代促进和保护人权小组委员会。该委员会基本继承促进和保护人权小组委员会的职能，负责从事人权专题研究并向理事会提出咨询意见。委员会由18名独立专家组成，遵循公平地域分配原则，亚洲区域集团、非洲区域集团各5名，拉美和加勒比区域集团、西欧及其他区域集团各3名，东欧区域集团2名。联合国所有会员国均可提名人选，由理事会选举产生，任期3年，可连任一次。每年可以召开两次会议，总会期不超过10天。与促进和保护人权小组委员会不同的是，咨询委员会不得通过任何决议或决定。[18]

（二）人权理事会咨询委员会的职能

1. 咨询委员会按照人权理事会要求的方式和形式向人权理事会提供专家意见，主要侧重于研究报告和根据调研提出咨询意见。另外，此种专家意见只应人权理事会的要求，依照其决议，并在其指导下提出。

2. 咨询委员会应以贯彻执行为其工作取向，其意见的范围应限于人权理事会的任务，即增进和保护所有人权有关的专题性问题。

3. 咨询委员会不得通过决议或决定。咨询委员会可在人权理事会规定的工作范围内，提出进一步提高人权理事会程序效率的建议以及在人权理事会规定的工作范围之内进一步开展调查的建议，供人权理事会审议和批准。

---

18 中华人民共和国外交部官网：https://www.fmprc.gov.cn/web/gjhdq_676201/gjhdqzz_681964/lhg_681966/jbqk_681968/t358601.shtml，最后访问时间：2022年9月20日。

4. 在人权理事会请咨询委员会提供实质性意见时，人权理事会要向咨询委员会发出具体的指导方针，并在今后认为必要时全部或部分审查这些指导方针。[19]

（三）人权理事会咨询委员会的工作方法

1. 咨询委员会每年最多召开两届会议，最长为期 10 个工作日。在征得人权理事会事先批准的情况下，可临时额外安排会议。

2. 人权理事会可要求咨询委员会承担某些可以通过较小的团队或个人集体执行的任务。咨询委员会将向人权理事会汇报这种工作的情况。

3. 咨询委员会成员可在休会期间个别或分组交流信息。然而，咨询委员会非经人权理事会授权，不得设立附属机构。

4. 咨询委员会完全可以在履行任务过程中，按照人权理事会的模式与各国、国家人权机构、非政府组织和其他民间社会实体建立互动关系。

5. 人权理事会成员和观察员，包括不是人权理事会成员的国家、专门机构、其他政府间组织和国家人权机构以及非政府组织，有权按照各种安排，包括经济及社会理事会第 1996/31 号决议和人权委员会及人权理事会沿用的惯例，在确保这些实体做出最为切实的贡献的情况下，参加咨询委员会的工作。[20]

（四）人权理事会咨询委员会候选人提名

1. 联合国所有会员国均可推荐或认可本区域的候选人。会员国在挑选候选人时应征求本国人权机构和民间社会组织的意见，并为此收列支持其候选人的机构和组织名称。

2. 上述做法的目的是为了确保人权理事会得到的是最佳的专家意

19　联合国人权理事会《联合国人权理事会：体制建设》，A/HRC/5/1。

20　联合国人权理事会《联合国人权理事会：体制建设》，A/HRC/5/1。

见。为此，人权理事会第六届会议（第二个周期的第一届会议）将订立和批准提交候选人材料的技术和客观要求。其中应包括：（1）人权领域公认的才干和经验；（2）德高望重；（3）独立性和公正性。

3. 个人在政府或任何其他组织或实体担任决策职务并可能会与所涉任务需负的职责发生利益冲突的，要予以排除。当选的委员会成员将以个人身份任职。

4. 要遵守不同时兼任多项人权职务的原则。[21]

（五）人权理事会咨询委员会候选人选举

1. 人权理事会要从按商定要求提名的候选人名单中以无记名方式选出咨询委员会成员。

2. 候选人名单在选举日之前两个月停止申报。秘书处将在选举之前至少一个月向会员国和公众提供候选人名单和相关资料。

3. 应适当考虑性别平衡和不同文明及法系的适当代表性。

4. 人选的地域分配如下：非洲国家集团 5 名；亚洲国家集团 5 名；东欧国家集团 2 名；拉丁美洲和加勒比国家集团 3 名；西欧和其他国家集团 3 名；

5. 咨询委员会成员的任期为 3 年，可连选连任一次。在第一个任期内，1/3 的专家任期将为一年，另有 1/3 的专家任期为两年。成员任期的交错安排应以抽签方式确定。[22]

四、申诉程序

人权理事会申诉程序是一种以受害者为导向的程序，处理在世界任

---

21 联合国人权理事会《联合国人权理事会：体制建设》，A/HRC/5/1。

22 联合国人权理事会《联合国人权理事会：体制建设》，A/HRC/5/1。

何地方和任何情况下发生的严重和经可靠证实的侵犯人权行为的一贯模式。经济及社会理事会 2000 年 6 月 19 日第 2000/3 号决议修订的 1970 年 5 月 27 日第 1503 (XLVIII) 号决议曾被作为工作依据，并经历了必要的改进，以确保申诉程序公正、客观、高效、注重受害者且能及时启动。程序将保持其机密性，以期增强与所涉国家的合作。

申诉程序根据从声称是侵犯人权行为的受害者或拥有直接可靠信息的个人、团体或非政府组织收到的来文而启动。申诉程序下设两个不同的工作组——来文工作组和情况工作组——分别负责审议书面来文并就一贯严重侵犯人权和基本自由的问题提请理事会注意。人权理事会以保密的方式审查情况工作组提交的报告和任何情况（除非另有决定），以加强与有关国家的合作。申诉程序是涵盖所有联合国会员国所有人权和基本自由的唯一机制，平均每年收到 3400 份来文。[23]

（一）来文工作组

来文工作组由人权理事会咨询委员会从其成员中指定，任期 3 年（可延长一次）。工作组由 5 名独立且合格的专家组成，在地域上代表五大区域集团。工作组每年召开两次为期 5 个工作日的会议，评估来文的可接受性和案情实质，包括评估该来文本身或与其他来文结合起来看是否显示某种一贯严重侵犯人权和基本自由并已得到可靠证实的情况。所有采信的来文和建议随即转寄给情况工作组。[24]

在将收到的来文转交所涉国家之前，来文工作组主席与秘书处一起，

---

23 Human Rights Council Booklet: p. 14. https://www.ohchr.org/Documents/HRBodies/HRCouncil/HRC_booklet_EN.pdf，最后访问时间：2022 年 9 月 20 日。

24 联合国人权理事会官网：https://www.ohchr.org/CH/HRBodies/HRC/ComplaintProcedure/Pages/WGCommunications.aspx，最后访问时间：2022 年 9 月 20 日。

依据受理标准，对来文进行初步筛选。明显缺乏根据的或匿名的来文由主席加以剔除，因而不会转送所涉国家。从负责和透明的角度考虑，来文工作组主席要向全体成员提供初步筛选后驳回的所有来文清单。该清单应说明所有做出驳回来文决定的理由。所有未被剔除的来文将转送所涉国家，以便获得该国对侵权指控的意见。

来文工作组成员要就来文可否受理做出决定，并评估侵权指控的案情实质，包括评估该来文本身或与其他来文结合起来看是否显示某种一贯严重侵犯人权和基本自由并已得到可靠证实的情况。来文工作组要向情况工作组提供一份材料，载列所有可予受理的来文以及就这些来文提出的建议。如果需要对一个案件做进一步的审议或需要补充资料，来文工作组可在下届会议之前继续保持对该情况的审议，同时请所涉国家提供补充资料。来文工作组可决定撤销某一案件。来文工作组的所有决定都要严格依据可受理标准做出并有正当理由。[25]

（二）情况工作组

情况工作组包括五名由各区域集团任命的成员，均来自人权理事会成员国，任期 1 年（可延长一次）。情况工作组每年召开两次为期 5 个工作日的会议，审议来文工作组转呈的来文，包括各国的回复以及人权理事会已经通过申诉程序了解的情况。情况工作组根据来文工作组提供的信息和建议，向人权理事会呈交一份报告，提请人权理事会注意一贯严重侵犯人权和基本自由且已得到可靠证实的情况，并向人权理事会做出对此采取行动的建议。除非人权理事会另行决定，情况工作组提交人

25 联合国人权理事会《联合国人权理事会：体制建设》，A/HRC/5/1。

权理事会的报告一般要以保密的方式加以审议。[26]

根据要求，情况工作组要在来文工作组提供的资料和建议的基础上，通常以关于所涉情况的决议或决定草案的形式，向人权理事会提出关于一贯严重侵犯人权与基本自由且已得到可靠证实的情况的报告，并向人权理事会建议应采取的行动方针。如果情况工作组需做进一步的审议或需要补充资料，其成员可在下一届会议之前继续保持对该情况的审议。情况工作组也可决定撤销某个案件。

情况工作组的所有决定都要有正当理由，并说明停止对某情况进行审议或就此建议采取行动的理由。停止审议的决定应以协商一致方式通过；如不可能，则以简单半数决定。[27]

（三）申诉程序工作模式[28]

申诉程序主要面向受害人，而且应以保密的方式及时开展。两个工作组每年至少要举行两期会议，每期为时 5 个工作日，以立即审议收到的来文，包括各国就来文所作的答复以及理事会已根据申诉程序在处理的情况。

所涉国家要与申诉程序合作，以联合国的一种工作语言对工作组或人权理事会的任何要求尽力做出实质性答复。所涉国家还要尽力在要求提出后不迟于 3 个月的时间内做出答复。但是，如有必要，该时限可在所涉国家的要求下延长。

人权理事会要随时根据需要，但至少每年一次审议情况工作组，提

26　联合国人权理事会官网：https://www.ohchr.org/CH/HRBodies/HRC/ComplaintProcedure/Pages/WGSituations.aspx，最后访问时间：2022 年 9 月 20 日。

27　联合国人权理事会《联合国人权理事会：体制建设》，A/HRC/5/1。

28　联合国人权理事会《联合国人权理事会：体制建设》，A/HRC/5/1。

请它注意一贯严重侵犯人权和基本自由且已得到可靠证实的情况。

为确保申诉程序做到高效而又及时地面向受害人，从申诉转呈所涉国家到人权理事会开始审议的时间，原则上不得超过 24 个月。

五、国际调查委员会和实况调查团

人权理事会可以设立国际调查委员会、实况调查团和调查机构，以应对无论是长期存在还是由于暴力事件造成的、严重违反国际人权和人道主义法的行为，并促进对此类违法行为的责任追究和对有罪不罚现象的追究。

国际调查委员会和实况调查团就战争罪和危害人类罪提供强有力的证据，为正义的司法程序提供依据，使违法者承担责任。这些调查机构得到联合国人权高专办工作人员提供的行政、后勤以及安全支持，并按规定执行任务。人权理事会迄今已创建 29 个此类委员会和特派团，其中 7 个目前处于活跃状态。[29]

六、附属机制[30]

人权理事会还建立了辅助专家机制，为理事会提供专题知识和论坛，为对话与合作提供平台。这些机构主要侧重于研究，基于研究得出建议或最佳实践，每年向人权理事会报告工作。这些机制包括：土著人民权利专家机制；少数群体问题论坛；社会论坛；工商业与人权论坛；人权、

29 Human rights council booklet：P15. https://www.ohchr.org/Documents/HRBodies/HRCouncil/HRC_booklet_EN.pdf，最后访问时间：2022 年 9 月 20 日。

30 联合国人权理事会官网：https://www.ohchr.org/EN/HRBodies/HRC/Pages/OtherSubBodies.aspx，最后访问时间：2022 年 9 月 20 日。

民主和法治论坛。

人权理事会进一步设立了若干不限成员名额的政府间工作组，以拟订、协商和确定新的法律文书草案，就有效执行现有文书提出建议。这些工作组包括：发展权问题工作组、“德班宣言和行动纲领”政府间工作组、“儿童权利公约任择议定书”工作组、拟订补充标准特设委员会、关于联合国人权教育和培训宣言草案的不限成员名额政府间工作组、关于私营军事和安保公司活动监管框架的不限成员名额政府间工作组、关于联合国和平权利宣言草案的不限成员名额政府间工作组、联合国关于农民和农村地区其他人权利宣言的不限成员名额政府间工作组、关于跨国公司和其他工商企业人权问题不限成员名额政府间工作组。

七、人权理事会工作机制审查

根据联合国大会第 60/251 号决议，人权理事会应在成立五年后审查其工作和运作情况，并向大会提出报告。2009 年 10 月，人权理事会第 12 届会议通过第 12/1 号决议，设立审查人权理事会工作和职能的不限成员名额政府间工作组。该决议通过如下决定：设立不限成员名额工作组的任务是审查人权理事会的工作和运作情况，工作组应在其第 14 届会议之后，在日内瓦举行两届会议，每届为期 5 个工作日；请人权理事会主席主持工作组，并请主席在工作组届会之前，就审查的模式问题举行透明和全面的磋商，并随时向人权理事会通报；请联合国秘书长就如何改善为理事会的会议和秘书处服务问题，向人权理事会第 15 届会议提交一份报告。[31]

31 A/HRC/RES/12/1.

审查人权理事会工作和职能的不限成员名额政府间工作组于2010年10月25日至29日举行了第一次会议，标志着审查进程在日内瓦正式启动。2011年2月7日、17日至18日和23日至24日，审查人权理事会工作和职能的不限成员名额政府间工作组在日内瓦万国宫举行了第二次会议，最终形成《审查人权理事会工作和运作情况不限成员名额政府间工作组的报告》。[32]

2011年5月12日，人权理事会第16届会议通过“审查人权理事会的工作和运作情况”的A/HRC/RES/16/21决议，决定在《审查人权理事会工作和运作情况不限成员名额政府间工作组的报告》基础上，形成联合国人权理事会工作和运作情况审查结果，并提交给联合国大会。[33]

2011年6月17日，联合国大会第65届会议通过A/RES/65/281决议，通过人权理事会提交的联合国人权理事会工作和运作情况审查结果。[34]

除了对人权理事会工作机制进行审查外，联合国大会在A/RES/65/281决议还对一些事项做出了决定。例如，联合国大会决定保持人权理事会作为大会的一个附属机构的地位，并在适当时候而且在最早10年最晚15年的时间内再次审议是否保持这一地位的问题；从2013年起，人权理事会成员资格的年周期从1月1日开始；作为过渡措施，人权理事会成员任期在2012年6月、2013年6月和2014年6月届满的，均分别破例延长至该年年底；等等。[35]

---

32 A/HRC/WG.8/2/1.

33 A/HRC/RES/16/21.

34 A/RES/65/281.

35 A/RES/65/281.

（一）普遍定期审议机制审查结果

对于普遍定期审议机制，联合国大会 A/RES/65/281 决议除了重申人权理事会 2007 年 6 月 18 日第 5/1 号决议附件第一至四段所述普遍定期审议的依据、原则和目标外，重点要求普遍定期审议机制做如下改进：

1. 审议的周期性安排和顺序

A/RES/65/281 决议要求：普遍定期审议第二个审议周期应自 2012 年 6 月开始；第二个审议周期及以后的审议周期将为期四年半，这意味着普遍定期审议工作组每年将在三届会议期间审议 42 个国家；第二个审议周期及以后的审议周期应当保留为第一个审议周期确定的审议顺序[36]。

2. 审议工作的程序和模式

（1）重点和文件。A/RES/65/281 决议要求：第二个周期及以后的周期的审议工作将继续以人权理事会第 5/1 号决议附件第 15 段所述的三份文件为依据；第二个审议周期及以后的审议周期应当除其他外，侧重于所接受建议的落实情况和受审议国人权状况的发展动态；应在人权理事会第 18 届会议之前，根据第二个周期及以后周期的工作重点，调整人权理事会 2007 年 9 月 27 日第 6/102 号决定通过的普遍定期审议报告一般准则；鼓励其他利益攸关方在所提交的资料中，列入关于就上次审议采取后续行动的信息；其他利益攸关方所提供信息的摘要应酌情包含一个单独的部分，述及完全按照大会 1993 年 12 月 20 日第 48/134 号决议所载“有关促进和保护人权的国家机构的地位的原则”（《巴黎原则》）经认可的受审议国国家人权机构所提交的资料。其他经认可的国家人权机构和其他利益攸关方提供的信息也将得到相应的反映。[37]

36　A/RES/65/281.

37　A/RES/65/281.

（2）模式。应当保留人权理事会第5/1号决议附件和PRST/8/1号主席声明中所述的三位报告员小组（三国小组）的作用。在把审议周期延长至四年半后，将在现有资源和工作量的范围内，延长目前工作组审议会议三个小时的会期，并在人权理事会第17届会议上商定会议模式，包括发言者名单，该名单应根据附录中的模式确定。最后审议结果将由人权理事会全体会议通过，组织对该结果进行一小时审议的模式应当符合PRST/9/2号主席声明。受审议国符合《巴黎原则》的国家人权机构应当有权在人权理事会全体会议通过审议结果期间，紧接着受审议国发言。应当加强人权理事会2007年9月28日第6/17号决议设立的旨在促进各国参与的普遍定期审议自愿信托基金并将之投入运行，以鼓励发展中国家，尤其是最不发达国家和小岛屿发展中国家大力参与对它们的审议工作。[38]

（3）普遍定期审议中的发言规则

A/RES/65/281决议对普遍定期审议过程中的发言规则做了新的规定。如果能在成员国和观察员国的发言时限内照顾到所有发言者，则将继续适用允许成员国发言三分钟、观察员国发言两分钟的既定程序。如果不可能在成员国三分钟、观察员国两分钟的发言时限内照顾到所有发言者，则应将所有人的发言时间缩短至两分钟。如果仍然无法照顾到所有发言者，则应在报名发言的所有代表团中平均分配时间，从而使每个发言者都能发言。

拟订发言者名单的步骤如下：发言报名将在普遍定期审议工作组会议开始前一周的星期一上午十点开始，并持续四天，到星期四下午六点

38 A/RES/65/281.

截止。将在日内瓦万国宫设立一个登记台。由理事会秘书处向各国常驻代表团告知确切地点。在所有情况下，无论发言时间长短，报名发言的代表团均将按英文国名的字母顺序排列。在会议开始之前的星期五上午，由主席公开抽签挑出名单上的第一名发言者。然后从抽中的国家开始往后排出发言者名单。星期五下午，将向所有代表团通知发言顺序和发言时间。审议期间将严格执行发言时限。发言超时的发言者将被关掉话筒。因此，发言者宜在发言之初讲出最主要的部分。所有发言者可根据彼此间的双边安排，交换发言顺序。[39]

3. 审议结果

A/RES/65/281 决议要求，最好在受审议国和提出建议国充分参与和同意的情况下，将审议结果中所载的建议按专题分组。受审议国应根据人权理事会第 5/1 号决议附件第 27 和 32 段的规定，最好在人权理事会全体会议之前，以书面形式向人权理事会表明对收到的所有建议的立场。[40]

4. 审议工作的后续行动

A/RES/65/281 决议要求，普遍定期审议作为一种合作机制，其结果首先应由所涉国家落实，但鼓励各国在这方面与所有利益攸关方进行广泛协商。鼓励各国自愿向人权理事会提交关于所接受建议落实情况的中期报告。应当加强人权理事会第 6/17 号决议设立的财政和技术援助自愿基金并将之投入运行，以提供财政和技术援助，帮助各国，尤其是最不发达国家和小岛屿发展中国家，落实对其进行审议后所提出的建议。考虑到人权理事会第 5/1 号决议附件第 36 段的规定，各国可要求联合国派驻国家或区域一级的代表，帮助它们采取审议工作的后续行动。联

39　A/RES/65/281.

40　A/RES/65/281.

合国人权事务高级专员办事处可作为此类援助的信息交换中心。为落实审议工作提供的财政和技术援助，应当支持国家执行计划中可能反映的国家需要和优先事项。[41]

（二）特别程序机制审查结果

1. 任务负责人的甄选与任命

A/RES/65/281 决议要求，为进一步加强和提高人权理事会第 5/1 号决议附件所述任务负责人甄选和任命程序的透明度，将适用下列规定：(a) 除人权理事会第 5/1 号决议附件第 42 段所述的实体外，符合《巴黎原则》的国家人权机构也可提名特别程序任务负责人的候选人；(b) 个人候选人和实体提名的候选人应当提交对某个特定任务的申请，并提交个人资料和不超过六百字的动机信。联合国人权事务高级专员办事处应当编写一份申请每个空缺职位的候选人公开名单；(c) 人权理事会第 5/1 号决议附件第 47 段所设咨商小组将以透明方式，对申请每个特定任务的候选人进行审议。但在特殊情况下，如果某个职位需要如此，该小组可以对资格相当或更合适的其他候选人进行审议。咨商小组应当对被列入最后名单的候选人进行面试，以确保所有候选人受到平等待遇；(d) 在执行人权理事会第 5/1 号决议附件第 52 段时，主席如决定不遵守咨商小组提议的优先顺序，应当说明理由。[42]

2. 工作方法

A/RES/65/281 决议对特别程序的工作方法进行了改进。据此，根据人权理事会 2007 年 6 月 18 日第 5/2 号决议，各国应配合并协助特别程序任务负责人履行其任务，任务负责人应根据其任务授权和行为守则

41 A/RES/65/281.

42 A/RES/65/281.

行使职能。A/RES/65/281 决议强调，特别程序任务负责人的廉正性和独立性以及合作、透明和问责原则，是建立一个能够加强人权理事会处理实地人权状况能力的特别程序制度所不可或缺的。特别程序任务负责人应继续加强与各国的建设性对话。特别程序任务负责人还应努力以具体、全面和着眼于行动的方式提出建议，并在其专题报告和国别访问报告中注意各国的技术援助和能力建设需要。所涉国家的评论意见应列入国别访问报告增编。A/RES/65/281 决议敦促各国配合并协助特别程序任务负责人，及时对要求提供信息和访问的请求做出答复，并认真研究特别程序任务负责人提出的结论和建议。

A/RES/65/281 决议还要求，人权理事会应当简化对特别程序任务负责人的要求，尤其是报告要求，以确保对他们的报告进行有意义的讨论。人权理事会应继续充当各国与特别程序任务负责人之间合作开展公开、透明和建设性讨论的论坛，以便查明并交流良好的做法和经验教训。所涉国家符合《巴黎原则》的国家人权机构应当有权在互动对话期间，在特别程序任务负责人介绍国别访问报告之后，紧接着所涉国发言。

A/RES/65/281 决议要求，联合国人权事务高级专员办事处将继续以全面和便于查询的方式，记录关于特别程序的信息，例如任务、任务负责人、邀请和国别访问及有关答复，以及向人权理事会和大会提交的报告。

A/RES/65/281 决议呼吁，人权理事会强烈反对任何恐吓或报复现在或曾经与联合国、联合国代表和机制在人权领域开展合作的个人和团体的行为，敦促各国防止这类行为，并确保提供针对这类行为的适当保护。[43]

43 A/RES/65/281.

3. 资源和资金

A/RES/65/281 决议要求，人权理事会确认应确保提供充足和公平分配的资金，对公民权利和政治权利以及经济、社会和文化权利，包括发展权予以同等重视，以根据所有特别程序任务负责人的具体需要，包括大会赋予他们的额外任务，为之提供支持。经费应由联合国经常预算提供。因此，人权理事会请秘书长确保在人权事务高级专员办事处的经常预算内提供充足的资源，支持特别程序任务负责人充分履行其任务。人权理事会仍需提供预算外经费，以支持与特别程序相关的工作，欢迎联合国会员国进一步提供自愿捐款，并强调应当尽量不指定这些捐款的用途。人权理事会需要确保特别程序经费来源完全透明。[44]

（三）人权理事会咨询委员会工作审查结果

A/RES/65/281 决议要求，人权理事会应在现有资源范围内，加强与人权理事会咨询委员会的互动，并通过研讨会、专题小组、工作组和对咨询委员会投入提供反馈等工作形式，与咨询委员会进行更加系统的接触。人权理事会应努力阐明有关决议赋予咨询委员会的特定任务，包括指出专题优先事项，并向咨询委员会提供具体指导，以带来着眼于执行的工作成果。为了创造适当的条件，促进人权理事会与咨询委员会之间的互动，今后应在人权理事会的 3 月届会之前举行咨询委员会年度第一次会议，并在 8 月举行第二次会议。咨询委员会的年度报告应提交人权理事会 9 月届会，并作为与咨询委员会主席进行互动对话的主题。本规定不排除在有机会时与咨询委员会进行人权理事会认为适当的其他互动。咨询委员会应努力加强其成员间闭会期间的工作，以执行人权理事

44 A/RES/65/281.

会第 5/1 号决议附件第 81 段的规定。[45]

附：人权理事会组织机构框架图[46]

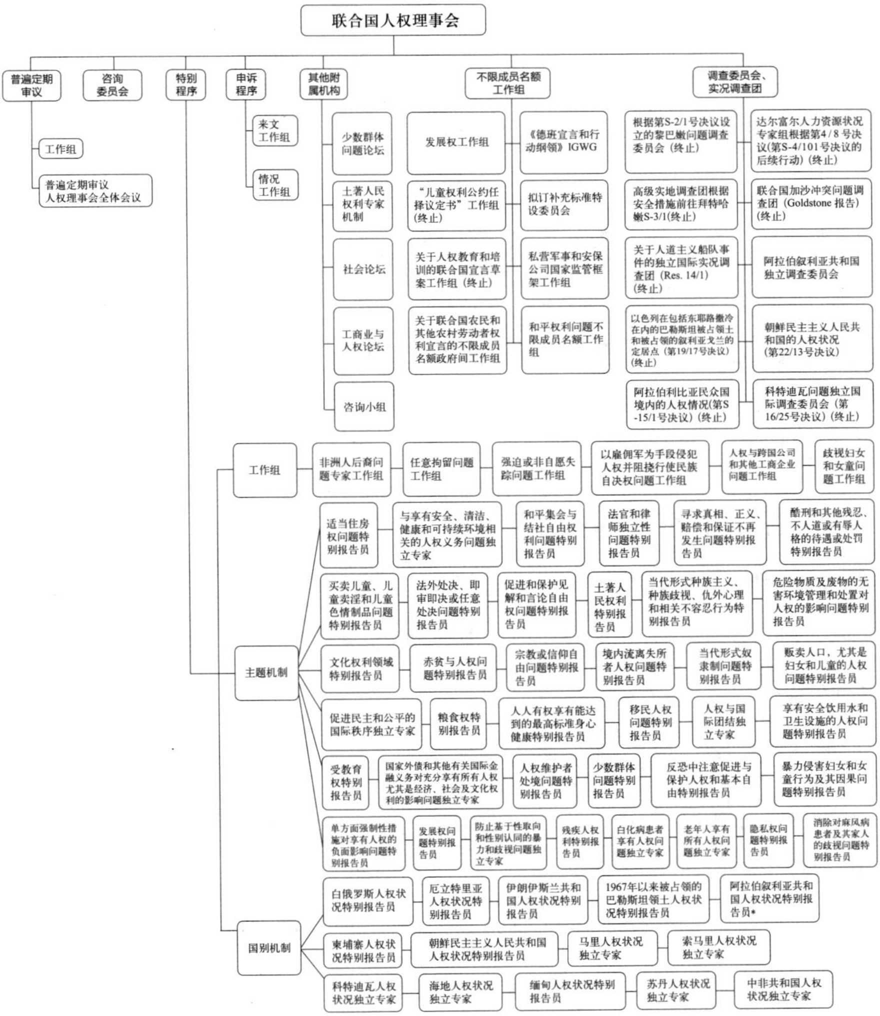

45　A/RES/65/281.

46　联合国人权理事会官网：https://www.ohchr.org/zh/hr-bodies/hrc/about-council，最后访问时间：2022 年 9 月 20 日。

第三节 人权理事会工作方法

根据联合国大会第 60/251 号决议，人权理事会第 5/1 号决议确定了工作方法，要求人权理事会应当以透明、公正、平衡、公平、务实的方式开展工作，体现工作的明确、可预测和包容性。

一、体制安排

（一）有关预期决议或决定的情况介绍

情况介绍旨在说明情况，使各代表团了解提出或准备提出的决议 / 决定。情况介绍会由有关代表团组织召开。

（二）主席就决议、决定和其他有关事项召开的不限成员名额的情况介绍会

情况介绍会将提供有关决议 / 决定草案谈判进展情况的信息，使各代表团能够大致了解这些草案的状况。这类磋商的作用完全是提供信息，辅之以外联网提供的资料，保证其透明和包容性。这类会议不能作为谈判场所。

（三）主要提案国召开的有关提案的非正式磋商

非正式磋商是谈判决议 / 决定草案的主要方式，举行非正式磋商应由提案国负责。每项决议 / 决定草案在理事会审议采取行动之前，应至少举行一次不对参加人员设限的非正式磋商。磋商的安排，应尽可能及时、透明和周到，并考虑到各代表团的实际困难，特别是较小的代表团。

（四）主席团的作用

主席团应处理程序和组织事项。主席团应定期将其会议的内容以简报的形式及时进行通报。

（五）其他工作形式可包括小组讨论、研讨会和圆桌会议

采用形式以及专题和模式，将由人权理事会视具体情况决定。这些形式将用作人权理事会就一些问题展开对话和促进相互了解的手段。应联系人权理事会的议程和年度工作方案对之加以利用，强化和/或补充人权理事会的政府间性质。这些形式不得用来替代或取代现有的人权机制和既定的工作方法。

（六）高级别会议

人权理事会应在每年主要届会期间举行一次高级别会议。高级别会议之后举行一般会议，供没有参加高级别会议的代表团进行一般性发言。

二、工作文化

人权理事会第5/1号决议重视工作文化和效率，强调人权理事会需要：尽早通报提案；尽早提交决议/决定草案，最好在每届会议的倒数第二周结束之前；尽早分发所有报告，尤其是特别程序的报告，在人权理事会审议这些报告之前至少15天以所有联合国官方语言分发给各代表团；一项国别决议的提案者有责任在采取行动前为提案争取到尽可能广泛的支持（最好有15个成员支持）；少提决议，避免决议泛滥，同时又不损害各国决定适时提出提案草案的权利；尽量减少不必要的重复大会/第三委员会的行动；对议程项目加以归类集中；错开提出决定/决议及审议就议程项目/问题采取行动。

三、决议和决定以外的其他结果

这些可包括建议、结论、讨论概要和主席声明。由于这类结果产生的法律影响不同，因此应补充而不是取代决议和决定。

第四节 人权理事会会议制度

一、人权理事会常规会议

人权理事会会议分为常规会议和特别会议，是人权理事会工作正常运作的基石。人权理事会设立以来，常规会议与特别会议在推动制定国际人权文件、监督国际人权保护方面发挥了重要作用。人权理事会每年于联合国瑞士日内瓦办事处举办不少于三次常规会议，会期至少 10 周，分别在 3 月（4 周）、6 月（3 周）和 9 月（3 周）举行。应人权理事会成员要求，获至少 1/3 成员（16 国）支持，人权理事会可决定在任何时间召开处理人权受到侵犯和紧急事件的特别会议。至 2021 年底，人权理事会共召开 48 次常规会议，并就被占巴勒斯坦领土问题、苏丹达尔富尔、粮食安全、国际金融危机、海地、科特迪瓦、利比亚、叙利亚、中非人权状况、布隆迪、缅甸、南苏丹、埃塞俄比亚人权状况等问题举行 33 次特别会议。人权理事会的会议一般要公开举行，但人权理事会确定非常情况需要会议非公开举行的除外，在非公开会议上做出的所有决定，均要在人权理事会公开会议上进行宣布。自 2006 年第一届会议以来，理事会的议程不断扩大，会议时间已延长至最初的两倍有余。[47]

常规会议的参与者主要包括人权理事会成员国、观察员国、非联合国会员国的观察员和其他观察员，以及联合国机构、专门机构和相关组织、政府间组织和其他实体、各国国家人权机构和非政府组织的观察员。在每个年度开始时，人权理事会要举行一次组织会议，选举主席团成员，

47　联合国人权理事会官网：https://www.ohchr.org/EN/HRBodies/HRC/Pages/Sessions.aspx，最后访问时间：2022 年 9 月 20 日。

审议并通过人权理事会年度各届例会的议程、工作方案和日历，有可能时还要注明结束工作的预计日期、审议各项目的大概日期以及分配给每个项目的会议次数。人权理事会主席要在每届会议开始前两周召开组织会议，必要时在人权理事会届会期间召开组织会议，讨论与该届会议有关的组织和程序问题。正式开始会议时，至少有 1/3 的人权理事会成员出席会议，主席才可宣布会议开始并准许进行辩论，任何决定都要有过半数成员出席会议才能做出，由出席会议并参加表决的 1/2 以上成员通过。[48] 根据体制建设的一揽子计划（A/HRC/5/1 决议）规定，常规会议议程分为 10 个议题（Items），涵盖程序和实质等多重领域。

（一）组织和程序事项

人权理事会常规会议议题通常是程序性问题，主要包括：选举主席团成员；通过年度工作方案；通过届会工作方案，包括其他事项；甄选和任命任务负责人；选举人权理事会咨询委员会成员；通过届会报告；通过年度报告。

（二）审议人权事务高级专员年度报告以及高级专员办事处报告和秘书长报告

人权理事会常规会议作为规范性的定期会议，具有审议工作报告的重要职能。联合国人权事务高级专员工作报告、高级专员办事处和秘书长编写的专题工作报告、普遍定期审议机制工作组报告等，均由常规会议进行审议。

在历届常规会议上，人权事务高级专员发言并提供人权高专办活动（如相关问题现状调查或决议执行情况）的最新情况，在相关国家

48　联合国人权理事会《联合国人权理事会：体制建设》，A/HRC/5/1。

代表发言后展开一般性辩论和互动对话，由会议进行审议。例如，第九届会议审议人权事务高级专员提交的反对诋毁宗教的行为研究报告，第38届会议审议人权高专办“改善布隆迪人权状况和问责情况特派团”根据第36/2号决议向会议提交的对布隆迪人权状况进行全面收集的研究报告。[49]

联合国人权事务副高级专员介绍人权事务高级专员办事处和秘书长编写的专题报告，提交会议进行一般性辩论，由会议审议提案草案并决定是否采取行动。例如，联合国秘书长根据人权理事会决议，提请所有会员国注意人权与单方面强制性措施问题，于第九届常规会议前依其年度工作方案，将会员国提出的看法及有关情况文件提交人权理事会，由会议审议人权与单方面强制性措施报告。[50]

人权理事会根据某项问题的决议，提请人权事务高级专员办事处针对人权理事会工作开展或就高级专员办事处的特定活动等进行研究并提交报告，由常规会议审议。例如，第九届会议审议人权高专办针对2008年理事会执行“将妇女的人权纳入整个联合国系统的工作”决议遇到的障碍和挑战提出的报告；[51] 在第25届会议上听取和审议关于“五岁以下儿童可预防的死亡和发病问题作为一项人权问题”以及“加大力度防止和消除童婚、早婚和强迫婚姻”问题报告。[52]

（三）增进和保护所有人权

人权理事会常规会议议程将人权专题囊括其中，会议内容涉及经济、

49 A/HRC/38/1.

50 A/HRC/9/28.

51 A/HRC/9/28.

52 A/HRC/26/2.

社会、文化权利，公民权利和政治权利，少数民族权利以及特定群体和个人，发展权，各项人权的相互关系与人权专题议题以及需要人权理事会注意的人权状况。通过对当下突出的人权专题问题进行讨论研究，人权理事会常规会议提请各国注意相关问题，对严重侵犯人权的问题进行强调和谴责，就部分问题提请人权事务高级专员制作情况报告，在下届常规会议上进行审议。

1. 关注面不断扩大

常规会议根据人权发展状况和国际实践，对各个领域的人权问题进行全面关注。随着新问题的出现，常规会议的关注范围不断扩大。例如，第六届会议就人权与国际团结、任意拘留、人权与单方面强制性措施、住宅权等特定人权问题提请各国履行人权义务，重申具体人权，敦促各国注意，鼓励各国开展世界人权宣传运动等人权领域的宣传活动。[53]第14届会议对贩运人口、特别是贩运妇女和儿童，国内流离失所者人权，宗教或信仰自由等人权问题进行强调，并呼吁各国积极采取相关举措维护人权。[54]第17届会议就法官和律师独立性问题听取特别报告员报告，对受教育权、法外处决、移徙者人权、赤贫与人权、健康权、文化权、人权与性取向和性别认同、和平抗议的背景下增进和保护人权等问题进行强调和关注，重申人权条约的基本规定，提请各国注意。[55]除旧有问题之外，第21届会议还讨论了饮水卫生、工商业与人权、孕产妇死亡与发病率、以雇佣军手段侵犯人权、腐败、危险物质处理、恐怖分子劫

53　A/HRC/6/22.

54　A/HRC/14/37.

55　A/HRC/17/2.

持人质、老年人、劳动者等领域的人权问题。[56] 会议提请各方根据人权公约的规定，对相关人权问题进行关注，并鼓励各方采取保障人权与自由的举措。第 24 届会议上对死刑、司法工作中的人权、老年人、白化病患者、记者、土著人民、儿童权利等领域的人权问题进行关注，会议通过特别报告员报告、人权高专办报告的形式对报告进行审议。[57]

人权理事会会议不仅关注人的物质层面的权利满足，也对精神层面加以关切。第 34 届会议通过决议，将精神健康纳入人权的范畴，关注精神健康与人权，对有精神健康问题或心理残疾者的人权和基本自由问题表示关切，呼吁各国尊重基本人权，对精神健康问题给予更多关注。[58] 第 40 届会议在持续关注失踪人员、儿童权利、残疾人权利、暴力侵害妇女、食物权、文化权等问题的同时，还关注恐怖主义与人权、防止灭绝种族、国家外债和其他有关国际金融义务对充分享有所有人权的影响、数字时代的隐私权等问题。[59] 会议通过对报告进行审议，对问题的现状和解决建议进行分析，推动人权问题的逐步化解。

2. 关注程度逐步加深

人权理事会会议对人权专题问题的关注随着时代的发展呈现出逐步加深的趋势，例如会议对妇女问题的关注从家庭拓展到工作领域。2007 年第六届会议提出第 6/30 号决议，将妇女的人权纳入整个联合国系统的工作之中，对妇女的人权状况进行关注。其后，人权理事会在贩运人口领域，对贩运妇女和儿童给与特别关注。第 17 届会议对人权与性

56 A/HRC/21/2.

57 A/HRC/24/2.

58 A/HRC/34/1.

59 A/HRC/40/2.

取向和性别认同的问题进行关注，在一定程度上维护了女性权益。[60] 在第 27 届会议上展开制止残割女性生殖器方面的良好做法高级别小组讨论会。[61] 第 34 届会议对妇女权益的维护从生育、家庭逐步拓展到工作领域，关切妇女工作权与人权的相关问题。[62] 第 39 届会议在深化妇女和儿童权利保障力度的基础上，进一步对尚存的性别差异带来的人权问题进行探讨，会议审议了“涉及所有妇女和女童充分享有人权与在执行《2030年议程》过程中有系统地顾及性别平等因素方面存在的差距、面临的挑战以及相关最佳做法的闭会期间专家会议”的成果报告。[63]

此外，人权理事会会议对网络人权问题的注意也呈现出持续深入态势。进入 21 世纪，互联网的迅速普及衍生了网络时代的人权问题，2013 年 11 月第 20 届会议基于现实考虑，对在互联网上增进、保护和享有人权的问题进行关切，吁请各国注意人们在互联网下所享有的权利。[64] 第 27 届会议开始注意到网络时代数据通信和信息泄露对个人隐私权的潜在侵犯，在保护和增进隐私权的前提指引下，会议提请人权专家对数字时代的隐私权进行关注。[65] 由于社会分工和文化差异，女性在互联网大数据平台上接触的信息和享有的机会较男性更少，在网络世界的交互信息和沟通交流也更少，无法阻止性别上的数字鸿沟。第 35 届会议注意到这种问题，并通过审议高级专员关于如何从人权的角度出发消

60　A/HRC/RES/17/19.

61　A/HRC/RES/27/22.

62　A/HRC/RES/34/14.

63　A/HRC/39/1.

64　A/HRC/20/2.

65　A/HRC/27/2.

除性别上的数字鸿沟的报告，寻求更有实效的解决措施，推动实现网络中的人权平等与自由。[66]

（四）需要理事会注意的人权状况

人权理事会议在关注普遍性人权问题的同时，重视世界各地的突发性或大规模暴力事件，与会各方通过会议报告和互动对话的形式提请人权理事会注意。人权理事会会议在决议中以特别程序、派遣国际调查团、任命特别报告员等多种方式，对突发问题进行调查。例如人权理事会会议强烈谴责以色列突击队袭击人道主义救援船队致九人死亡的行为、对世界各地罗姆人的人权状况进行全面研究、关切政变后的洪都拉斯人权状况、对阿拉伯叙利亚共和国的人权和人道主义状况展开紧急辩论。

2010 年 5 月 31 日，以色列突击队袭击人道主义救援船队致九人死亡，引发国际社会震动。6 月 2 日，第 14 届会议对以色列军队对人道主义救援船队的严重袭击问题进行强烈谴责，以“最强烈的措辞”谴责以色列的反人道“暴行”，并通过决议，拟派遣一个独立国际调查团展开迅速调查。[67]2015 年，人权理事会关注缅甸境内发生的人口贩运和强行驱赶事件，第 32 届会议根据人权理事会第 29/21 号决议，审议关于缅甸境内侵犯和践踏罗辛亚穆斯林和其他少数群体人权情况的高级专员报告。[68] 作为欧洲最大的少数民族之一，罗姆人在历史上饱受歧视和迫害。2015 年初匈牙利种族歧视与反对种族歧视的阵营矛盾激化，演化为种族冲突。2015 年 6 月，人权理事会第 29 届会议基于和平与反对种族歧视的考虑，确认有必要对世界各地罗姆人的人权状况进行一次全面

66　A/HRC/35/2.

67　A/HRC/14/1.

68　A/HRC/32/2.

研究，尤其侧重于反吉普赛现象，以实现和平与发展，逐步推进反对种族歧视的世界进程。[69]

2009 年 9 月，人权理事会第 12 届会议对 2009 年 6 月 28 日政变后洪都拉斯的人权情况表示关切，在对特别程序和美洲国家组织区域人权机构有关洪都拉斯违反人权情况的报告进行关注后，会议对侵犯人权的行为进行强烈谴责，并呼吁相关行为者对人权和基本自由表示尊重。[70] 应巴林、丹麦等多国的共同请求，人权理事会第 19 届会议展开关于阿拉伯叙利亚共和国的人权和人道主义状况的紧急辩论。[71] 根据国际人权状况的最新形势，人权理事会对塞浦路斯、委内瑞拉玻利瓦尔共和国人权状况的最新情况表示关注。2019 年第 40 届会议通过审议高级专员对塞浦路斯的报告，并听取了对委内瑞拉玻利瓦尔共和国的口头报告，对相关地区问题进行了详细了解。[72]

（五）人权机构和机制

在历届常规会议期间，举行针对特定问题的申诉程序非正式会议，由主席就最后会议结果发表声明，表示审议是否继续进行以及提出技术援助等建议。同时，会议还对人权理事会咨询委员会、土著人民权利专家机制、少数群体问题论坛等提交的报告进行审议并展开一般性辩论。此外，会议还审议国家提出的提案草案，通过投票方式进行表决。

（六）普遍定期审议

人权理事会历届常规会议按照议程讨论普遍定期审议问题，人权理

69　A/HRC/29/2.

70　A/HRC/12/50.

71　A/HRC/19/2.

72　A/HRC/40/1.

事会全体会议以标准化决定通过普遍定期审议工作组进行审议的结果，即工作组的国别审议报告。接受审议国、理事会成员和观察员国对审议结果发表意见，其他利益攸关方在全体会议通过结果之前做出一般性评论。会议通过的关于特定国家的审议结果，除普遍定期审议工作组报告，还包括该国对所作建议和结论提出的意见、该国做出的自愿承诺以及该国在人权理事会全体会议通过审议结果之前对在工作组进行互动对话时未及充分讨论的问题或议题做出的答复。[73]

（七）巴勒斯坦及其他阿拉伯被占领土的人权状况

自第一届常规会议起，人权理事会就对巴勒斯坦及其他阿拉伯被占领土的人权状况表示关切，通过将这一事项纳入常规会议议程，促请各国注意，并在会议上审议联合国人权事务高级专员提交的相关报告。在后续数次会议中，持续对巴勒斯坦人民自决权问题以及巴勒斯坦被占领土的人权状况相关决议的后续行动进行跟进审议。例如，在第 10 届会议上，人权理事会对“加沙地带因以色列发动军事攻击而受到严重侵犯事项的理事会 S-9/1 号决议”的后续行动进行注意，并积极采取措施，对加沙地带人民的人权进行保护；针对人权理事会 S-9/1、S-12/1、S-13/9 和 S-16/20 号决议，第 17 届会议与会者对决议的后续行动展开一般性辩论并发言，呼吁相关国家切实履行决议。

除对巴勒斯坦地区人权状况的持续关注外，人权理事会数届常规会议对伊朗伊斯兰共和国、苏丹、阿拉伯叙利亚共和国等国的人权状况表示关切，通过一般性辩论以及听取特别报告员的口头报告或审议书面报告的形式对地区人权问题进行详细了解，以提供咨询服务和技

73 A/HRC/DEC/40/113.

术援助或开展人权合作，推动问题的逐步化解。2008 年 3 月 3 日至 4 月 1 日，人权理事会第七届会议就苏丹的人权状况、被占叙利亚戈兰的人权状况等问题进行研究，听取了特别报告员的相关报告，以投票方式对报告进行表决。同时，第 16 届会议还对科特迪瓦暴力行为进行谴责，要求科特迪瓦违法者停止暴力行为，吁请各方积极合作以保障人权。[74] 此外，为了解伊朗伊斯兰共和国、马里北部的人权问题，人权理事会会议派遣特别报告员和国际调查团对当地人权状况进行调查，第 22 届会议审议了相关调查报告。[75] 随着相关地区人权问题的恶化，人权理事会第 31 届会议持续推进对阿拉伯叙利亚共和国、伊朗伊斯兰共和国人权状况的关注，对厄立特里亚的人权状况表示关切，并听取特别报告员的口头报告。[76]

（八）《维也纳宣言和行动纲领》的后续行动和执行情况

人权理事会自成立以来就对《维也纳宣言和行动纲领》给予持续关注。2007 年 6 月 18 日，人权理事会第五届会议在 A/HRC/5/1 决议的附件中规定了“《维也纳宣言和行动纲领》的后续行动和执行情况”的常规会议议程。[77] 该议程由人权理事会成员国、观察员国、国家人权机构的观察员、非政府组织观察员等进行发言，展开一般性辩论，审议提案草案并采取行动。此外，常规会议还积极举办人权公约的周年庆祝活动。例如，第 21 届会议举办纪念《维也纳宣言和行动纲领》通过 20 周年高级别小组讨论会，第 35 届会议举行庆祝《维也纳宣言和行动纲领》25

74　A/HRC/16/2.

75　A/HRC/22/2.

76　A/HRC/31/2.

77　联合国人权理事会《联合国人权理事会：体制建设》，A/HRC/5/1。

周年活动。

（九）种族主义、种族歧视、仇外心理和相关的不容忍现象，《德班宣言和行动纲领》的后续行动和执行情况

2007 年 6 月 18 日，人权理事会第五届会议在 A/HRC/5/1 决议的附件中纳入了“种族主义、种族歧视、仇外心理和相关的不容忍现象，《德班宣言和行动纲领》的后续行动和执行情况”的常规会议议程。[78] 在数届常规会议上，人权理事会就种族主义、种族歧视、仇外心理和相关的不容忍现象与特别程序展开互动对话，在一般性辩论之后，为有效落实《德班宣言和行动纲领》，政府间工作组审议提案草案并采取行动。[79] 此外，人权理事会会议还积极举办《消除一切形式种族歧视国际公约》的周年庆祝活动，通过公约后续报告文件。

人权理事会在会议期间召开一系列的人权文件纪念活动。2012 年 10 月人权理事会第 19 届会议决定，在会议期间召开纪念《在民族或族裔、宗教和语言上属于少数群体的人的权利宣言》通过 20 周年小组讨论会，以探讨宣言执行情况以及取得的成就、经验和挑战。[80]2016 年 6 月第 32 届会议，根据人权理事会第 31/4 号决议，决定开展《发展权利宣言》通过 30 周年纪念活动，并召开一次关于促进和保护发展权的小组讨论会，展现对发展权的尊重，鼓励各国基于公平和不歧视原则从国家和国际层面落实发展权利。[81] 作为对世界人权发展具有里程碑意义的《世界人权宣言》，自通过以来一直作为世界人权事业发展的基准而受到强调。

---

78 联合国人权理事会《联合国人权理事会：体制建设》，A/HRC/5/1。

79 A/HRC/11/37.

80 A/HRC/18/2.

81 A/HRC/32/2.

在 2018 年 1 月 18 日第 37 届会议上，人权理事会根据其第 35/1 号决议，举行纪念《世界人权宣言》70 周年高级别小组讨论会。[82]2018 年 9 月，纪念《防止及惩治灭绝种族罪公约》通过 70 周年高级别小组讨论在第 39 届会议期间进行，[83] 会议对预防和预警机制的建立表示肯定，并强调对人权、民主和法治的尊重和保障。

公约签订以来，人权理事会会议仍不断展开后续行动。例如，人权理事会第 31 届会议审议通过拟订《消除一切形式种族歧视国际公约》补充标准的报告，以满足国际公约的适应性和灵活性需要。[84] 同时，人权理事会会议也不断对新情况进行关注。例如，随着美化纳粹主义、新纳粹主义及其他助长当代形式种族主义、种族歧视、仇外心理和相关不容忍行为出现，人权理事会根据第 73/157 号决议，请特别报告员编写该决议执行情况报告，提交人权理事会第 41 届会议审议。[85]

（十）技术援助和能力建设

人权理事会常规会议为人权对话和合作提供了便捷的平台，鼓励各组织机构、成员国、团体展开人权教育和培训，并为需要帮助的国家和地区提供咨询服务、技术援助，提升特定国家或地区的人权建设能力。

人权理事会第 10 届会议等数届会议，探讨向索马里提供人权领域的援助及加强刚果民主共和国人权技术合作与咨询服务的相关议题，鼓励国际社会对合法机构提供援助，并审议人权事务高级专员工作报告。

82　A/HRC/37/1.

83　A/HRC/39/1.

84　A/HRC/31/2.

85　A/HRC/41/55.

人权理事会第16届会议根据当前形势，在对刚果民主共和国的人权状况进行关注的同时，以决议形式向布隆迪、几内亚提供或加强技术合作和咨询服务。2013年，随着南苏丹人道主义局势的日益严峻，第23届会议通过向南苏丹提供人权领域技术援助和能力建设的报告，谴责反人道的不法行为，责令行为者停止侵害人权。[86]2014年阿富汗局势动荡，人权状况受到严重破坏。第25届会议通过决议，提供并扩大阿富汗人权和法治领域的咨询服务和技术合作，同时会议还决定向利比亚、索马里、中非共和国提供并持续加强在几内亚的技术合作和咨询服务。[87]第33届会议不断扩大援助范围，以审议报告的形式关注向柬埔寨、也门、刚果民主共和国、乌克兰、布隆迪、利比亚提供人权领域的技术援助和能力建设状况，呼吁在报告的基础上展开互动对话。[88]此后，2018年第36届会议在第30届会议的基础上，进一步扩大人权技术援助和咨询范围，将中非共和国、索马里、苏丹囊括在内，同时加强与格鲁吉亚的合作，提升各国保护人权的能力建设。

二、人权理事会特别会议

（一）人权理事会特别会议程序

人权理事会特别会议举行的条件是人权理事会一名成员请求并获得理事会1/3成员的支持。人权理事会特别会议议事规则与常规会议适用的议事规则一致。

根据人权理事会议事规则以及体制建设方案（A/HRC/RES/5/1），

86 A/HRC/23/2.

87 A/HRC/25/2.

88 A/HRC/33/1.

特别会议程序如下：

第一，召开特别会议的请求要向人权理事会主席和人权理事会秘书处提出。在正式请求提出后，特别会议要尽快召开，但原则上不早于正式收到请求后两个工作日，也不晚过其后五个工作日。除非人权理事会另行决定，特别会议的时间不得超过三天（六次工作会议）。

第二，在会议召开前，人权理事会秘书处要将要求举行特别会议的请求和提出国在请求中提供的其他任何资料以及特别会议的召开日期，立即通报所有联合国会员国，并以最方便迅速的通讯手段，通知各专门机构、其他政府间组织和各国的国家人权机构以及具有咨商地位的非政府组织。特别会议的文件，尤其是决议和决定草案，应以所有联合国官方语言公平、及时和透明地分发。同时，人权理事会主席应在特别会议召开之前，就会议的进行和组织工作举行不限名额的非正式磋商。为此，也可请秘书处提供补充资料，包括关于以往历届特别会议工作方法的资料。

第三，人权理事会成员国、相关国家、观察员国、专门机构、其他政府间组织和国家人权机构以及具有咨商地位的非政府组织，均可根据人权理事会的议事规则，向特别会议提交材料。如果请求召开特别会议的国家或其他国家准备在特别会议上提出决议或决定草案，则应根据人权理事会的相关议事规则，提供决议或决定草案的案文，但应敦促提案国尽早提交案文。决议或决定草案的提案国应就其决议或决定草案的案文举行不限名额的磋商，以求各方尽量广泛地参与审议，如有可能争取达成协商一致。特别会议应允许开展广泛参与的辩论，注重成果并着眼于取得实际有用的结果，其落实情况能够加以监测并能够向人权理事会下届常规会议提出报告，以做出可能的后续决定。[89]

（二）人权理事会特别会议决议

自 2006 年 7 月 5 日第一届特别会议以来，人权理事会已召开 34 届特别会议，其中绝大部分会议关注特定国家或地区的人权状况，包括：巴勒斯坦被占领土、黎巴嫩、达尔富尔、缅甸、刚果民主共和国、科特迪瓦、阿拉伯利比亚、叙利亚、中非共和国、伊拉克、布隆迪、南苏丹、阿富汗、埃塞俄比亚；仅有 4 届会议对专题人权问题进行关注，例如：世界粮食问题（第七届特别会议[90]）、全球经济和金融危机（第 10 届特别会议[91]）、海地震后恢复援助（第 13 届特别会议[92]）、恐怖主义袭击中的人权问题（第 23 届特别会议[93]）。人权理事会通过召开特别会议，审查相关国家和地区人权状况，听取联合国人权事务高级专员专门性发言，谴责侵犯人权的不法行为，要求停止侵害，同时与人权机构和人道主义机构进行合作。据统计，在特别会议决议中，关注国家或地区人权问题的决议占比 88% 以上，大致情况如下：

1. 巴勒斯坦被占领土的人权状况。人权理事会特别会议重点关注巴勒斯坦被占领土的人权状况。相关决议 8 项，约占特别会议决议总数的 24%，涉及侵犯自由权、生命权、妇女儿童权利、宗教信仰与自由，袭击平民，限制封锁，违反国际法等多种侵犯人权行动。

2. 阿拉伯叙利亚共和国的人权状况。自 2011 年 4 月 29 日第 16 届

89 A/HRC/RES/5/1.

90 A/HRC/S-7/2.

91 A/HRC/S-10/2.

92 A/HRC/S-13/2.

93 A/HRC/RES/S-23/1.

特别会议到 2012 年 6 月 1 日第 19 届特别会议及 2016 年 10 月 21 日第 25 届特别会议，共五届特别会议对阿拉伯叙利亚共和国的人权状况进行特别关注，并做出 5 项相关决议。

3. 其他阿拉伯国家。除叙利亚以外，人权理事会特别会议对其他阿拉伯国家也多有关注，迄今已做出 5 项决议，分别对黎巴嫩（第二届特别会议决议[94]）、苏丹达尔富尔（第四届特别会议决议[95]）、利比亚民众国（第 15 届特别会议决议[96]）、伊拉克（第 22 届特别会议决议[97]）、苏丹（第 32 届特别会议决议[98]）发生的大规模侵犯人权的问题进行关切。

4. 其他非洲国家。除以上已提到的国家外，特别会议对非洲地区国家的关注相较其他大洲更为紧密，决议中涉及中非地区有 2 项，西非地区 1 项，东非地区 3 项。

5. 缅甸。人权理事会特别会议针对缅甸问题通过三项决议。

6. 其他地区。例如，2009 年 5 月 26 日第 11 届特别会议对斯里兰卡发生的暴力问题表示关切；[99]2021 年 8 月 24 日人权理事会第 31 届特别会议对阿富汗的人权状况表示关切。[100]

94　A/HRC/S-2/2.

95　A/HRC/S-4/5.

96　A/HRC/RES/S-15/1.

97　A/HRC/S-22/4.

98　A/HRC/S-32/1.

99　A/HRC/S-11/2.

100　A/HRC/S-31/2.

第五节 人权理事会会议决议

人权理事会决议主要由常规会议和特别会议经法定程序通过。据统计，人权理事会 2006 年至 2022 年 5 月共通过约 1378 项决议，其中 48 届常规会议通过约 1341 项决议，34 届特别会议每届会议通过一个决议共 34 项决议，其他会议（第一次组织会议）通过 3 项决议。

一、人权理事会常规会议决议

通常，人权理事会常规会议决议经有关成员国代表介绍决议草案，对决议草案做出口头修订、一般性评论，表决前或表决后发言解释投票。根据大会议事规则第 153 条，提请理事会注意该决议草案估计所涉行政和方案预算问题等程序后，以未经表决和表决两种形式获得通过。截至人权理事会第 48 届常规会议，未经表决通过的决议有 912 项，占常规会议决议总数的 72.38%；表决通过的决议有 348 项，约占 27.62%。决议内容涉及报告审查、对专题和地区人权状况的关注、国际公约的后续行动和执行情况、提供技术援助和能力建设等。

（一）审查报告

人权理事会常规会议审议联合国人权事务高级专员的年度报告以及高级专员办事处的报告和秘书长的报告，通过决议。这些决议包括：涉及专题和国别报告员报告审查的决议以及涉及国际独立实况调查团和委员会报告的决议。例如，第九届常规会议审议人权事务高级专员提交的反对诋毁宗教的行为研究报告决议；第 24 届常规会议审议秘书长提交的五年一度的关于死刑和保护死刑犯权利的保障措施执行情况报告决议；[101] 在第 25 届常规会议上听取并审议的关于五岁以下儿童可预防的死亡和发病问题作为一项人权问题以及加大力度防止和消除童婚、早婚和强迫婚姻问题报告决议。[102]

（二）关注地区人权状况的决议

根据人权理事会常规会议的职能定位和议程安排，涉及专题和地区人权状况的决议在常规会议决议中占 50% 以上。例如，历届常规会议均关注对巴勒斯坦人民自决的权利以及巴勒斯坦被占领土的人权状况相关决议的后续行动。据统计，人权理事会常规会议专门针对该问题通过 60 余项决议。例如，针对人权理事会第 S-9/1、S-12/1、S-13/9、S-16/20 以及 S-30/2 号决议，第 17 届常规会议上与会者对决议的后续行动展开一般性辩论并发言，呼吁相关国家切实履行决议。[103] 除持续关注巴勒斯坦地区人权状况外，人权理事会数届常规会议关注朝鲜民主主义人民共和国、伊朗伊斯兰共和国、缅甸、苏丹、阿拉伯叙利亚共和国等的人权状况，对人权专家提交的报告进行审议并通过相关决议。

常规会议还关注突发性的侵犯人权事件，为此在决议中通过设立或延长特别程序任务、派遣国际调查团、任命特别报告员等多种方式应对地区突发问题。例如，关注政变后的洪都拉斯人权状况、对阿拉伯叙利亚共和国的人权和人道主义状况展开紧急辩论，关注塞浦路斯、委内瑞拉玻利瓦尔共和国人权的最新情况。

（三）有关人权专题的决议

人权理事会历届常规会议均关注公民权利、政治权利、经济社会和

101　A/HRC/24/2.

102　A/HRC/26/2.

103　A/HRC/17/2.

文化权利，包括发展权，并对当下突出的人权专题问题进行讨论研究，以决议方式提请各国注意，对严重侵犯人权的问题进行调查和谴责，对新出现的问题如网络人权问题、精神健康人权问题表示关注。在历届会议的决议中，“发展权”“人权与国际团结”“食物权”决议出现频次最高，分别是 17 次、14 次、14 次，在常规会议总决议数量中分别占比 1.30%、1.07%、1.07%。此外，常规会议就部分问题提请人权事务高级专员完成情况报告，在下届常规会议上进行审议。例如，第 21 届会议讨论了饮水卫生、工商业与人权、孕产妇死亡与发病率、以雇佣军手段侵犯人权、腐败、危险物质处理、恐怖分子劫持人质、老年人、劳动者等领域的人权问题，会议提请各方根据相关人权公约的规定，对相关人权问题进行关注，并鼓励各方采取保障人权与自由的举措。[104] 第四十届会议在持续关注失踪人员、儿童权利、残疾人权利、暴力侵害妇女、食物权、文化权等问题之外，还对恐怖主义与人权、防止灭绝种族、国家外债和其他有关国际金融义务对充分享有所有人权的影响、数字时代的隐私权等问题表示关注，通过对报告进行审议，对问题的现状和解决建议进行分析。

人权理事会常规会议决议还涉及新兴人权问题。例如，第 20 届会议通过决议，吁请各国关注在互联网上增进、保护和享有人权；[105] 第 32 届会议通过决议，首次将精神健康纳入人权的范畴，关注精神健康与人权，对有精神健康问题或心理残疾者的人权和基本自由问题表示关切，呼吁各国尊重基本人权，对精神健康问题给予更多关注。[106]

---

104 A/HRC/RES/20/8.

105 A/HRC/20/2.

106 A/HRC/32/2.

（四）公约的后续行动和执行情况

人权理事会常规会议通过讨论和审议人权公约工作组报告等形式关注人权公约的履行情况，谴责违约行为，呼吁各国笃实践行公约义务。在历届常规会议决议中，直接涉及公约和宣言的决议共37项，约占常规会议决议总数的2.83%。人权理事会自成立以来就对《维也纳宣言和行动纲领》进行持续关注。2007年6月18日，第五届常规会议在A/HRC/5/1决议的附件中规定了“《维也纳宣言和行动纲领》的后续行动和执行情况”以及“种族主义、种族歧视、仇外心理和相关的不容忍现象，《德班宣言和行动纲领》的后续行动和执行情况”的常规会议议程。[107]该项目由人权理事会成员国、观察员国、国家人权机构的观察员、非政府组织观察员等进行代表性发言，与会方展开一般性辩论，由会议审议提案草案并采取行动。在数届常规会议上，会议就种族主义、种族歧视、仇外心理和相关的不容忍现象与特别程序展开互动对话，在一般性辩论后，为有效落实《德班宣言和行动纲领》政府间工作组行动，审议提案草案并采取行动。[108]此外，常规会议还积极举办人权公约的周年庆祝活动，通过公约完善文件等后续报告文件。

（五）提供技术援助和能力建设

在决议中，涉及提供人权咨询服务和技术援助的决议达120项，占常规会议决议总数的9.19%。例如，第十届常规会议等数届会议在决议中，对向索马里提供人权领域的援助及刚果民主共和国的人权状况和加强技术合作与咨询服务进行讨论，鼓励国际社会提供援助，由人权事务高级专员提出工作报告，并保持持续关注。2013年，随着南苏丹人道

107　联合国人权理事会“联合国人权理事会：体制建设”，A/HRC/5/1。

108　A/HRC/11/37.

主义局势的日益严峻，第 23 届常规会议通过向南苏丹提供人权领域的技术援助和能力建设的报告，在决议中谴责反人道的不法行为，责令行为者停止侵害人权。[109]

二、人权理事会特别会议决议

人权理事会特别会议主要针对人权受到侵犯的案件和紧急事件。特别会议经人权理事会一名成员请求并获得人权理事会 1/3 成员的支持方可启动，其议事规则与人权理事会常规会议适用的议事规则相一致。迄今，人权理事会已依照规定程序召开 34 届特别会议，通过 34 项决议。其中，绝大部分决议与特定国家或地区的人权状况密切相关，包括：巴勒斯坦被占领土、黎巴嫩、达尔富尔、缅甸、刚果民主共和国、科特迪瓦、阿拉伯利比亚、叙利亚、中非共和国、伊拉克、布隆迪、南苏丹、阿富汗、埃塞俄比亚；仅有四项会议（第七届会议、第 10 届会议、第 13 届会议、第 23 届会议）决议涉及专题人权问题，包括：世界粮食问题、全球经济和金融危机、海地震后援助、恐怖主义袭击中的人权问题。

（一）关注国家或地区人权问题

1. 巴勒斯坦被占领土的人权状况

人权理事会特别会议重点关注巴勒斯坦被占领土的人权状况，相关决议 8 项，约占特别会议决议总数的 24%，涉及侵犯自由权、生命权、妇女儿童权利、宗教信仰与自由，袭击平民，限制封锁，违反国际法等多种侵犯人权行动。例如，2006 年 7 月 5 日和 8 日，人权理事会在日内瓦召开第一届特别会议，成员国展开互动交流，以发言和答辩的方式

109 A/HRC/RES/23/24.

了解情况，通过决议 A/HRC/S-1/Res.1。决议提到，人权理事会严重关切由以色列占领所造成的侵犯巴勒斯坦人民人权的行为，要求占领国遵循国际人道主义法和人权法的规定，敦促占领国释放被捕的官员和平民，促请各方遵守人道法规则，决定紧急派遣特别报告员率领的实地调查团，要求谈判解决目前的危机。[110]

人权理事会特别会议认为，以色列持续对被占加沙地带和西岸城市纳布卢斯的军事攻击和入侵，构成对其中巴勒斯坦平民的人权和人道主义权利的严重侵犯。2008 年 1 月 23 日，人权理事会第六届特别会议通过决议，呼吁各方采取紧急国际行动制止侵犯人权行为，呼吁各国根据人权法和人道法对平民进行保护，同时要求占领国解除围困，开放过境点。[111] 由于以色列对联合国行动的不配合，加沙地带人权问题加剧。2009 年 1 月 9 日，人权理事会第九届特别会议通过决议，强烈谴责以色列对巴勒斯坦人民人权的大规模侵犯。会议要求以色列遵循《日内瓦第四公约》等国际人权法和人道法的规定，停止侵犯并撤回军队，决定紧急派遣独立国际实况调查团，请占领国与特别程序任务负责人全面合作，不得阻碍调查工作，并请秘书长对联合国近东巴勒斯坦难民救济和工程处受到攻击的情况进行调查。[112] 继 2008 年以色列不配合联合国救援行动以来，2009 年以色列对东耶路撒冷宗教场所的破坏和限制封锁行为愈演愈烈。2009 年 10 月 15 日，人权理事会召开第 12 届特别会议，通过决议，强烈谴责占领国各项政策措施，谴责占领国没收土地财产、修建隔离墙、限制公民行动自由等侵犯人权的行为，要求占领国尊重宗

110　A/HRC/S-1/3.

111　A/HRC/S-6/L.2.

112　A/HRC/S-9/2.

教权利和自由，停止侵权行动。[113]2018 年，巴勒斯坦被占领土平民开展大规模抗议活动，反对占领国违反国际法行为。2018 年 5 月 18 日，第 28 届特别会议对包括东耶路撒冷在内的巴勒斯坦被占领土平民大规模集会抗议违反以色列国际法的行为进行审议，会议在决议中重申《日内瓦第四公约》的相关规定，对以色列占领军违反国际人道主义法、国际人权法和联合国有关决议行为进行谴责，要求立即停止对平民的一切袭击、煽动和暴力行为，呼吁和平游行活动，并责成占领国以色列履行国际人道主义法规定的义务。会议还派遣国际调查团进行调查，并呼吁各方为调查顺利进行提供保障。[114]2021 年 5 月，人权理事会召开第 30 届特别会议，以确保国际人权法和国际人道法在包括东耶路撒冷在内的巴勒斯坦被占领土和以色列得到尊重。会议决定紧急设立一个由人权理事会主席任命的持续运作的独立国际调查委员会，调查当地违反国际人道法和践踏国际人权法的行为。此外，人权理事会吁请各方在调查过程中积极合作并提供人道主义援助。[115]

2. 阿拉伯叙利亚共和国的人权状况

从 2011 年 4 月 29 日第 16 届特别会议到 2016 年 10 月 21 日的第 25 届特别会议，共有五届特别会议对阿拉伯叙利亚共和国的人权状况表示关注，人权理事会通过五项相关决议。其中，叙利亚政治抗议游行遭到暴力打压、屠杀事件及 2016 年阿勒颇的暴力升级事件等引发特别会议的关注。

2011 年 4 月 29 日，第 16 届特别会议通过阿拉伯叙利亚共和国人

113 A/HRC/S-12/1.

114 A/HRC/RES/S-28/1.

115 A/HRC/S-30/2.

权现状的相关决议，对在阿拉伯叙利亚共和国最近和正在发生的政治抗议中数百人死亡深表遗憾，并对这一事件中涉嫌蓄意杀害、逮捕和平抗议者并施以酷刑表示严重关切。会议注意到秘书长、人权高级专员和特别程序报告员的声明，明确“谴责叙利亚当局对和平抗议者使用致命的暴力行为，吁请释放被拘留人员并停止对和平示威人员的打击报复”。会议敦促叙利亚政府扩大政治参与范围，开展公正调查，同时请特别程序负责人给予特别关注，请人权高专办紧急派遣特派团，并呼吁叙利亚政府配合调查，同时请秘书长和高级专员提供支持。[116]

2011 年 8 月 22 日，人权理事会召开第 17 届特别会议。会议在第 16 届会议决议的基础上，呼吁叙利亚彻底履行其承担的国际人权法义务，促请叙利亚当局允许媒体不受限制地运作。同时，会议促请叙利亚确保人道主义机构进入和通行，并决定紧急派遣由人权事务理事会主席任命的独立的国际调查团，展开透明、独立和及时的调查，吁请叙利亚政府与调查团全力合作。[117]2011 年 12 月 2 日，第 18 届特别会议召开，再次强调对叙利亚违反国际人权法的行为追究责任。会议要求叙利亚政府注意民愿和诉求，确保外国国民尤其是外交人员的人身和财产安全，并请其他调查机构继续开展工作。此外，会议还赞扬并支持阿拉伯联盟的努力和措施，吁请叙利亚当局尽快全面执行阿盟的《行动计划》。[118]

2012 年 5 月 26 日，叙利亚中部霍姆斯省胡拉镇遭到大屠杀，死亡 108 人，其中包括 49 名儿童和 34 名妇女。2012 年 6 月 1 日，第十九届特别会议对该事件表示关注，决议强烈谴责对平民使用重武力并残忍杀

116　A/HRC/RES/S-16/1.

117　A/HRC/S-17/2.

118　A/HRC/S-18/2.

害 49 名未满十岁儿童的残暴行为。会议要求紧急、全面、立即无任何先决条件地实施联合国和阿拉伯国家联盟联合特使科菲·安南提出的、安全理事会第 2042(2012) 决议所附的六点建议的全部内容。[119]

2016 年 10 月，阿勒颇暴力行动不断升级，不分青红皂白的空中轰炸行动造成数目惊人的平民伤亡。2016 年 10 月 21 日，第 25 届特别会议召开，会议通过决议，强烈谴责一切针对平民和民用基础设施的袭击，并对恐怖主义组织“伊拉克和黎凡特伊斯兰国”控制人员表示强烈谴责。会议要求叙利亚冲突各方履行国际人权义务，停止空中轰炸和敌对行动，要求各方确保联合国和执行伙伴的人道主义通行要求。会议重申，叙利亚当前危机唯一持久的解决办法是开展叙利亚人主导的包容各方的政治进程，以建立有充分行政权力的过渡治理机构，并与特使和调查团展开真诚合作。[120]

3. 其他阿拉伯国家

除叙利亚以外，人权理事会特别会议迄今已做出五项决议，分别对黎巴嫩（第二届特别会议）、苏丹达尔富尔（第四届特别会议）、利比亚民众国（第 15 届特别会议）、伊拉克（第 22 届特别会议）以及苏丹（第 32 届特别会议）发生的大规模侵犯人权的问题表示关切。

2006 年 8 月 11 日，第二届特别会议对以色列大规模侵犯黎巴嫩人民人权的行为感到震惊，重申国际人权公约和生命权，强烈谴责以色列进行的不加区别的大规模空袭，对以色列不受惩罚地滥杀黎巴嫩境内的儿童、妇女、老人和其他平民感到愤慨，呼吁以色列立即停止对平民的

119 A/HRC/S-19/2.

120 A/HRC/S-25/2.

侵害行动并遵循国际人道法规则。[121]

2006 年 12 月 12 日，第四届特别会议通过决议，对苏丹达尔富尔人权状况表示关切，欢迎各方签署《达尔富尔和平协定》，同时欢迎苏丹政府加强与人权理事会及其他机制的合作。同时，会议决定派遣一个高级别特派团，在秘书长和联合国人权事务高级专员支持下公正独立地开展工作。[122]

2011 年 2 月 25 日，第 15 届特别会议对阿拉伯利比亚民众国的人权状况表示关切，会议重申了对生命权和自由的尊重，明确反对利比亚政府最高层煽动对平民的敌对和暴力行为。通过对各界声明的关注，会议要求利比亚政府履行职责，释放被捕人员，停止网络封锁并尊重民意。同时，会议通过决议，紧急呼吁利比亚举行全民对话并遵守承诺，保障人权和人道主义机构顺利开展援助工作，并决定紧急派遣独立国际调查委员会到利比亚开展调查工作。[123]

2014 年 9 月 1 日，人权理事会应伊拉克代表请求，召开主题为"在所谓的'伊拉克和黎凡特伊斯兰国'及相关团体暴行背景下的伊拉克人权状况"的第 22 届特别会议。会议通过决议，对伊拉克境内侵犯和践踏人权、违反国际人道主义法的现象表示关切，对恐怖主义的暴行进行强烈谴责。会议敦促各方遵守国际人权法和人道法，保护平民，对恐怖主义势力进行责任追究，并吁请伊拉克新政府接纳社会的所有成员，呼吁国际社会给予帮助。同时，会议请人权高专办紧急派团展开调查并收

121　A/HRC/S-2/2.

122　A/HRC/S-4/5.

123　A/HRC/RES/S-15/1.

集证据。[124]

2021 年 11 月 5 日，人权理事会第 32 届特别会议召开，强烈谴责苏丹军方于 2021 年 10 月 25 日对阿卜杜拉·哈姆杜克总理领导的过渡政府实行军事接管、暂停过渡机构和单方面实施违反《苏丹宪法宣言》和《朱巴和平协议》条款的措施。会议深度关切过度使用武力造成和平示威者被打死打伤事件，强调充分尊重人权的重要性，敦促苏丹所有行为体表现出最大限度的克制，避免采取暴力和进一步的侵犯和践踏人权行为。此外，会议请高级专员指定一名苏丹人权问题专家，以监测苏丹人权形势的发展变化。[125]

4. 其他非洲国家

（1）中非地区

针对 2008 年 8 月 28 日敌对行动再次爆发以来刚果民主共和国东部北基伍省不断恶化的人权和人道主义情况，2008 年 11 月 28 日，人权理事会召开第八届特别会议，通过决议，呼吁立即停止侵犯人权的行动，敦促所有各方允许和便利人道主义援助，谴责地区暴力行为，强调刚果民主共和国政府负有首要责任。同时，会议强调必须加强当地特派团的任务，呼吁国际社会为谋求和平稳定提供援助，并欢迎专题特别程序进行调查研究，为实现地区稳定而展开工作。[126]

2014 年 1 月 20 日，第 20 届特别会议对中非共和国安全局势不断恶化、多次发生侵犯和践踏国际人权法行为的状况深表关切，决议鼓励国内各方开展宗教间和部族间对话，并责成各方立即停止一切侵犯和践

124 A/HRC/S-22/4.

125 A/HRC/S-32/2.

126 A/HRC/S-8/2.

踏人权行为及暴力行为，保护平民免遭暴力。同时，决议呼吁各方为人道主义援助提供便利，吁请国际社会提供援助和支持。会议强调派遣独立专家的紧迫性，并请各方积极配合专家调查。[127]

（2）西非地区

2010 年 12 月 23 日，第 14 届特别会议通过决议，对 2010 年总统大选结束后科特迪瓦的暴行和侵犯人权行为表示关切。决议吁请科特迪瓦国内各方积极制止暴行，维护和平安全，促请国防和安全军队展开防暴行为、注意媒体行为，呼吁国际社会对科特迪瓦提供援助和支持，并请联合国特别程序和人权高专办在工作领域内展开调查并提交报告。[128]

（3）东非地区

2015 年 12 月 17 日，第 24 届特别会议关注到布隆迪近期暴力行为增加并发生严重侵犯和践踏人权行为，会议考虑到该区域过去发生过大规模暴行，欲通过会议进一步防止局势恶化。会议决议强调调解及和平解决争端的重要意义，强烈谴责各方侵犯践踏人权的行为，强烈敦促所有行为方遵守《阿鲁沙协定》，避免发表加深冲突的言论，并吁请布隆迪当局承担国际义务，展开侵犯人权行为的调查。决议深为关切逃往邻国的 22 万名布隆迪难民和无数境内流离失所者的状况，吁请国际社会提供援助。同时决议对国际社会多方派遣的调查团表示欢迎，紧急派遣由独立专家组成的调查团开展调查并与布隆迪当局进行接触，以推进冲突的化解。[129]

2016 年 12 月 14 日，第 26 届特别会议深感震惊地注意到南苏丹一

127　A/HRC/S-20/2.

128　A/HRC/S-14/1.

129　A/HRC/S-24/2.

些地区出现的攻击平民、性暴力、性别暴力等族裔清洗行为，强烈谴责一切针对人道主义人员和设施的袭击，强烈谴责 2016 年 7 月初政府与武装反对派之间爆发的暴力事件。会议通过决议，确认必须及时为性暴力和性别暴力幸存者提供援助和保护，强调法治的重要性，吁请南苏丹政府展开责任追究，并保护民众表达自由及和平集会的权利。决议强烈敦促各方停止侵犯人权的行为，建立过渡时期司法制度，并请高级专员和特派团积极开展调查工作。[130]

2021 年 12 月 17 日，人权理事会在第 33 届特别会议强烈谴责冲突各方自 2020 年 11 月 3 日冲突爆发以来在埃塞俄比亚北部犯下的所有侵犯和践踏人权以及违反国际人道法和国际难民法的行为。会议呼吁冲突各方立即停止一切侵犯和践踏人权以及违反国际人道法和国际难民法的行为，避免直接攻击平民，吁请各方为人道主义援助提供便利并承担各自的责任。此外，会议决定设立一个关于埃塞俄比亚问题的国际人权专家委员会，以对联合调查组开展的工作形成补充，并吁请各方为专家组提供准入便利。[131]

5. 缅甸

人权理事会特别会议针对缅甸问题通过了两项决议。2007 年 10 月 2 日，人权理事会召开第五届特别会议，强烈谴责缅甸对和平示威者施加暴力的行为，决议促请缅甸政府确保充分尊重人权和基本自由，释放被捕人员，接触对和平政治活动的限制。同时决议促请缅甸与人权高级专员、人权组织及特别报告员开展对话和合作，以保障调查工作的顺利

130 A/HRC/S-26/2.

131 A/HRC/S-33/1.

进行。[132]

2017年来，缅甸种族问题加剧，暴力行为致70多万罗兴亚人流离失所。2017年12月5日，人权理事会召开第27届特别会议，呼吁缅甸政府公开谴责任何煽动仇恨、紧张关系或暴力的行为。决议强烈谴责了在若开邦的严重侵犯和践踏人权的行为，呼吁缅甸政府采取一切必要措施，防止族群的宗教场所、墓地等受到破坏，为受害者伸张正义，并与实况调查团合作。同时，决议呼吁缅甸政府充分尊重人权和基本自由，确保返乡者人权，着手处理罗兴亚危机的根本原因，鼓励国际社会对受难者的支持与帮助，并请特别程序、联合国人权事务高级专员和调查团开展调查工作。[133]

2021年2月，人权理事会注意到安全理事会在2021年2月4日就缅甸局势发表的媒体声明，痛惜缅甸人民在2020年11月8日大选中选举产生的政府被推翻。所有议会议员的任期被中止，呼吁恢复选举产生的政府。会议紧急呼吁立即无条件释放所有被任意拘留者，解除紧急状态。会议强调避免暴力，充分尊重人权、基本自由和法治，并呼吁立即依照国际人权法解除对互联网、电信和社交媒体的限制。此外，会议积极鼓励按照缅甸人民的意愿寻求对话与和解，强调需要解决若开邦危机的根源问题，并请联合国人权事务高级专员和缅甸人权状况特别报告员评估缅甸目前的人权状况，持续关注最新情况。[134]

6. 其他地区

2009年5月26日，第11届特别会议对斯里兰卡发生的暴力问题

---

132 A/HRC/S-5/2.

133 A/HRC/S-27/3.

134 A/HRC/S-29/2.

表示关切，通过决议谴责猛虎组织（泰米尔猛虎解放组织）对平民百姓发起的一切攻击及其利用平民作为人肉盾牌的做法，赞扬和欢迎斯里兰卡为解决国内流离失所者的紧迫需求而采取的安置措施，鼓励斯里兰卡与联合国组织合作并和平解决冲突。[135]

2021 年 8 月 24 日，人权理事会召开第 31 届特别会议，对阿富汗境内一切侵犯和践踏人权以及违反国际人道法的行为表示严重关切。会议敦促冲突各方尊重国际法义务，呼吁立即停火并停止使用暴力，呼吁开展包容和有意义的和平与和解进程，并呼吁各方提供人道主义援助。会议还强调需要对冲突各方实施的所有侵犯和践踏人权及违反国际人道法行为的报告进行透明和迅速的调查，并对责任者追究责任。[136]

（二）关注专题性人权问题

1. 食物权

2008 年 5 月 22 日，第七届特别会议铭记国际公约和宣言中对粮食问题的关注，在决议中认识到现今世界粮食日益恶化问题的严峻性，呼吁各国采取合作等措施以实现食物权，强调国家为弱势群体和家庭提供所需粮食的首要责任。同时，会议通过决议，呼吁成员国和利益各方及相关国际组织积极参加高级别会议，将人权观纳入世界粮食危机分析的主流，推动实现世界各国人民的食物权。[137]

2. 全球经济和金融危机对人权的影响

2009 年 2 月 20 日，第 10 届特别会议通过全球经济和金融危机对经济和社会发展以及对所有国家充分享受所有人权的不利影响的相关决

---

135 A/HRC/S-11/2.

136 A/HRC/S-31/2.

137 A/HRC/S-7/2.

议，呼吁各国关注脆弱群体，建立社会安全网，并在国际社会建立公平无歧视的多边贸易制度。同时，召开高级别小组会议讨论相关问题，并请特别报告员和条约机构对世界范围内的影响进行考察并提出建议。[138]

3. 海地震后恢复援助

2010 年 1 月 27 日，第 13 届特别会议对 1 月 12 日地震后海地所受损失和人权问题表示关切，通过决议呼吁国际社会提供重建援助，并鼓励海地国内重建国际机构，通过与特别程序合作，在加快恢复进程中尊重和保障人权。[139]

4. 打击恐怖主义

2015 年 4 月 1 日，第 23 届特别会议通过决议，强烈谴责恐怖团体“博科哈拉姆”组织犯下的绑架、袭击等严重践踏国际人权法和违反国际人道主义法的行为，呼吁断绝对恐怖主义组织的一切支助并协力共同打击恐怖主义。同时，决议请各国做好国内人权保护工作，并请人权高级专员做好调查工作，以追究恐怖主义组织的责任。[140]

第六节　人权理事会年度报告

自 2006 年人权理事会成立以来，人权理事会定期向联合国大会提交年度报告，交由联合国大会审议。除定期提交年度报告之外，人权理事会会议通过决议的，还要提交补充报告。截至 2021 年底，人权理事会已向联合国大会提交 32 次报告，其中包括 16 次正式年度报告和 16

138　A/HRC/S-10/2.

139　A/HRC/S-13/2.

140　A/HRC/RES/S-23/1.

次补充报告。

报告对人权理事会本年度的工作概况进行总结，载有当年度常规会议、特别会议及其他会议（组织会议）上通过的决议、决定（主要是进行普遍定期审议的决定）以及主席声明，同时还包括当年人权理事会的各种活动情况（如召开人权公约周年纪念活动）等。在年度报告中，人权理事会还列明提请大会审议和采取可能行动的决议，由会议进行讨论并做出最终审议结果。例如，2018 年人权理事会在提交联合国的报告（A/73/53）中，按会议届次详细列明了人权理事会第 37 届和第 38 届常会以及第 27 届和第 28 届特别会议通过的 64 项决议（其中包括第 37 届常会决议 42 项，第 38 届常会决议 20 项，第 27 届和第 28 届特别会议决议各一项）以及进行普遍定期审议的 28 项决定。同时，人权理事在 2018 年报告中单独载明提请大会审议或采取行动的“阿拉伯叙利亚共和国的人权状况”和“确保对包括东耶路撒冷在内的巴勒斯坦被占领土上的所有违反国际法行为追究责任并伸张正义”两项决议，以及当年 3 月 22 日为纪念纳尔逊 · 曼德拉为争取人权而斗争的精神而举办的“纪念纳尔逊 · 曼德拉百年诞辰高级别闭会期间讨论会”期间的决议。

人权理事会在 2006 年至 2021 年 12 月共通过约 1342 项决议，其中 48 届常规会议共通过约 1306 项决议，33 届特别会议每届会议通过一个决议共 33 项决议，其他会议（第一次组织会议）通过 3 项决议，其中提请大会审议和采取可能行动的决议 83 项。在提交联合国大会的报告中，决定的总数为 649 项，其中 98% 以上是有关普遍定期审议中受审议国的审议结果的决定。主席声明共 50 项。不过，在 2006 年－2009 年的年度报告中，几乎并未出现主席声明，在之后各届会议的年度报告中，主席声明数目平均为 1-2 个。

表 3：2006–2021 年人权理事会年度报告中决议、决定、主席声明及提请大会审议和采取可能行动的决议数目统计

年份	编号	会议	决议总数	决定总数	主席声明总数	提请大会审议和采取可能行动的决议数目
2006	A/61/53	第一届会议(2006年6月19日至30日) 第一届特别会议(2006年7月5日至6日) 第二届特别会议(2006年8月11日)	7	7	2	0
2007	A/62/53	第二届会议(2006年9月18日至10月6日和11月27日至29日) 第三届会议(2006年11月29日至12月8日) 第四届会议(2007年3月12日至30日，补编第53号(A/62/53) 第五届会议(2007年6月11日至18日) 第一次组织会议(2007年6月19日至22日) 第三届特别会议(2006年11月15日) 第四届特别会议(2006年12月12日至13日)	26	31	0	0
2008	A/63/53	第六届会议(2007年9月10日至28日和12月10日至14日) 第七届会议(2008年3月3日至28日和4月1日) 第八届会议（2008年6月18日） 第五届特别会议(2007年10月2日) 第六届特别会议(2008年1月23日至24日) 第七届特别会议(2008年5月22日)	90	38	4	0
	A/63/53/Add.1	第九届会议(2008年9月8日至24日)	19	3	2	0

2009	A/64/53	第八届特别会议(2008年11月28日) 第九届特别会议(2009年1月9日) 第十届特别会议(2009年2月20日) 第十届会议(2009年3月2日至3月27日) 第十一届特别会议(2009年5月26日)第十一届会议(2009年6月2日至6月18日)	49	34	1	2
	A/64/53/Add.1	第十二届特别会议(2009年10月15日)	1	0	0	0
2010	A/65/53	第十二届会议(2009年9月14日至10月2日) 第十三届会议(2010年3月1日至26日) 第十四届会议(2010年5月31日至6月18日) 第十三届特别会议(2010年1月27日至28日)	72	55	1	0
	A/65/53/Add.1	第十五届会议(2010年9月13日至10月1日)	28	17	2	7
2011	A/66/53	第十六届会议(2011年2月28日至3月25日) 第十七届会议(2011年5月30日至6月17日) 第十四届特别会议(2010年12月23日) 第十五届特别会议(2011年2月25日) 第十六届特别会议(2011年4月29日) 第十七届特别会议(2011年8月22日至23日)	65	38	1	10
2011	A/66/53/Add.1	第十八届会议 (2011年9月12日至30日和10月21日)	28	21	2	1
	A/66/53/Add.2	第十八届特别会议 (2011年12月2日)	1	0	0	1
2012	A/67/53	第十九届会议(2012年2月27日至3月23日) 第二十届会议(2012年6月18日至7月6日) 第十九届特别会议(2012年6月1日)	62	19	3	3
2012	A/67/53/Add.1	第二十一届会议 (2012年9月10日至28日和11月5日)	33	14	0	4
2013	A/68/53	第七次组织会议(2013年1月14日和29日) 第二十二届会议(2013年2月25日至3月22日) 第二十三届会议(2013年5月27日至6月14日)	60	32	3	4
	A/68/53/Add.1	第二十四届会议(2013年9月9日至27日)	35	18	1	2

2014	A/69/53	第二十届特别会议(2014年1月20日) 第二十五届会议(2014年3月3日至28日) 第二十六届会议(2014年6月10日至27日) 第二十一届特别会议(2014年7月23日)	72	33	2	5
	A/69/53/Add.1	第二十二届特别会议（2014年9月1日） 第二十七届会议(2014年9月8日至26日)	33	14	4	1
2015	A/70/53	第二十八届会议(2015年3月2日至27日) 第二十三届特别会议(2015年4月1日) 第二十九届会议(2015年6月15日至7月3日)	60	28	4	6
	A/70/53/Add.1	第三十届会议(2015年9月14日至10月2日)	29	15	2	5
2016	A/71/53	第二十四届特别会议(2015年12月17日) 第三十一届会议(2016年2月29日至3月24日) 第三十二届会议 (2016年6月13日至7月1日和7月8日)	71	31	1	4
	A/71/53/Add.1	第三十三届会议(2016年9月13日至30日)	30	14	1	0
	A/71/53/Add.2	第二十五届特别会议(2016年10月21日)	1	0	0	0
2017	A/72/53	第二十六届特别会议(2016年12月14日) 第三十四届会议(2017年2月27日至3月24日) 第三十五届会议(2017年6月6日至23日)	77	12	2	4
2017	A/72/53/Add.1	第三十六届会议(2017年9月11日至29日)	32	15	1	1

2018	A/73/53	第二十七届特别会议(2017年12月5日) 第三十七届会议(2018年2月26日至3月23日) 第二十八届特别会议(2018年5月18日) 第三十八届会议(2018年6月18日至7月6日)	64	28	2	2
	A/73/53/Add.1	第三十九届会议(2018年9月10日至28日)	23	14	1	2

| 第三章 |

人权理事会
普遍定期审议机制

第一节 普遍定期审议机制的建立与意义

普遍定期审议（Universal Periodic Review, UPR）是一个独特的程序，涉及对所有联合国成员国的人权记录进行审议。它由人权理事会主持并由国家主导，每个国家借此公开其为改善国内人权状况而采取的行动及其履行人权义务的情况。作为人权理事会机制的一个重要内容，普遍定期审议旨在确保一视同仁地评估每个国家的人权状况。这一新机制的最终目标是改善各国的人权状况，并设法解决在任何地方发生的侵犯人权事件，这一普遍机制目前是独一无二的。

一、普遍定期审议机制的建立背景

联合国人权理事会的前身是联合国人权委员会。根据《联合国宪章》第 68 条，联合国人权委员会于 1946 年 12 月 10 日设立并对联合国经济及社会理事会负责。根据联合国经济及社会理事会的决议，人权委员会的职责在于制定国际人权公约、受理人权来文、审查国别人权、审议人权专题等。但是冷战结束以来，人权委员会通过的 100 多项决议几乎全部针对发展中国家，没有一个欧美国家受到审议。发达国家一直把持着人权话语权，运用双重标准压制发展中国家的声音，使得人权委员会逐渐失信于国际社会。

鉴于人权委员会高度政治化的操作模式和发展中国家的普遍不满，2004 年，时任联合国秘书长安南召集了一个高级别工作组（the High-level Panel on Threats, Challenges and Changes）。该小组在年底递交的报告《应对 21 世纪的挑战——一个更为安全的世界》中提出建议，成立人权理事会取代人权委员会。2005 年，安南向第 59 届联合国大会提交了《大自由：实现所有人的发展，安全和人权》（In Larger Freedom: Towards Development, Security and Human Rights for All）报告，提出将人权问题从经济和社会领域中分出来，成为与安全、发展并重的主要议题，报告提议设立人权理事会，设置同侪审议工作职能（Peer Review Function)，其目的在于评价各国履行人权义务的情况，且每个会员国都将定期接受审议。这就是普遍定期审议机制设想的来源。

2006 年 3 月 15 日，联合国大会通过“建立人权理事会”的第 60/125 号决议，创设一个由 47 个联合国成员国组成的人权理事会以取代人权委员会，修正人权委员会的缺陷。该决议授权人权理事会“根据客观和可靠的信息，对每个国家实现人权的状况进行普遍定期审查。决议强调，所有国家不论其政治、经济和文化制度为何，都有义务促进和保护所有人权和基本自由，确保所有国家的覆盖面和平等待遇的普遍性；审查应是一个基于互动对话的合作机制，有关国家充分参与并考虑到其能力建设需要；这种机制应补充而不是重复条约机构的工作”，确保“人权问题考虑上的普遍性、客观性、非选择性，并消除人权问题的双重标准和政治化倾向”。[1] 鉴于此前人权委员会工作的缺陷，该项决议也同时描绘出了无差别地平等审议各个国家人权状况机制的蓝图。2007 年 6 月 18 日，人权理事会根据这一蓝图，通过了“联合国人权理事会的体制建设”第 5/1 号决议，正式确立了人权普遍定期审议机制。该机制的目的在于促进人权实现的普遍性和不可分割性，在交互对话和合作的基

1　A/RES/60/251.

础上，以客观、非选择性、非对抗性、去政治化的方式审议各个国家的人权状况，并对普遍定期审议机制的工作原理、审议目标、周期性安排、工作模式和程序、审议工作的后续行动等做出了具体安排。

二、普遍定期审议机制的特征与意义

（一）普遍定期审议机制的特征

首先，普遍定期审议机制设立的指导哲学在于非选择性、普遍性，即所有国家都要接受审查，并且人权理事会成员应在其任期内带头接受审查，以确保审议机制的公平性。相较于人权委员会时代的“指手画脚”和“点名羞辱”，普遍定期审议机制则更强调“建立在客观可靠资料和平等对话基础上的合作机制”和关注国家能力建设，旨在通过技术协助和实践范例分享来帮助相关国家改善人权状况、保护并推广人权。这都反映了普遍定期审议机制在工作哲学和工作技术方面的革新与进步，有利于改善人权审议的政治化倾向，推动国际人权事业向着更加公正和合理的方向发展。

其次，普遍定期审议机制是联合国人权条约机构监督体系的补充机制。对于国家来说，如果它没有加入一项人权条约，就无需向该人权条约的条约监督机构进行报告。而普遍定期审议机制可以对联合国所有成员国进行人权审议，审议的依据广泛，包括《联合国宪章》《世界人权宣言》、被审议国所加入的人权条约甚至国际人道主义法等具有普遍意义的国际人权标准等。相对于人权条约机构根据某一人权公约、从某一领域对缔约国人权状况进行审议而言，普遍定期审议机制得以全方位地对一国人权状况进行监督和评价。

最后，普遍定期审议机制也是国际社会平衡人权和主权的重要尝试。

主权是一个国家对内至高无上的统治权和对外交往的独立权，尊重和维护国家主权平等是国际法的基本原则之一，也是维护本国人权的基础。如果国家丧失主权，其国民的人权和尊严无从谈起。当然，国家作为国际社会的组成成员，在参与国际交往的过程中并不是绝对自由的。国家往往会签署、批准国际条约，从而使自己的行为受到国际义务的约束。在加入国际人权条约和普遍定期审议的过程中，国家应履行其对人权保护的义务和责任。

（二）普遍定期审议机制的意义

人权理事会第 5/1 号决议明确强调，普遍定期审议是“一个合作性机制”，普遍定期审议“客观、透明、不作选择、具有建设性、非对抗、非政治化地进行”。普遍定期审议涉及所有联合国成员国的人权记录，是建立在对所有国家一视同仁的基础之上的。所有国家都可以借此机会公开宣布其为改善国内人权状况和为克服享有人权的挑战而采取的各种行动。第 60 届联大主席扬 · 埃利亚松评价说，人权理事会“将实行普遍定期审查，作为评估每个国家履行人权义务情况的机制。这样一个机制将确保平等对待所有会员国，防止双重标准和选择性做法”[2]。2006 年 6 月 19 日，在人权理事会第一届会议的高级别会议上，加纳外交部长认为，普遍定期审议机制无一例外地平等和公正地审议每个国家，是确保人权理事会信誉和正直的唯一方法。[3] 马尔代夫代表也认为，普遍

2　《联合国大会第 60 届会议第 72 次全体会议正式记录》，A/60/PV.72，第 2 页。

3　Statements delivered during the High Level Segment of the first Session of the United Nations Human Rights Council, Ghana: Statement by Mr. Nana Akufo-Addo, 19 June 2006, https://www.ohchr.org/Documents/HRBodies/HRCouncil/RegularSession/Session1/HLS/ghana.pdf, visited on 1st June 2021.

定期审议可排除人权审议的选择性。[4]

普遍定期审议是人权理事会的一个重大创新，目前也是独一无二的。[5]菲利普·阿尔斯通教授认为，人权理事会最终的改革进程至少在原则上成功地回应了西方国家和“观点相近国家”的关注，建立了普遍定期审议机制。实际上，它仍然偏离了两大集团的目的，西方国家希望建立深入审查的程序，通过批判式的国别人权结论；“观点相近国家”则希望建立一般性开放程序。[6]因此，人权理事会保留国别决议并设立普遍定期审议，是在“选择性监督”与“普遍性监督”之间达成的妥协。

将特定国家挑出来对其国内人权状况进行审议，是以“点名和羞辱”的方式开展的“公审大会”；对所有国家国内人权状况进行定期审议，则是建立在相互批评和自我批评基础上的“民主生活会”。对联合国所有会员国的人权保护状况进行普遍定期审议，淡化了人权委员会国别审议的选择性监督特征，缓解了人权委员会国别审议中欧美发达国家与发展中国家之间的紧张对峙局面。欧美发达国家不再始终处于审议者或“法官”的位置，它们也需要接受人权理事会对其国内人权状况的审议，这给予了发展中国家参与审议、评判发达国家人权状况的平等机会。在这一带有互动性的监督程序中，之前欧美发达国家和发展中国家之间的角

4 Statements delivered during the High Level Segment of the first Session of the United Nations Human Rights Council, Maldives: Statement by H.E. Dr . Ahmed Shaheed, 21 June 2006, https://www.ohchr.org/Documents/HRBodies/HRCouncil/RegularSession/Session1/HLS/maldives.pdf, visited on 1st June 2021.

5 Basic facts about the UPR, http://www.ohchr.org/CH/HRBodies/UPR/Pages/BasicFacts.aspx, visited on 3 August 2018.

6 Phillip Alston, Reconceiving The UN Human Rights Regime: Challenges Confronting The New UN Human Rights Council, 7 Melbourne Journal of International Law (2006), p. 206.

色固化得以明显缓解，身份和话语地位在形式上趋向平等。某些发展中国家长期处于“被告”的角色固化已经从机制上被破除，欧美发达国家在多边人权机制中主导评判其他国家人权状况的话语垄断地位被打破。

更为重要的是，发展中国家坚持的人权话语也可以在普遍定期审议机制中得以平等表达。普遍定期审议的依据主要是《世界人权宣言》、国际人权公约以及国家承诺的其他人权义务。因此，普遍定期审议过程中就存在这样的话语逻辑：如何理解国际人权规则？被审议国是否履行了国际人权义务？给被审议国提出何种意见和建议？审议国自然会根据自己对国际人权规则的理解，对被审议国提出意见和建议。在这过程中，发展中国家可以对被审议的发达国家提出意见和建议，重申其自身所支持的人权观念和话语。各国都在“审议国”和“被审议国”的身份之间交替变动，发展中国家的平等表达权利得到普遍定期审议的机制保障。发达国家和发展中国家可以互相对对方国内人权问题提出意见和建议，这是不同国家在同一机制平台上相互传递人权观念的观点互动和建设性对话。因此，相比较国别审议而言，普遍定期审议更加有利于促进人权交流与合作。

第二节　普遍定期审议机制的运行与完善

一、普遍定期审议的基本过程

根据人权理事会的“体制建设方案”，普遍定期审议工作组每年举行三届为期两周的会议。每次会议审议 16 个国家，每年可以审议 48 个国家。因此，在第一轮普遍定期审议周期（2008 年至 2011 年）就可以完成对联合国全体成员国的审议，以此类推。2007 年 9 月 21 日，人权理事会通过了一份 192 个联合国成员国在首个四年审议周期接受审议的顺序表。每项审议由三个国家为一组的“三国小组”（“troikas”）担任报告员，协助完成审议。自 2008 年起，普遍定期审议开始了轮流对所有联合国会员国人权状况的审议过程，并于 2008-2012 年、2012-2016 年、2017-2021 年分别完成了三轮国别人权报告审议。每轮审议周期为四年半，在此期间，所有联合国会员国的人权记录都要接受审议。工作组每年召开三次为期两周的会议，在整轮审议周期内共召开 14 次会议。

对每个国家的审议基于以下这些文件：接受审议国家准备的国家报告；联合国人权高专办为接受审议国家准备的联合国资料汇编；人权高专办准备的其他利益攸关方（包括民间社会活动者、国家人权机构和区域组织）所提交资料的摘要。值得一提的是，普遍定期审议机制确保包括非政府组织（NGOs）和国家人权机构（NHRIs）在内的所有利益攸关方都能参与进来。民间社会活动者、国家人权机构和区域机制可以为一份载有其他利益攸关方提交信息摘要的报告提交书面信息。这份报告会在审议期间予以考虑；经许可的利益攸关方可出席并旁听普遍定期审议工作组的会议；经认可的利益攸关方也可以出席会议，并在人权理事会讨论国家审议的结果时进行口头陈述。

具体而言，普遍定期审议机制的运行分为五个阶段，即国家进程（受审议国家对审议进行准备），接受联合国人权理事会审议，会后书面意见，后续行动和下一轮审议中评估实施情况。

第一，国家进程，即提交国别文件。第二，在普遍定期审议工作组会议期间，受审议国家与其他联合国成员国之间的互动讨论。在讨论期间，任何联合国成员国都可向受审议国家提问、发表评论及/或建议。“三国小组”会把对受审议国家提出的议题或问题归类，以确保互动对话能有条不紊地进行。在第一轮审议周期中，工作组对每个国家的审议时间为三个小时，从第二轮审议周期起，审议时间延长为3小时30分钟。在工作组完成国家审议后，“三国小组”在受审议国的参与及人权高专办的协助下撰写报告。这份“结果报告”包含实际讨论的概述，即包括由各国向受审议国家提出的问题、评论和建议以及受审议国家的回应。

第三步是会后书面意见，即工作组会议中有半小时用于通过该次会议中各受审议国家的每份“结果报告”，报告至少要在国家审议的48小时后做出。受审议国家有机会对建议发表初步评论，选择接受或拒绝这些建议，被接受和被拒绝的建议都会被载入报告中。在报告通过后，受审议国家可在两周之内对报告中本国的发言部分进行编辑修改。然后报告必须在人权理事会全体会议上通过。在全体会议上，受审议国可以对在工作组会议期间内未充分表述的问题和议题做出回复，并回应受审议期间其他成员国提出的建议。成员国和观察国有时间对审议结果发表意见，非政府组织和其他利益攸关方也有时间进行一般评论。

第四步是后续行动。国家须承担落实最终结果中各项建议的基本责任。普遍定期审议确保所有国家对落实这些建议过程中的进展和失败负责。

第五步是迎接下一轮审议。当一个国家接受第二次审议时，必须提供它们为落实4年前第一次接受审议时提出的建议所开展的工作的信息。国际社会与该国协商后，将协助执行有关能力建设和技术援助的建议和结论。

二、普遍定期审议的国家报告和后续行动机制

国家报告和后续行动机制 (National Mechanisms for Reporting and Follow-up, NMRF) 是普遍定期审议机制中极为重要且关键的一环。它是一个国家的公共机制，任务是协调和编写国际和区域人权机制（包括条约机构、普遍定期审议和特别程序）的报告，并协调和跟踪国家对条约义务的后续行动和实施以及这些机制提出的建议。它可能是部长级的，跨部门的或在机构上分开的。这种国家机制与各部委、国家各专门机构（如国家统计局）、议会和司法机构以及国家人权机构和民间社会协调合作，以履行这些职能。国家报告和后续行动机制通常以外交部为基础，或与其密切联系，因为该部通常负责监督国家公共行政与国际和区域系统之间的关系。

国家报告和后续行动机制不同于通过国际人权条约设立的其他国家专门机构，例如为防止拘留场所的酷刑而制定的《禁止酷刑和其他残忍、不人道或有辱人格的待遇或处罚公约任择议定书》下的国家预防机制，也不同于促进保护和监督《残疾人权利公约》执行情况的独立机制。相反，国家报告和后续行动机制并未直接履行人权义务，而是编写国家报告和对来文的答复、独立专家的访问以及后续行动，以促进各部委的执行，围绕执行条约规定和相关建议和决定的相关知识来与部门进行沟通。国家报告和后续行动机制不同于国家人权机构（National Human Rights Institution，NHRI），因为前者是完全属于政府的机制或结构，其任务与向国际和区域人权机制的报告和参与密切相关。作为一种政府机制或结构，国家报告和后续行动机制的任务授权来自国家履行和报告条约义务的义务和承诺以及人权机制的建议。国家人权机构不应代表政府来起草普遍定期审议机制的

报告，因为国家人权机构应该是独立的，理论上应提交属于他们分内工作的独立的报告，并以独立身份参与普遍定期审议机制。所以国家报告和后续行动机制和国家人权机构相互区别，但也互为补益。

建立国家报告和后续行动机制有三种方法：一是通过议会立法；二是由行政部门通过正式法规；三是通过执行 / 部长政策后形成政策任务。其中，关于政策任务，国家人权行动计划也可以成为国家机制任务的来源，通过制定指标和基准以及监测国家的绩效来实现这一任务。研究表明，在报告业绩和包容性磋商方面，一些最有效的机制由相对灵活的政策任务管理，而不是详细的正式立法授权。然而，就持久性而言，全面的立法授权将是首选方案，因为执行法令或政策更容易被修改。值得一提的是，政府间机制对国家报告和后续行动机制作用的共同理解是非常重要的因素。国家机制需要具有政治影响力和地位，以确保可以从不同的机构和部门寻求和提供反馈。部长级成员或支持或通过部长的直接参与（例如，在全体会议或在报告草稿论证会议期间），以确保政治参与的最高级别。

至关重要的是，有效的国家机制应具备以下四个关键能力，即参与能力、协调能力、咨询能力和信息管理能力。第一，国家机制的参与能力是指，在报告、互动对话或促进特别程序任务负责人或防止酷刑小组委员会的访问等方面，与国际和区域人权机构进行接触和联络；组织和集中促进编写国际和区域人权机制的报告；对从这些机制收到的来文和后续问题以及建议 / 决定的答复。第二，国家机制的协调能力是指，传播信息的能力和权力；组织和协调政府部门、立法机构和司法机构的信息收集和数据收集；报告和建议的后续行动。第三，国家报告和后续行动机制的咨询能力是指，促进和领导与该国国家人权机构和民间社会沟通的能力；国家机制应允许受影响最大的利益攸关者参与，包括处境不利和边缘化群体和个人，这将有助于国家编写定期报告或答复，准确提供有关解决确定问题以及采取措施的信息。第四，国家报告和后续行动机制的信息管理能力是指，跟踪国际和区域人权机制发布的建议和决定；系统地捕获并专门收集这些建议和用户友好的电子表格或数据库中的决定；确定负责任的政府部门和/或机构实施计划；制定后续计划，包括时间表，与相关部委合作以促进这样的实施；管理有关条约规定执行情况的信息和建议，并准备下一次定期报告。

总之，越来越多的国家建立了报告和后续行动的国家机制，并认识到它们的重要作用。一个有效运作的国家机制在许多方面使一个国家受益，因为它建立国家协调机构，从而创建国家各部委内部的报告和后续行动以及定期互动，并且敦促各部委认真参与报告和后续行动；它使各部委之间的沟通更容易，更直接，从而创造效率并最大限度地利用资源；它有利于系统化和合理化与国际和区域人权机制的接触，包括编写报告，并协调后续行动，从而确保国家一致性；它授权部长级联络点在其各部内交流和解释人权系统及其建议，从而积极促进制定政策和做法；它允许与立法机构、司法机构、国家人权机构和民间社会进行有组织和正式的联系，从而将人权纳入国家一级，加强公众对人权的讨论，提高透明度和问责制。

三、普遍定期审议机制的完善

2007 年 9 月 27 日，人权理事会通过了“普遍定期审议”第 6/102

号决议，对普遍定期审议机制下的审议信息提供了一般性指导意见。[7] 2008 年 4 月 9 日，人权理事会对普遍定期审议机制的“三国小组”工作形式、工作组审议操作形式、工作组报告的内容形式、人权理事会全体会议的工作模式及审议结果的公开方式等进行了具体规划。2008 年 9 月 24 日，人权理事会通过了《主席声明后续行动》报告，对理事会会议报告的结构进行了规定，即应包括三个部分：被审议国观点小结、审议国和成员国审议结果小结及其他利益攸关方观点小结。同时强调应注意工作成本的控制，因翻译文件所产生的费用不菲，应控制普遍定期审议机制的相关文件字数，鼓励采取表格形式汇总信息。2011 年 7 月 19 日，人权理事会通过第 17/119 号决定“人权理事会关于普遍定期审议的第 16/21 号决议的后续行动”，对普遍定期审议机制的审议小组的工作流程、审议信息准备工作的一般原则、审议工作时长、工作组发言人名单及其工作方式、自愿基金运营方式等细则做出了规定。[8]

为了澄清关于普遍定期审议工作组报告的现行做法和规则，人权理事会主席于 2013 年 9 月 23 日向日内瓦所有常驻代表团发出了一封信，提醒大家注意普遍定期审议的规则。该信特别澄清，普遍定期审议期间提出的所有建议都必须列入工作组报告的正文，报告中的所有建议都是受审议国必须处理的结果的一部分。[9] 从那时起，各国和人权理事会主

7 Human Rights Council Decision 6/102. Follow-up to Human Rights Council resolution 5/1, 27 September 2007.

8 Human Rights Council, A/HRC/DEC/17/119, 19 July 2011.

9 President’s remarks at the opening of the general debate under the Council's agenda item 6 on the Universal Periodic Review, https://www.ohchr.org/en/statements/2013/09/presidents-remarks-opening-general-debate-under-councils-agenda-item-6-universal?sub-site=HRC, visited on 1st June 2021.

席在工作组会议期间定期回顾这一重要的人权委员会主席的立场。总之，这封《人权理事会主席关于普遍定期审议工作组规则和惯例的公开信》对工作组报告现行惯例和规则进行了五点澄清：第一，工作组报告基于事实并反映受审议国和其他参会代表在会议室所言内容；第二，所有小组报告中的结论或建议如果反映了递交国或者被审议国立场，并不代表这些立场一并为工作组所接受；第三，所有审议中的工作组报告建议应被平等对待且仅在报告中的建议部分出现；第四，所有的建议都应作为普遍定期审议的结果的一部分，因此受审议国应就对所有的建议的立场与理事会进行充分清晰的沟通；第五，所有建议应集中在人权问题上，并且与人权理事会第 5/1 号决议相符合。[10]

四、普遍定期审议机制的财政和技术援助自愿基金

2007 年，人权理事会建立了一个名为财政和技术援助自愿基金（Voluntary Fund）的新财务机制（第 6/17 号决议），以期与多边筹资机制一道提供财政和技术援助来源。在与有关国家协商并征得其同意的情况下，用来帮助各国执行普遍定期审议提出的建议。2009 年，普遍定期审议信托基金为以下项目提供资金：（a）传播关于普遍定期审议结果的信息，以便动员对有关国家的支持；将普遍定期审议结果纳入联合国共同国家方案文件，包括联合国发展援助框架（联发援框架）；（b）协调联合国、多边和双边行动以支持普遍定期审议的结果，包括进行需

10 President’s remarks at the opening of the general debate under the Council's agenda item 6 on the Universal Periodic Review, https://www.ohchr.org/en/statements/2013/09/presidents-remarks-opening-general-debate-under-councils-agenda-item-6-universal?sub-site=HRC, visited on 1st June 2021.

求评估以及制定旨在实施普遍定期审议结果的方案和项目；（c）交流信息和分享最佳做法，包括组织区域和次区域会议、研讨会、磋商和其他互动；（d）为落实普遍定期审议结果发展国家能力和专门知识；（e）共同资助旨在实施普遍定期审议结果的方案和项目；（f）与国家机构和有关机构定期采取行动，落实普遍定期审议的建议。

第三节　其他机制与普遍定期审议机制的协作

一、人权理事会咨询委员会与普遍定期审议机制

根据理事会第 5/1 号决议，人权理事会咨询委员会取代了先前人权委员会下设的“增进和保护人权小组委员会”。人权理事会咨询委员会在理事会的指导下开展工作，并为普遍定期审议机制提供咨询意见。

人权理事会咨询委员会于 2008 年 8 月召开首届会议。此后，咨询委员会每年召开两届会议，一届在理事会 3 月会议之前 2 月的一周召开，另一届在 8 月的一周召开。作为人权理事会智囊团，咨询委员会按照理事会要求的方式向人权理事会和普遍定期审议机制提供专家意见，主要侧重于研究报告和根据调研提出咨询意见；咨询委员会还可在理事会规定的工作范围之内提出进一步开展调查的建议，供后者审议和批准；咨询委员会意见的范围限于理事会布置的任务、普遍定期审议机制及增进和保护所有人权相关的专题问题。为了进行研究，咨询委员会通常成立起草小组。起草小组由来自不同区域集团的 4 至 5 名成员组成。起草小组成员通过面对面的会谈和网上通信展开紧密合作。

研究报告随后提交咨询委员会全体会议，以进行连续几轮的讨论和

修订。起草小组通常在向人权理事会提交最终研究报告之前，提交一份初步报告和一份进度报告。在编写研究报告时，咨询委员会遵循的正常行动方针包括通过调查问卷从成员国、国际组织、国家人权机构和非政府组织等利益攸关方处寻求意见和建议。在 2014 年 8 月举行的第 13 届会议上，咨询委员会决定在其每届会议的框架内与非政府组织和民间社会代表、人权理事会主席团以及区域和政治协调员举行非公开会议。咨询委员会还决定一如既往地采纳诸如联合国人权事务高级专员办事处、非政府组织、学术界和其他利益攸关方的专业知识，以便为咨询委员会的审议和普遍定期审议机制工作提供信息。咨询委员会主席通常在理事会 9 月份会议期间提交咨询委员会年度报告，随后与各国和非政府组织进行互动对话。

二、联合国人权高专办与普遍定期审议机制

联合国人权事务高级专员办事处作为人权理事会的秘书处，为人权理事会提供服务，为联合国系统内的不同人权监督机制提供专业知识，这包括人权理事会在内的根据联合国宪章设立的机构以及根据国际人权条约设立的、由独立专家组成的负责监督缔约国遵守其各自条约义务的机构。这些机构中的大多数都由人权高专办的人权理事会和条约司提供秘书处支持。同时，人权高专办以技术专长和能力发展的形式向会员国政府提供援助，支持各国实施国际人权标准，在所有联合国有关项目中进行人权主流化尝试，并对普遍定期审议机制提供实质性支持和技术支持。如前所述，普遍定期审议（UPR）是一个由人权理事会主持并由国家主导的程序，每个国家借此机会公开其为改善国内人权状况而采取的

行动及其履行人权义务的情况。因此，作为人权理事会的秘书处，人权高专办为基于宪章设立的普遍定期审议机制开展提供行政服务、知识储备和技术支持工作。人权高专办还曾多次就普遍定期审议机制的教育宣传在各地开展工作，例如，就普遍定期审议机制和联合国可持续发展目标主题组织开设区域研讨会，这类教育宣传系列研讨会已在乌干达、塞内加尔、佛得角、巴拿马等地成功举办。

近年来，人权高专办在人权理事会主导的“各国议会与普遍定期审议机制”主题研究中也扮演了重要的角色。根据人权理事会第 35/29 号决议，人权理事会鼓励各国议会积极参与普遍定期审议进程的所有阶段。人权高专办据此撰写了一份研究报告，说明如何促进和加强议会与人权理事会及其普遍定期审议的工作之间的协同作用。[11] 该决议要求，请人权事务高级专员向人权理事会提供定期更新资料，说明人权事务高级专员办事处与各国议会联盟合作与协调开展的议会能力建设和提高认识活动，以及与人权理事会的工作和普遍定期审议有关的活动；请人权事务高级专员办事处与各国议会联盟密切合作，并与各国、联合国机构和其他有关利益攸关方协商，就如何促进和加强议会与人权理事会的工作及普遍定期审议之间的协同作用编写一份研究报告，并将其提交给人权理事会第 38 届会议，以便向各国和其他利益攸关方提供一些要点，作为它们在有效促进和保护人权方面加强互动的指导。[12]

该调查报告基于人权高专办根据发给世界各国议会的问卷调查，并由高专办依此形成了人权理事会第 38/25 号报告。对问卷调查的答复显

11　A/HRC/35/L.24.

12　A/HRC/35/L.24.

示，联合国会员国普遍支持制定关于议会和人权的国际原则。人权高专办撰写的人权理事会第 38/25 号报告的附件一载有这一原则的草案，草案建议各国建立议会下设人权委员会，以确保其有效运作和主要责任。[13]在这一主题项下，人权高专办也举办了一系列研讨会，如“从人权角度看 COVID-19 大流行的恢复：议会的贡献”“议会促进人权：参与人权理事会的普遍定期审议机制工作”“议会促进人权：寻求良好做法和新的行动机会”，等等。

13　A/HRC/38/25.

丨第四章丨

人权理事会特别程序

特别程序是根据人权委员会、经济及社会理事会、联合国大会和人权理事会的实践制定，为促进和保护人权以及防止与特定主题或问题有关的侵犯行为，或审查特定国家情况的各种程序，[1] 是旨在从专题角度或具体国别角度对人权问题提供建议和报告的独立人权专家机制。

特别程序系统是联合国人权机制的重要组成部分，涵盖公民、文化、经济、政治和社会等多方面的人权问题。截至 2021 年 10 月，共有 45 个专题任务和 13 个国别任务。[2] 人权理事会重视特别程序的作用，在 2011 年审议其工作和运作的背景下，人权理事会重申了各国与特别程序合作的义务，特别程序的完整性和独立性，合作、透明和问责的原则以及特别程序系统在加强人权理事会应对人权状况能力等方面的作用。[3] 根据人权理事会第 5/2 号决议，各国应配合并协助特别程序履行其任务，及时对要求提供信息和访问的请求做出答复，并认真研究特别程序提出的结论和建议。人权理事会进一步认识到，特别程序的廉正性和独立性以及合作、透明和问责原则，是确保建立一个能够加强理事会处理实地人权状况能力的健全的特别程序制度所不可或缺的，并应确保提供充足和公平分配的资金，对公民权利和政治权利以及经济、社会和文化权利，包括发展权予以同等重视，以根据所有特别程序的具体需要，包括大会赋予它们的额外任务，为之提供支持。[4]

1　Manual of Operations of the Special Procedures of the Human Rights Council, https://www.ohchr.org/Documents/HRBodies/SP/Manual_Operations2008.pdf, p.4. 最后访问时间：2022 年 9 月 20 日。

2　https://www.ohchr.org/CH/HRBodies/SP/Pages/Introduction.aspx，最后访问时间：2022 年 9 月 20 日。

3　https://www.ohchr.org/CH/HRBodies/SP/Pages/Introduction.aspx，最后访问时间：2022 年 9 月 20 日。

4　A/HRC/RES/16/21, p. 5-6.

第一节　特别程序的渊源、类型与工作方法

一、特别程序的渊源

在早期的联合国中，人权委员会的工作重点是制订人权标准。人权委员会起草了《世界人权宣言》《公民及政治权利国际公约》和《经济社会文化权利国际公约》。随后，人权委员会面临的主要挑战便成为如何应对侵犯人权的行为。然而，1947 年，经济及社会理事会通过了一项决议，即经济及社会理事会 1947 年第 75(5) 号决议，规定人权委员会“无权采取任何与人权申诉相关的行动”。[5]1965 年，人权委员会收到了一些来自南非的个人申诉，在处理它们时面临了很大压力。反对种族隔离特别委员会代理主席在 1967 年 2 月 15 日的来文中，请联合国秘书长提请人权委员会注意南非共和国虐待囚犯和被拘留者，特别是虐待在专断法律下被监禁的反对种族隔离的人。来文请反对种族隔离特别委员会敦促人权委员会紧急审议这个问题，并采取步骤，以进行国际调查。人权委员会对此做出响应，摒弃之前的做法，在 1967 年 3 月 6 日第 2 (XXIII) 号决议中成立了一个负责调查南非人权状况的特设专家工作组，从而打破了一个禁忌的领域。[6] 这个特设工作组可以被看作是人权委员会首个特别程序。[7] 由于对南部非洲的局势采取行动，人们认识到有必要对具体国家的人权状况进行公开辩论。应人权委员会的请求，经济及

5　经济及社会理事会第 75（V）（1947）号决议以及 1947 年 1 月人权委员会第一届会议的决定。

6　E/259，第 2（XXIII）号决议，1967 年，第 22 段。

7　https://www.ohchr.org/CH/HRBodies/SP/Pages/Introduction.aspx，参见“特别程序系统的历史”，最后访问时间：2022 年 9 月 20 日。

社会理事会于1967年通过了第1236（XLII）号决议，允许委员会对一贯侵犯人权行为的案件进行审查。[8] 经济及社会理事会1970年通过的第1503（XLVIII）号决议规定了一种程序，以保密的方式处理有关一贯严重侵犯人权行为的申诉。[9]

1973年，智利爆发军事政变，奥古斯托·皮诺切特推翻了阿连德政府。1975年，在审议了"遭受任何形式拘留或拘禁人员的人权问题"项目之后，防止歧视及保护少数小组委员会在第27届会议上通过了第8（XXVII）号决议，建议人权委员会在其第31届会议上研究在智利的指称人权侵犯行为，特别是酷刑和其他残忍、不人道或有辱人格的待遇或处罚问题。[10] 同时，该小组委员会要求一些专门机构、其他政府间组织和具有咨商地位的非政府组织向秘书长提交近期可靠的有关智利在酷刑和其他残忍、不人道或有辱人格的待遇或处罚的信息以供人权委员会参考。[11] 联合国教科文组织等三个专门机构、大赦国际等八个非政府组织、美洲国家组织提交了有关信息材料，揭露了智利军政府恐怖手段导致的"酷刑和其他残忍、不人道或有辱人格的待遇或处罚""非法居留""被强迫或非自愿失踪"等问题。[12] 人权委员会根据经济及社会理事会的职能委员会议事规则第21条赋予的任命工作组的权力，于1975

8 《关于联合国特别报告员的17个常见问题》（概况介绍第27号），第4页，https://www.ohchr.org/Documents/Publications/FactSheet27ch.pdf。

9 《关于联合国特别报告员的17个常见问题》（概况介绍第27号），第4页，https://www.ohchr.org/Documents/Publications/FactSheet27ch.pdf。

10 E/CN.4/1166，1975年，https://documents-dds-ny.un.org/doc/UNDOC/GEN/G75/016/56/pdf/G7501656.pdf?OpenElement, p.1

11 E/CN.4/1166，1975年，https://documents-dds-ny.un.org/doc/UNDOC/GEN/G75/016/56/pdf/G7501656.pdf?OpenElement, p.1.

12 E/CN.4/1166/ADD.2，E/CN.4/1166/ADD.3，E/CN.4/1166/ADD.4，E/CN.4/1166/ADD.5。

年成立了“智利境内人权现况特设工作组”，以调查智利人权状况。工作组由来自巴基斯坦、厄瓜多尔、塞内加尔、奥地利和塞拉利昂的五位成员组成。[13]1979 年，该工作组被一名特别报告员和两名研究智利失踪者命运的专家所取代，以调查智利境内失踪者的下落，从而出现了“智利人权问题特别报告员”。这促成了首个特别程序于 1980 年设立，即负责处理世界各地强迫失踪问题的强迫失踪问题工作组（人权委员会第 20(36) 号决议）。[14]

自此，国际社会对设立专家机制应对世界各地人权挑战做法的顾虑有所减少。人权委员会以创新的方式逐步应用这些机制，并使之适应范围日渐扩大的侵犯人权的行为。人权委员会请求人权问题专家协助它执行审查具体人权状况的任务。多年来，这些专家的工作已对如何实际应用人权原则一事进行了必要的分析，为在政府间进行有依据的实质性辩论提供了基础。这种分析使往往保持沉默的受害者得以表达自己的心声，并打下了一种基础，以便与政府进行对话，讨论应该采取哪些具体措施来加强对受害者的保护。[15]

此后，人权委员会和人权理事会设立了许多应对世界各地人权挑战的专题任务和国别任务，覆盖所有地区和公民、文化、经济、政治和社会等各项权利。[16]截至 2021 年 10 月，共有 45 个专题任务和 13

---

13 CHR Resolution 8 (XXXI), 1975 年。

14 CHR resolution 20 (XXXVI)，https://www.ohchr.org/Documents/HRBodies/SP/E-CN.4-RES-1980-20(XXXVI).pdf。

15 《关于联合国特别报告员的 17 个常见问题》（概况介绍第 27 号），第 5 页，https://www.ohchr.org/Documents/Publications/FactSheet27ch.pdf。

16 https://www.ohchr.org/CH/HRBodies/SP/Pages/Introduction.aspx，最后访问时间：2022 年 9 月 20 日。

个国家任务。[17]

二、特别程序的类型

人权理事会特别程序是旨在从专题角度或具体国别角度对人权问题提供建议和报告的独立人权专家机制，主要包含国别任务和专题任务两类人权任务。国别任务是由特别程序负责审查、监督和公开报告具体国家或领土内的人权情况。除非另有指示，任务负责人应充分考虑包括公民、文化、经济、政治和社会权利在内的所有人权。专题任务是由特别程序负责审查、监督和公开报告世界范围内的严重侵犯人权现象，而不限于某一国家或区域，也无论某一政府是否是任何相关人权条约的缔约国。专题任务要求任务负责人采取必要措施，对全球或特定国家或地区的个人或群体的侵犯人权指控进行监测和迅速做出反应，并报告其活动。在开展活动时，任务负责人对人权理事会负责。联合国人权高专办的特别程序通过专题、实况调查、政策和法律专业知识、研究和分析工作以及行政和后勤服务，为特别程序专题任务提供支持。[18] 每个特别程序都是根据人权委员会或人权理事会的相关决议设立的。除非人权理事会另行决定，专题任务每 3 年续期一次，国别任务每年续期一次。

特别程序的国别任务和专题任务主要通过以下方式运作：与实际及潜在的人权受害者进行日常互动，倡导他们的权利保护；通过与相关政府直接沟通，针对侵犯人权的个案或一般性问题采取行动；进行国别实

17 https://www.ohchr.org/EN/HRBodies/SP/Pages/Welcomepage.aspx，最后访问时间：2022 年 9 月 20 日。

18 Manual of Operations of the Special Procedures of the Human Rights Council, https://www.ohchr.org/Documents/HRBodies/SP/Manual_Operations2008.pdf, p.5, p.10.

况调查及发布带有建议的报告；准备相关准则和标准的研究；通过媒体渠道，提高公众对特别任务职责范围相关问题的认识。值得注意的是，特别程序的启动不以相关国家批准相关法律文书或条约为先决条件，也不以穷尽国内救济措施为前提。[19]

根据《人权理事会特别程序任务负责人行为守则》，特别程序的任务负责人作为联合国的独立专家，在履行其任务时要遵守以下一般行为原则：（a）独立行事，并依照其任务授权履行职能，根据国际公认的人权标准，不受任何一种外来的影响、唆使、压力、威胁或干涉，无论是直接还是间接的，不管来自任何一方，无论是利益攸关方与否，无论出于任何原因，秉持独立性关系到任务负责人的地位、关系到自己能否自由地评估任务规定必须审查的人权问题的观念，始终对事实进行专业而又公正的评估；（b）牢记理事会的使命，按大会 2006 年 3 月 15 日第 60/251 号决议的明确规定，理事会负责通过对话与合作，促进普遍尊重对所有人的所有人权和基本自由的保护；(c) 根据其任务并遵照《条例》及本守则行使职能；（d）完全专注于履行任务，始终牢记在执行任务时坚持真理、保持忠诚和独立的根本职责；（e）在效率、能力和廉正品格方面坚持最高标准，具体但不仅此而言，要在正直、公正、公平、诚实和诚信等方面坚持最高标准；（f）既不寻求也不接受任何来源于政府、个人、政府组织非政府组织或压力集团的指示；（g）任何时候行事都符合自己的身份；（h）意识到本身职责之重要，考虑到自己任务的特殊性，行为方式着眼于保持和增强所有利益攸关方对自己的信任；(i) 无论是在经济上还是其他方面均不得利用职务之便或由此获得知识，

19　《参与联合国人权事务 — 民间社会手册》，第 87 页，https://www.ohchr.org/Documents/AboutUs/CivilSociety/OHCHR_Handbook_Ch.pdf。

谋取一己私利，并且（或是）为任何家庭成员、密切关系人或第三方的利害得失服务；（j）不得接受任何政府或非政府方面因其执行任务活动而给予的任何荣誉、奖章、惠赠、礼品或报酬。[20]

三、特别程序的工作方法

特别程序任务负责人可通过多种途径来执行任务，主要包括发函、进行国别访问、发布报告、组织专题研究、发布新闻稿等。[21]

（一）发函

特别程序任务负责人的主要工作之一，就是基于从相关可靠渠道（主要来源于民间社会活动者）获得的信息而采取针对个案的行动。

干预措施通常包括向政府发函（指控函），要求就有关的指控提供信息并做出回应，必要时要求政府采取预防性或调查性措施（紧急呼吁）。这种干预措施称为“发函”。

紧急呼吁是在迫在眉睫的人权侵犯事件发生时发出的，它涉及丧失生命、危及生命的情况，或一触即发或持续迫害受害者的严重事件。指控函在紧急呼吁程序不适用时发送，目的在于对有关违反人权的指控进行信息的往来和要求解释。如个案涉及多个任务的职责范围，这些任务负责人则可以联合发函。

特别程序通过转发来文提请各国及其他行为者关注指称的侵犯虐待案件，以回应个别案件及更广泛的结构性问题。大多数特别程序接受

20 《人权理事会特别程序任务负责人行为守则》，A/HRC/RES/5/2，《人权理事会特别程序任务负责人行为守则草案》第 3 条。

21 《参与联合国人权事务 — 民间社会手册》，第 97-99 页，https://www.ohchr.org/Documents/AboutUs/CivilSociety/OHCHR_Handbook_Ch.pdf。

有关人权侵犯的具体指控并向各国——有时也向非国家行为者发送函件（紧急呼吁和其他信函），要求澄清问题或采取行动。任务负责人可向各国发函寻求有关法律、政策或结构进展，提交意见或跟进建议方面的信息。发送的函件和收到的回复都将向人权理事会各届常会报告。

根据特别程序第 9 条的规定，在特别程序处理指控信时，为确保效力和协调一致，任务负责人要评估指控信是否符合以下受理标准：(a) 来文不应明显毫无根据或带有政治动机；(b) 来文中应陈述所指控的侵犯人权行为的事实；(c) 来文中不应使用辱骂性语言；(d) 来文应当由声称人权和基本自由受到侵犯的受害者个人或一批人提交，或者由任何真诚依照人权原则行事，不出自怀有政治动机的立场或违背《联合国宪章》的规定，并称直接或可靠了解侵权情况且有明确资料佐证的一个人或一批人，包括这样的非政府组织提交；(e) 来文不应完全依据大众传媒的报道。

特别程序第 10 条则规定了紧急申诉情形：如果被指控的侵犯人权行为时间性强，涉及生命丧失、生命受威胁的情况，或根据《人权理事会特别程序任务负责人行为守则》第 9 条规定的程序不能对受害者所面临的即将发生或正在发生的性质非常严重的损害做出及时处理，任务负责人可采用紧急申诉程序。[22]

（二）国别访问

国别或实地访问（或实况调查）是特别程序任务负责人的一项重要工作方法。特别程序在人权事务高级专员办事处的支持下开展国家访问。任务负责人通常会向某国政府发函请求访问该国，若该国政府同意就会发出邀请。有些国家发出的是长期邀请，这意味着他们原则上愿意接受

22 《人权理事会特别程序任务负责人行为守则》，A/HRC/RES/5/2，《人权理事会特别程序任务负责人行为守则草案》第 10 条。

任何一个特别程序任务负责人的来访。《人权理事会特别程序任务负责人行为守则》的相关条文及《人权理事会特别程序实况调查团的职权范围》为国别访问提供指导。在执行任务期间，专家根据其各自的任务授权，评估该国的一般人权状况，该国人权在具体制度、法律、司法、行政方面的情况，以及该国事实上的人权状况。专家在国别访问时将会会晤国家与地方当局，包括司法机构成员和国会成员、国家人权机构成员，（如果可行）会晤非政府组织、民间社会组织和人权侵犯受害人，会晤联合国和其他政府间机构，并在任务结束时与媒体见面召开新闻发布会。考察完成后，特别程序的任务负责人向人权理事会提交任务报告，汇报其调查结果和建议。截至 2022 年 2 月 17 日，已有 128 个成员国和一个非成员国向特别程序专题任务发出了长期邀请。[23]

（三）向人权理事会报告并参与工作

人权理事会要求特别程序任务负责人提交年度报告，汇报其过去一年中的工作情况。有些情况下，理事会也可要求任务负责人针对具体主题或感兴趣的议题进行汇报。这些报告内容公开，为职责范围内后续工作或倡导工作的开展提供权威工具。年度报告的内容涉及与特别程序任务相关的工作方法、理论分析、整体趋势、最新发展；也可能包括一般性建议。有时报告也包括与相关政府之间的来文总结。国别访问报告通常作为附件载入年度报告。有些机制还需要向联合国大会进行汇报，联大会议每年 9 月至 12 月间在纽约举行。特别程序任务负责人也在人权理事会其他方面的工作中贡献其专长。

---

23 https://spinternet.ohchr.org/StandingInvitations.aspx?lang=en，最后访问时间：2022 年 9 月 20 日。

（四）专题研究

特别程序任务负责人可组织进行专题研究。专题研究是指导政府和民间社会实施人权规范与标准的实用工具。任务负责人也召开和参加专题性人权议题的专家会议。

（五）新闻发布

特别程序可单独及联合发布新闻稿，宣传具体的人权状况或各国须遵守的国际规范。

特别程序之间通过协调委员会和年度会议来进行协调。在 2005 年的年度会议上，特别程序任务负责人建立了一个协调委员会来促进任务负责人之间的合作，并作为他们与人权高专办、更广泛的联合国人权框架和利益攸关方之间的桥梁。特别程序任务负责人年度会议从 1994 年开始举办。会议旨在更好地协调和统一特别程序的工作，便于任务负责人解决热点问题，与各国、人权理事会主席、区域人权组织、国家人权机构、人权高专办和联合国实体代表以及民间社会组织交流意见。

特别程序任务负责人应根据其任务授权和行为守则行使职能。人权理事会 2007 年通过的《人权理事会特别程序任务负责人行为守则》和特别程序任务负责人在 2008 年年度会议上通过的《业务手册》[24] 为特别程序的工作方法提供了指导。任务负责人还建立了一项旨在审议做法和工作方法的内部咨询程序，允许任何利益攸关方将与工作方法和行为相关的问题提请协调委员会关注。该程序旨在加强特别程序的独立性和有效性以及各国的合作，并促进特别程序系统和任务负责人的自我监管。

24　https://www.ohchr.org/Documents/HRBodies/SP/Manual_Operations2008.pdf, 最后访问时间：2022 年 9 月 20 日。

第二节 国别机制和专题机制

一、国别机制

目前，特别程序共设立有13项国别任务，分别涉及1967年以来巴勒斯坦被占领土、中非共和国、伊朗伊斯兰共和国、厄立特里亚、朝鲜民主主义人民共和国、柬埔寨、白俄罗斯、索马里、缅甸、阿拉伯叙利亚共和国、马里、阿富汗和布隆迪。人权理事会要求特别程序任务负责人提交年度报告，描述上一年度开展的活动。年度报告讨论工作方法、理论分析、一般趋势和各自任务的发展情况等一般性问题，可能包含一般性建议。

除非人权理事会另行决定，国别任务每年续期一次。目前，13项国别任务的设立和延期详情如表4-1所示：

表4–1

名称 / 任务	任务的确立		任务的延期	
	年份	决议号	年份	决议号
1967年以来巴勒斯坦被占领土人权状况特别报告员	1993	人权委员会决议 E/CN.4/RES/1993/2A（直至以色列占领结束）		
中非共和国人权状况独立专家	2013	人权理事会决议 A/HRC/RES/24/34	2014	人权理事会决议A/HRC/RES/27/28
			2015	人权理事会决议A/HRC/30/19
			2016	人权理事会决议A/HRC/33/27
			2017	人权理事会决议A/HRC/RES/36/25

中非共和国人权状况独立专家	2013	人权理事会决议 A/HRC/RES/24/34	2018	人权理事会决议 A/HRC/RES/39/19
			2019	人权理事会决议A/HRC/RES/42/36
			2020	人权理事会决议A/HRC/RES/45/35
			2021	人权理事会决议A/HRC/RES/48/19
伊朗伊斯兰共和国人权状况特别报告员	2011	人权理事会决议 A/HRC/RES/16/9	2013	人权理事会决议A/HRC/RES/22/23
			2014	人权理事会决议A/HRC/RES/25/24
			2015	人权理事会决议A/HRC/RES/28/21
			2016	人权理事会决议A/HRC/RES/31/19
			2017	人权理事会决议A/HRC/RES/34/23
			2018	人权理事会决议A/HRC/RES/37/30
			2019	人权理事会决议A/HRC/RES/40/18
			2020	人权理事会决议A/HRC/RES/43/24
			2021	人权理事会决议A/HRC/RES/46/18
厄立特里亚人权状况特别报告员	2012	人权理事会决议A/HRC/RES/20/20	2013	人权理事会决议A/HRC/RES/23/21
			2014	人权理事会决议A/HRC/RES/26/24
			2015	人权理事会决议A/HRC/RES/29/18
			2016	人权理事会决议A/HRC/RES/32/24
			2017	人权理事会决议A/HRC/RES/35/35
			2018	人权理事会决议A/HRC/RES/38/15
			2019	人权理事会决议A/HRC/RES/41/53

厄立特里亚人权状况特别报告员	2012	人权理事会决议A/HRC/RES/20/20	2020	人权理事会决议A/HRC/RES/44/1
			2021	人权理事会决议A/HRC/RES/47/2
朝鲜民主主义人民共和国人权状况特别报告员	2004	人权委员会决议 E/CN.4/RES/2004/13	2008	人权理事会决议A/HRC/RES/7/15
			2009	人权理事会决议A/HRC/RES/10/16
			2010	人权理事会决议A/HRC/RES/13/14
			2011	人权理事会决议A/HRC/RES/16/8
			2012	人权理事会决议A/HRC/RES/19/13
			2013	人权理事会决议A/HRC/RES/22/13
			2014	人权理事会决议A/HRC/RES/25/25
			2015	人权理事会决议A/HRC/RES/28/22
			2016	人权理事会决议A/HRC/31/18
			2017	人权理事会决议A/HRC/RES/34/24
			2018	人权理事会决议A/HRC/RES/37/28
			2019	人权理事会决议 A/HRC/RES/40/20
			2020	人权理事会决议A/HRC/RES/43/25
			2021	人权理事会决议A/HRC/RES/46/17
柬埔寨人权状况特别报告员	1993	人权委员会决议 E/CN.4/RES/1993/6	1994	人权委员会决议E/CN.4/RES/1994/61
			1995	人权委员会决议E/CN.4/RES/1995/55
			1996	人权委员会决议E/CN.4/RES/1996/54
			1997	人权委员会决议E/CN.4/RES/1997/49

柬埔寨人权状况特别报告员	1993	人权委员会决议 E/CN.4/RES/1993/6	1998	人权委员会决议E/CN.4/RES/1998/60
			1999	人权委员会决议E/CN.4/RES/1999/76
			2000	人权委员会决议E/CN.4/RES/2000/79
			2001	人权委员会决议E/CN.4/RES/2001/82
			2002	人权委员会决议E/CN.4/RES/2002/89
			2003	人权委员会决议E/CN.4/RES/2003/79
			2004	人权委员会决议E/CN.4/RES/2004/79
			2005	人权委员会决议E/CN.4/RES/2005/77
			2008	人权理事会决议A/HRC/RES/9/15
			2009	人权理事会决议A/HRC/RES/12/25
			2010	人权理事会决议A/HRC/RES/15/20
			2011	人权理事会决议A/HRC/RES/18/25（延长2年）
			2013	人权理事会决议A/HRC/RES/24/29（延长2年）
			2015	人权理事会决议A/HRC/RES/30/23（延长2年）
			2017	人权理事会决议A/HRC/RES/36/32（延长2年）
			2019	人权理事会决议A/HRC/RES/42/37（延长2年）
			2021	人权理事会决议A/HRC/RES/48/23（延长2年）

白俄罗斯人权状况特别报告员	2012	人权理事会决议 A/HRC/RES/20/13	2013	人权理事会决议A/HRC/RES/23/15
			2014	人权理事会决议A/HRC/RES/26/25
			2015	人权理事会决议A/HRC/RES/29/17
			2016	人权理事会决议A/HRC/RES/32/26
			2017	人权理事会决议A/HRC/RES/35/27
			2018	人权理事会决议A/HRC/RES/38/14
			2019	人权理事会决议A/HRC/RES/41/22
			2020	人权理事会决议A/HRC/RES/44/19
			2021	人权理事会决议A/HRC/RES/47/19
秘书长任命的索马里人权状况独立专家	1993	人权委员会决议 E/CN.4/RES/1993/86	1994	人权委员会决议E/CN.4/RES/1994/60
			1995	人权委员会决议E/CN.4/RES/1995/56
			1996	人权委员会决议E/CN.4/RES/1996/57
			1997	人权委员会决议E/CN.4/RES/1997/47
			1998	人权委员会决议E/CN.4/RES/1998/59
			1999	人权委员会决议E/CN.4/RES/1999/75
			2000	人权委员会决议E/CN.4/RES/2000/81
			2001	人权委员会决议E/CN.4/RES/2001/81
			2002	人权委员会决议E/CN.4/RES/2002/88
			2003	人权委员会决议E/CN.4/RES/2003/78
			2004	人权委员会决议E/CN.4/RES/2004/80

秘书长任命的索马里人权状况独立专家	1993	人权委员会决议 E/CN.4/RES/1993/86	2005	人权委员会决议E/CN.4/RES/2005/83
			2008	人权理事会决议A/HRC/RES/7/35
			2009	人权理事会决议A/HRC/RES/10/32
			2009	人权理事会决议A/HRC/RES/12/26
			2010	人权理事会决议A/HRC/RES/15/28
			2011	人权理事会决议A/HRC/RES/17/25
			2012	人权理事会决议A/HRC/RES/20/21
			2013	人权理事会决议A/HRC/RES/24/30（延长2年）
			2015	人权理事会决议A/HRC/RES/30/20
			2016	人权理事会决议A/HRC/RES/33/17
			2017	人权理事会决议A/HRC/RES/36/27
			2018	人权理事会决议A/HRC/RES/39/23
			2019	人权理事会决议A/HRC/RES/42/33
			2020	人权理事会决议A/HRC/RES/45/27
			2021	人权理事会决议A/HRC/RES/48/22
缅甸人权状况特别报告员	1992	人权委员会决议 E/CN.4/RES/1992/58	1993	人权委员会决议E/CN.4/RES/1993/73
			1994	人权委员会决议E/CN.4/RES/1994/85
			1995	人权委员会决议E/CN.4/RES/1995/72
			1996	人权委员会决议E/CN.4/RES/1996/80

缅甸人权状况特别报告员	1992	人权委员会决议 E/CN.4/RES/1992/58	1997	人权委员会决议E/CN.4/RES/1997/64
			1998	人权委员会决议E/CN.4/RES/1998/63
			1999	人权委员会决议E/CN.4/RES/1999/17
			2000	人权委员会决议E/CN.4/RES/2000/23
			2001	人权委员会决议E/CN.4/RES/2001/15
			2002	人权委员会决议E/CN.4/RES/2002/67
			2003	人权委员会决议E/CN.4/RES/2003/12
			2004	人权委员会决议E/CN.4/RES/2004/61
			2005	人权委员会决议E/CN.4/RES/2005/10
			2008	人权理事会决议A/HRC/RES/7/31
			2009	人权理事会决议A/HRC/RES/10/27
			2010	人权理事会决议A/HRC/RES/13/25
			2011	人权理事会决议A/HRC/RES/16/24
			2012	人权理事会决议A/HRC/RES/19/21
			2013	人权理事会决议A/HRC/RES/22/14
			2014	人权理事会决议A/HRC/RES/25/26
			2015	人权理事会决议A/HRC/RES/28/23
			2016	人权理事会决议A/HRC/RES/31/24
			2017	人权理事会决议A/HRC/RES/34/22
			2018	人权理事会决议A/HRC/RES/37/32

缅甸人权状况特别报告员	1992	人权委员会决议 E/CN.4/RES/1992/58	2019	人权理事会决议A/HRC/RES/40/29
			2020	人权理事会决议A/HRC/RES/43/26
			2021	人权理事会决议A/HRC/RES/46/21
苏丹人权状况特别报告员（该特别程序任务已完结）	1993	人权委员会决议 E/CN.4/RES/1993/60	1994	人权委员会决议E/CN.4/RES/1994/79
			1995	人权委员会决议E/CN.4/RES/1995/77
			1996	人权委员会决议E/CN.4/RES/1996/73
			1997	人权委员会决议E/CN.4/RES/1997/59
			1998	人权委员会决议E/CN.4/RES/1998/67
			1999	人权委员会决议E/CN.4/RES/1999/15
			2000	人权委员会决议E/CN.4/RES/2000/27
			2001	人权委员会决议E/CN.4/RES/2001/18
			2002	人权委员会决议E/CN.4/RES/2002/16
			2005	人权委员会决议E/CN.4/RES/2005/82
			2007	人权理事会决议A/HRC/RES/6/34
			2008	人权理事会决议A/HRC/RES/9/17
			2009	人权理事会决议A/HRC/RES/11/10
			2010	人权理事会决议A/HRC/RES/15/27
			2011	人权理事会决议A/HRC/RES/18/16
			2012	人权理事会决议A/HRC/RES/21/27
			2013	人权理事会决议A/HRC/RES/24/28

苏丹人权状况特别报告员（该特别程序任务已完结）	1993	人权委员会决议 E/CN.4/RES/1993/60	2014	人权理事会决议A/HRC/RES/27/29
			2015	人权理事会决议A/HRC/RES/30/22
			2016	人权理事会决议A/HRC/RES/33/26
			2017	人权理事会决议A/HRC/RES/36/26
			2018	人权理事会决议A/HRC/RES/39/22
马里人权状况特别报告员	2013	人权理事会决议 A/HRC/RES/22/18	2014	人权理事会决议A/HRC/RES/25/36
			2015	人权理事会决议A/HRC/RES/28/31
			2016	人权理事会决议A/HRC/RES/31/28
			2017	人权理事会决议A/HRC/RES/34/39
			2018	人权理事会决议A/HRC/RES/37/39
			2019	人权理事会决议A/HRC/RES/40/26
			2020	人权理事会决议A/HRC/RES/43/38
			2021	人权理事会决议A/HRC/RES/46/28
阿拉伯叙利亚共和国人权状况特别报告员	2011	人权理事会特别会议决议A/HRC/RES/S-18/1		
阿富汗人权状况特别报告员	2021	人权理事会决议A/HRC/RES/48/1		
布隆迪人权状况特别报告员	2021	人权理事会决议A/HRC/RES/48/16		

1. 1967 年以来巴勒斯坦被占领土人权状况特别报告员

1993 年 2 月 19 日，人权委员会通过有关“包括巴勒斯坦在内的阿拉伯被占领土上的人权侵犯问题”的 1993/2A 号决议，设立 “1967 年以来巴勒斯坦被占领土人权状况特别报告员”任务，任务延续到以色列占领结束。

决议中，人权委员会谴责以色列侵犯其军事占领的包括耶路撒冷在内的巴勒斯坦领土上巴勒斯坦人民人权的政策和做法，特别是自从巴勒斯坦人民起义反抗以色列军事占领爆发以来，不断发生的以色列军队和定居者对巴勒斯坦平民开火造成的杀害和伤害；实施限制性经济措施；拆毁房屋；征用房屋；洗劫个人或集体所属私人财产；集体惩罚；对数以千计的巴勒斯坦人施行任意和行政拘留；没收巴勒斯坦人的财产，包括其银行账户；征用土地；禁止旅行；关闭大学和学校；在以色列监狱和拘留中心实施酷刑；在巴勒斯坦被占领土上建立犹太人定居点。[25]

特别报告员的任务包括：（a）调查以色列自 1967 年以来在以色列占领的巴勒斯坦领土上违反国际法、国际人道法和 1949 年 8 月 12 日《关于战时保护平民的日内瓦公约》（《1949 年日内瓦第四公约》）的原则和基础的行为；（b）接收来文，听取证人证词，并采用其认为任务必要的程序方式；（c）向人权委员会今后的会议报告其结论和建议，直至以色列结束占领这些领土为止。[26]

2. 中非共和国人权状况独立专家

2013 年 9 月 27 日，人权理事会通过有关“向中非共和国提供人权领域的技术援助”的第 24/34 号决议，决定任命一名独立专家，任期 1 年，设立“中非共和国人权状况独立专家”任务。此后，人权理事会每年通过一项相关决议，将该任务延期 1 年。目前，人权理事会已通过八项相关延期决议。

---

25 E/CN.4/RES/1993/2A.

26 E/CN.4/RES/1993/2A.

决议中，人权理事会深为关注 2013 年 3 月 24 日事件后发生的一切侵犯人权行为和违反国际人道主义法行为，谴责一切侵犯人权行为和违反国际人道主义法行为，包括涉及即决处决、任意逮捕和拘留、强奸和其他形式的性虐待、武装集团招募和使用儿童、抢劫和毁坏财产的行为，要求立即停止一切侵犯人权行为和暴力行为，严格尊重所有权利和基本自由。[27]

独立专家的任务包括：监测中非共和国的人权状况，并就人权领域的技术援助和能力建设提出建议；与联合国中非共和国多层面综合稳定团和联合国各机构密切合作，特别是在过渡期正义领域密切合作；与所有联合国机构、非洲联盟、中部非洲国家经济共同体以及其他相关国际组织、中非共和国民间社会和所有相关人权机制密切合作；与负责冲突中性暴力问题秘书长特别代表和负责儿童与武装冲突问题秘书长特别代表密切合作；口头汇报向中非共和国提供人权领域的技术援助和能力建设的最新情况，并向人权理事会提交一份书面报告等。[28]

3. 伊朗伊斯兰共和国人权状况特别报告员

2011 年 3 月 24 日，人权理事会通过有关“伊朗伊斯兰共和国的人权状况”的第 16/9 号决议，设立 “伊朗伊斯兰共和国人权状况特别报告员”任务。此后，人权理事会每年通过一项相关决议，将该任务延期 1 年。目前，人权理事会已通过九项相关延期决议。

决议中，人权理事会回顾了大会 2010 年 12 月 21 日第 65/226 号决议，对伊朗伊斯兰共和国方面对大会在该项决议中提出的请求缺乏合作感到遗憾，对秘书长向理事会提交的关于伊朗伊斯兰共和国人权状况的临时

27　A/HRC/RES/24/34.

28　A/HRC/RES/24/34, A/HRC/RES/39/19.

报告中记录的事态发展表示严重关切，由此决定任命一名伊朗伊斯兰共和国人权状况特别报告员，向人权理事会和大会提出报告。人权理事会呼吁伊朗伊斯兰共和国政府与特别报告员充分合作，允许其访问该国并获取一切必要的信息，以便其完成任务。[29]

4. 厄立特里亚人权状况特别报告员

2012 年 7 月 6 日，人权理事会通过关于“厄立特里亚的人权状况”的第 20/20 号决议，设立了“厄立特里亚人权状况特别报告员”任务。此后，人权理事会每年通过一项相关决议将该任务延期 1 年。目前，人权理事会已通过九项相关延期决议。

决议中，人权理事会对有报告指出的厄立特里亚当局严重侵犯其本国人民和同胞的人权，包括侵犯公民权利和政治权利及经济、社会和文化权利，并且这种侵犯人权行为造成多到令人吃惊的平民逃离厄立特里亚深表关注，对使用强迫劳动、包括征兵和迫使成年人在采矿业劳动表示严重关切。人权理事会强烈谴责：（a）厄立特里亚当局普遍蓄意侵犯人权和基本自由，包括任意处决和法外处决、强迫失踪、使用酷刑和不经司法程序进行任意拘留和单独监禁，并且拘留条件不人道和有辱人格；（b）严厉限制见解和言论自由、信息自由、思想自由、良心和宗教自由、和平集会和结社自由，包括拘留厄立特里亚的新闻记者、人权维护者、政治人物、宗教领袖和宗教信仰者；（c）强迫征召公民无限期地为国家服务，这情况可能相当于强迫劳动，据称强迫未成年人入伍和在采矿业劳动，恐吓和拘留逃避国家服务的嫌疑人的家庭成员；（d）在厄立特里亚边界采用格杀勿论的做法，以阻止厄立特里亚公民逃离厄

29　A/HRC/RES/16/9.

立特里亚；（e）厄立特里亚政府违反国际人权义务，在厄立特里亚境外对其国民征税；（f）厄立特里亚未与国际和区域人权机制合作。[30]

特别报告员的任务包括：向人权理事会提交并介绍一份书面报告，并在大会上就报告与大会开展互动对话；评估并报告厄立特里亚的人权状况以及该国政府与人权理事会、理事会各机制及高级专员办事处的接触与合作情况，并在可行情况下制定改善人权状况的进度表和有时限地实施进度表行动计划等。[31]

5. 朝鲜民主主义人民共和国人权状况特别报告员

2004 年 4 月 15 日，人权委员会通过关于“朝鲜民主主义人民共和国的人权状况”的第 2004/13 号决议，设立 “朝鲜民主主义人民共和国人权状况特别报告员”任务。此后，人权委员会于 2005 年通过一项决议，将该任务延期 1 年。接替人权委员会的人权理事会自 2008 年起每年通过一项相关决议，将该任务延期 1 年。目前，人权理事会一共通过了 14 项延期决议。

决议中，人权委员会对朝鲜不稳定的人道主义局势以及有关朝鲜民主主义人民共和国系统、广泛和严重侵犯人权的报告深表关切，这包括：（a）酷刑和其他残忍、不人道或有辱人格的待遇或处罚，公开处决，法外处决和任意拘留，出于政治原因的判处死刑，大量囚犯营地的存在和广泛使用强迫劳动，缺乏对被剥夺自由者权利的尊重；（b）对从国外遣返的朝鲜民主主义人民共和国公民的制裁，例如将他们的离境视为叛国罪而对其拘禁和施行酷刑、不人道或有辱人格的待遇或死刑的惩罚，以及在监狱和劳改营中的杀婴行为；（c）对思想、良心、宗教、见解

30 A/HRC/RES/20/20.

31 A/HRC/RES/38/15.

和言论、和平集会和结社自由以及每个人获取信息的自由进行的全面和严格限制，对每个希望在国内自由行动和出国旅行的人的限制；（d）对妇女人权和基本自由的持续侵犯，特别是贩卖妇女从事卖淫或强迫婚姻，出于种族动机的强迫堕胎和杀婴，包括对在警察拘留中心和劳动训练营中的被遣返孕妇女采取引产注射或使其自然分娩。[32]

特别报告员的任务包括：向人权理事会 /（人权委员会）和联合国大会报告其调查结果和建议。向人权理事会和大会提交定期报告，说明任务执行情况，包括为执行调查委员会的建议而采取的后续行动。[33]

6. 柬埔寨人权状况特别报告员

1993 年 2 月 19 日，人权委员会通过关于“柬埔寨的人权状况”的第 1993/6 号决议，设立 “柬埔寨人权状况特别报告员”任务。此后，人权委员会每年（2005 年止）通过一项决议，将该任务期限延长 1 年。接替人权委员会的人权理事会从 2008 年至 2010 年每年通过一项决议将该任务延期 1 年。从 2011 年至 2021 年，人权理事会每两年通过一项决议将该任务延期 2 年。目前，人权委员会和人权理事会一共通过了 21 项延期决议。

决议中，人权委员会认识到柬埔寨近期的悲惨历史需要采取特别措施，以确保保护人权和不回归过去的政策和做法，注意到联合国在柬埔寨的过渡机构的任务即将期满，请求秘书长在联合国在柬埔寨的过渡机构任务期满后，确保联合国人权机构在柬埔寨的继续存在，目的是：管理教育和技术援助及咨询服务方案的执行情况，并确保其继续实施；应选举后柬埔寨政府的要求，协助其履行最近加入的人权文书规定的义务，

32　E/CN.4/RES/2004/13.

33　A/HRC/RES/40/20.

包括编写向有关监测委员会提交的报告；向柬埔寨的善意人权团体提供支持；促进建立和/或加强促进和保护人权的国家机构；继续协助起草和执行促进和保护人权的立法；继续协助培训负责司法的人员。首任特别代表的任务包括：与柬埔寨政府和人民保持联系；指导和协调联合国在柬埔寨的人权存在；协助政府促进和保护人权；在“人权领域的咨询服务”议程项目下向联合国大会和人权委员会提出报告。[34]

7. 白俄罗斯人权状况特别报告员

2012年7月5日，人权理事会通过关于“白俄罗斯的人权状况”的第20/13号决议，设立了“白俄罗斯人权状况特别报告员”任务。此后，人权理事会每年通过一项决议将该任务延期1年。目前，人权理事会共通过了9项延期决议。

决议中，人权理事会对联合国人权事务高级专员报告[35]表明的自2010年12月19日以来存在严重并具有系统性质的侵犯人权的情况表示严重关切，包括对集会、结社、意见和言论等基本自由的限制，对媒体的限制，拘留中的酷刑和虐待，侵犯和违犯人权事项的肇事者逍遥法外，骚扰民间社会组织和人权维护者，违反正当法律程序和公平审判的保障、对辩护律师施加压力等指控。特别报告员的任务包括：监测白俄罗斯的人权状况，并提出改进建议；帮助执行高级专员报告中所载建议；协助白俄罗斯政府履行其人权义务；为民间社会提供支助和咨询；从所有利益攸关方寻求、接受、审查有关白俄罗斯人权状况的资料并采取行动；根据人权理事会和大会的工作方案，每年向人权理事会和大会提出

34 E/CN.4/RES/1993/6.

35 A/HRC/20/8.

报告。[36]

8. 秘书长任命的索马里人权状况独立专家

1993 年 3 月 10 日，人权委员会通过关于“向索马里提供人权领域的援助”的第 1993/86 号决议，设立“索马里人权状况独立专家”任务。此后，人权委员会每年（2005 年止）通过一项决议将该任务期限延长 1 年。接替人权委员会的人权理事会除 2013 年通过决议将该任务延期 2 年外，从 2008 年至 2021 年，每年通过一项决议将该任务延期 1 年。目前，人权委员会和人权理事会共通过了 25 项延期决议。

决议中，人权委员会意识到索马里普遍存在的悲惨情况，特别是缺乏政府机构以及因此需要采取特别措施来保护人权，并对索马里境内的救济人员和其他人道主义组织的袭击表示严重关切。独立专家的任务包括：以个人身份协助秘书长索马里问题特别代表，为重建人权和法治提供长期咨询服务方案，包括民主宪法以及最终通过普选和无记名投票进行定期和真正的选举；[37] 继续与索马里国家和地方各级联邦政府、包括联合国索马里援助团在内的联合国所有机构、非洲联盟、政府间发展管理局和其他有关国际组织、民间社会和所有相关人权机制密切合作，并协助索马里：(a) 履行其国内和国际人权义务；(b) 执行人权理事会的决议和其他人权文书，包括进行有关的例行报告；(c) 落实在普遍定期审议期间接受的各项建议；(d) 落实其他人权承诺、政策和立法，以促进对妇女、青年和边缘化群体的赋权，实现表达自由和集会自由，保护媒体，保证妇女可以诉诸司法，并提高负责司法和保护人权的部委和机构

36　A/HRC/RES/20/13.

37　E/CN.4/RES/1993/86.

的能力。[38]

9. 缅甸人权状况特别报告员

1992 年 3 月 3 日，人权委员会通过关于“缅甸的人权状况”的第 1992/58 号决议，设立 “缅甸人权状况特别报告员”任务。此后，人权委员会每年（2005 年止）通过一项决议将该任务期限延长 1 年。接替人权委员会的人权理事会从 2008 年至 2021 年每年通过一项决议，将该任务延期 1 年。目前，人权委员会和人权理事会一共通过了 27 项延期决议。

决议中，人权委员会对缅甸境内人权情况的严重性、对基本自由的重要限制、针对少数群体采取的压迫措施以及缅甸难民逃往邻国等问题表示关切。特别报告员的任务包括：与政府和缅甸人民，包括被剥夺自由的政治领导人及其家人和律师建立直接联系，以便审查缅甸境内的人权情况，了解在向文职政府移交权力和起草新宪法、取消对个人自由的限制和恢复人权方面取得的进展，向联合国大会和人权委员会 / 人权理事会提交报告，[39] 并请特别报告员继续监督人权状况，衡量落实特别报告员所提建议的进展情况。[40]

10. 马里人权状况独立专家

2013 年 3 月 21 日，人权理事会通过关于“在人权领域援助马里共和国”的第 22/18 号决议，设立 “马里人权状况独立专家”任务。此后，人权理事会每年通过一项相关决议，将该任务延期 1 年。目前，人权理事会已通过 8 项相关延期决议。

---

38 A/HRC/RES/39/23.

39 E/CN.4/RES/1992/58.

40 A/HRC/RES/40/29.

决议中，人权理事会关切地注意到马里共和国尤其是该国北部的人权状况以及严重的人道主义危机及其对萨赫勒地区各国的影响，谴责反叛分子、恐怖主义团伙和其他跨国犯罪组织在马里共和国尤其是在该国北部所犯的暴行和侵害行为，包括暴力侵害妇女和儿童、即决处决和法外处决、绑架人质、抢劫、破坏文化和宗教遗址、招募儿童兵以及马里境内的各种侵犯人权行为。独立专家的任务包括：协助马里政府采取行动增进和保护人权，并在其任务范围内与联合国所有实体、非洲联盟、西非国家经济共同体、其他所有相关的国际组织及马里民间社会密切合作，并向人权理事会提交报告等。[41]

11. 阿拉伯叙利亚共和国人权状况特别报告员

2011 年 12 月 5 日，人权理事会第 18 届特别会议通过关于“阿拉伯叙利亚共和国的人权状况”的第 18/1 号决议，设立“阿拉伯叙利亚共和国人权状况特别报告员”任务。

决议中，人权理事会深为关切叙利亚当局不断严重侵犯其本国人民的人权（包括公民权利和政治权利以及经济、社会和文化权利）的种种行为，并强烈谴责叙利亚当局持续不断地普遍、蓄意和严重侵犯人权和基本自由。特别报告员的任务包括：监督阿拉伯叙利亚共和国的人权状况以及调查委员会向阿拉伯叙利亚共和国当局提出的各项建议和人权理事会关于阿拉伯叙利亚共和国人权状况的各项决议的执行情况。特别报告员在任务设立后的 12 个月内向人权理事会和大会提出报告，并在过渡时期向理事会口头报告最新情况。[42]

41 A/HRC/RES/22/18.

42 A/HRC/RES/S-18/1.

12. 阿富汗人权状况特别报告员

2021 年 10 月 7 日，人权理事会通过关于“阿富汗的人权状况”的第 48/1 号决议，设立“阿富汗人权状况特别报告员”任务，以监督阿富汗境内不断发展的人权状况，任期 1 年。

决议中，人权理事会深为关切阿富汗的人权状况，特别是塔利班和冲突其他各方被指控犯下的侵犯和践踏人权及违反国际人道法的行为，包括涉及即决处决或法外处决、任意拘留、对和平抗议者和记者使用暴力、报复、突袭非政府组织和民间社会团体办公室、侵犯和践踏所有妇女和女童人权的行为，关注阿富汗严峻的安全局势对人权的影响，特别是对所有妇女和女童、老年人、少数族裔和宗教少数群体、记者、媒体工作者、人权维护者及其家人、境内流离失所者、曾为政府和前军事机构工作过的人以及弱势人群的影响，并深为关切正在持续恶化的人道主义局势以及迫在眉睫的粮食安全危机。特别报告员的任务包括：报告不断发展的人权状况并提出改进建议；协助履行阿富汗批准的各项国际条约所规定的人权义务；向民间社会提供支持和咨询；寻求、接收、审查所有利益攸关方提供的有关阿富汗人权状况的信息，并对上述信息采取行动；在其任务工作中始终纳入性别观和以幸存者为本的方针；根据人权理事会第 51 届会议和大会第 77 届会议各自的工作方案，向其提出书面报告。[43]

13. 布隆迪人权状况特别报告员

2021 年 10 月 8 日，人权理事会通过关于“布隆迪的人权状况”的第 48/16 号决议，设立“布隆迪人权状况特别报告员”任务，负责监测

43　A/HRC/RES/48/1.

布隆迪的人权状况。

决议中，人权理事会对所有侵犯和践踏人权行为的人逍遥法外表示谴责，敦促布隆迪政府追究所有肇事者，无论其隶属关系或地位如何，要求包括国防和安全部队成员以及执政党青年联盟成员等人员对他们的行为负责，有关行为包括性暴力和基于性别的暴力和虐待儿童，要确保受害者能够寻求正义和法律补救。特别报告员的任务包括：在调查委员会工作的基础上提出改进建议，收集、审查和评估所有利益攸关方提供的与布隆迪人权有关的信息，建议布隆迪政府履行国际条约规定的人权义务，并为民间社会和国家独立人权委员会执行其促进和保护人权的独立任务以及提高对人权问题的认识提供支持和建议。人权理事会还请特别报告员向人权理事会第 50 届会议口头报告布隆迪境内人权状况的最新情况，并向理事会第 51 届会议和大会第 77 届会议提交全面的书面报告。[44]

值得注意的是，1993 年 3 月 10 日人权委员会还通过了关于“苏丹的人权状况”的第 1993/60 号决议，设立了“苏丹人权状况特别报告员”的任务，并在此后每年（2005 年止）通过一项决议将该任务期限延长 1 年。接替人权委员会的人权理事会从 2007 年至 2018 年每年通过一项决议将该任务延期 1 年。目前，该特别报告员任务已完结。

二、专题机制

目前，特别程序共设有 45 个专题任务，涉及儿童买卖、人权维护者、任意拘留、住房、健康、单方面强制措施、危险物质 / 有害物质、发展、

44　A/HRC/RES/48/16.

和平集会和结社自由、国际团结、国际秩序、土著人民、境内流离失所者、处决、外债、失踪、奴隶制、宗教或信仰、少数群体问题、工商业、性取向和性别认同、恐怖主义、教育、文化权、暴力侵害妇女、残疾、水和卫生设施、法官和律师独立性、法律和实践中的妇女、环境、白化病、寻求真相、正义、赔偿和保证不再发生、种族主义、移徙者、老年人、见解和言论自由、贩运人口、贫穷、酷刑、隐私、雇佣军、非洲人后裔、食物、麻风病以及气候变化等广泛的人权问题。

专题任务负责人的重要工作方法包括进行国别访问和撰写、提交报告，任务负责人借以就世界各地的有关人权侵犯问题提出促进和改善的建议。据联合国人权高级专员办事处官网资料的统计，目前各任务负责人进行国别访问所涉及国家、向人权委员会 / 人权理事会和联合国大会提交报告情况如表 4-2 所示：

表 4–2

任务 / 名称	国别访问	报告对象		
	涉及国家 / 地区	CHR	HRC	GA
买卖儿童、儿童卖淫和儿童色情制品问题特别报告员	马来西亚、爱尔兰、老挝、格鲁吉亚、尼日利亚、日本、亚美尼亚、洪都拉斯、贝宁、马达加斯加、吉尔吉斯斯坦、危地马拉、法国、毛里求斯、美国、萨尔瓦多、塞内加尔、阿联酋、爱沙尼亚、拉脱维亚、墨西哥、乌克兰、希腊、阿尔巴尼亚、罗马尼亚、巴拉圭、巴西、南非、摩洛哥、俄罗斯、比利时、荷兰、斐济、肯尼亚、捷克、尼泊尔、澳大利亚	16	14	16
人权维护者处境问题特别报告员	洪都拉斯、摩尔多瓦、墨西哥、澳大利亚、阿塞拜疆、匈牙利、布隆迪、韩国、多哥、突尼斯、爱尔兰、印度、亚美尼亚、刚果民主共和国、哥伦比亚、危地马拉、塞尔维亚和科索沃、印度尼西亚、巴西、以色列和巴勒斯坦被占领土、尼日利亚、安哥拉、土耳其、泰国、前南斯拉夫马其顿共和国、吉尔吉斯斯坦	6	13	18

任意拘留问题工作组	不丹、越南、尼泊尔、中国、秘鲁、英国、罗马尼亚、印度尼西亚、巴林、澳大利亚、墨西哥、伊朗、阿根廷、拉脱维亚、白俄罗斯、加拿大、南非、厄瓜多尔、尼加拉瓜、洪都拉斯、土耳其、挪威、赤道几内亚、安哥拉、毛里塔尼亚、哥伦比亚、乌克兰、意大利、马耳他、塞内加尔、马来西亚、亚美尼亚、德国、格鲁吉亚、萨尔瓦多、希腊、巴西、匈牙利、摩洛哥、新西兰、阿塞拜疆、美国、斯里兰卡	16	14	0
适足生活水准权所含适足住房问题特别报告员	埃及、韩国、智利、印度、葡萄牙、佛得角、塞尔维亚和科索沃、印度尼西亚、英国、以色列、巴勒斯坦被占领土、卢旺达、阿根廷、克罗地亚、哈萨克斯坦、美国、马尔代夫、加拿大、南非、西班牙、澳大利亚、黎巴嫩、伊朗、柬埔寨、巴西、肯尼亚、阿富汗、秘鲁、墨西哥、罗马尼亚	6	13	11
人人享有能达到的最高标准的身心健康权利问题特别报告员	加拿大、吉尔吉斯斯坦、亚美尼亚、印度尼西亚、阿尔及利亚、克罗地亚、尼日利亚、巴拉圭、马来西亚、阿塞拜疆、塔吉克斯坦、日本、加纳、越南、危地马拉、叙利亚、澳大利亚、波兰、印度、厄瓜多尔、乌干达、瑞典、黎巴嫩、以色列、莫桑比克、秘鲁、罗马尼亚	4	18	16
单方面强制性措施对享有人权的负面影响问题特别报告员	阿拉伯叙利亚共和国、欧盟、俄罗斯联邦、苏丹	0	4	4
危险物质及废料的无害环境管理和处置对人权的影响问题特别报告员	丹麦和格陵兰岛、塞拉利昂、英国、德国、韩国、哈萨克斯坦、匈牙利、马绍尔群岛、美国、波兰、吉尔吉斯斯坦、印度、科特迪瓦、荷兰、坦桑尼亚、乌克兰	0	13	1
发展权问题特别报告员	无	0	2	2
和平集会和结社自由权利问题特别报告员	英国、美国、智利、韩国、阿曼、哈萨克斯坦、卢旺达、格鲁吉亚	0	8	6
人权与国际团结问题独立专家	古巴、挪威、摩洛哥、巴西	2	12	6
促进民主和公平的国际秩序独立专家	委内瑞拉玻利瓦尔共和国、厄瓜多尔、	0	8	7

土著人人权和基本自由状况特别报告员	墨西哥、危地马拉、美国、澳大利亚、巴西、洪都拉斯、挪威、瑞典、芬兰、巴拉圭、巴拿马、加拿大、秘鲁、纳米比亚、萨尔瓦多、阿根廷、新西兰、刚果共和国、法国、博茨瓦纳、哥伦比亚、俄罗斯、厄瓜多尔、智利、尼泊尔、巴西、玻利维亚、肯尼亚、南非、菲律宾	5	12	13
负责境内流离失所者人权问题的秘书长代表	萨尔瓦多、利比亚、尼日尔、阿富汗、格鲁吉亚、洪都拉斯、菲律宾、叙利亚、伊拉克、乌克兰、海地、阿塞拜疆、斯里兰卡、南非、塞尔维亚和科索沃、科特迪瓦、苏丹、马尔代夫、肯尼亚、中非共和国、乍得、索马里、刚果民主共和国、哥伦比亚、克罗地亚、波斯尼亚和黑塞哥维那、尼泊尔、塞尔维亚和黑山、苏丹、俄罗斯、乌干达、菲律宾、墨西哥、土耳其、印度尼西亚、安哥拉、亚美尼亚、布隆迪、东帝汶、莫桑比克、塔吉克斯坦、秘鲁、卢旺达、前南斯拉夫	4	23	20
法外处决、即审即决或任意处决问题特别报告员	萨尔瓦多、伊拉克、洪都拉斯、乌克兰、冈比亚、巴布亚新几内亚、墨西哥、土耳其、印度、阿尔巴尼亚、厄瓜多尔、哥伦比亚、肯尼亚、美国、刚果民主共和国、阿富汗、中非共和国、巴西、菲律宾、黎巴嫩、以色列、危地马拉、斯里兰卡、尼日利亚、苏丹、牙买加、尼泊尔、东帝汶、前南斯拉夫的马其顿共、布隆迪、印度尼西亚、秘鲁、卢旺达、前南斯拉夫、扎伊尔、苏里南、乌干达	28	14	16
国家外债和其他有关国际金融义务对充分享有所有人权、尤其是经济、社会、文化权利的影响问题独立专家	斯里兰卡、乌克兰、瑞士、巴拿马、突尼斯、欧盟、希腊、中国、冰岛、阿根廷、日本、拉脱维亚、越南、刚果民主共和国、澳大利亚、所罗门群岛、挪威、厄瓜多尔、布基纳法索、莫桑比克、吉尔吉斯斯坦、乌干达	7	18	12
强迫或非自愿失踪问题工作组	冈比亚、阿尔巴尼亚、秘鲁、斯里兰卡、土耳其、克罗地亚、黑山、塞尔维亚和科索沃、西班牙、智利、巴基斯坦、刚果共和国、墨西哥、东帝汶、波斯尼亚和黑塞哥维那、摩洛哥、阿根廷、危地马拉、洪都拉斯、萨尔瓦多、哥伦比亚、尼泊尔、刚果民主共和国、也门、前南斯拉夫联盟、菲律宾、危地马拉、玻利维亚	26	12	3
当代形式奴隶制问题特别报告员	巴拉圭、萨尔瓦多、尼日利亚、比利时、尼日尔、加纳、哈萨克斯坦、毛里塔尼亚、马达加斯加、黎巴嫩、秘鲁、罗马尼亚、巴西、厄瓜多尔、海地	0	10	2

宗教或信仰自由特别报告员	荷兰、突尼斯、阿尔巴尼亚、乌兹别克斯坦、丹麦、孟加拉国、黎巴嫩、越南、哈萨克斯坦、约旦、塞拉利昂、塞浦路斯、摩尔多瓦共和国、巴拉圭、老挝、塞尔维亚和科索沃、前南斯拉夫马其顿共和国、土库曼斯坦、印度、以色列和巴勒斯坦被占领土、安哥拉、英国、塔吉克斯坦、马尔代夫、阿塞拜疆、法国、斯里兰卡、尼日利亚、罗马尼亚、格鲁吉亚、阿尔及利亚、阿根廷、土耳其、美国、德国、澳大利亚、印度、希腊、苏丹、伊朗、巴基斯坦、中国	21	15	24
少数群体问题特别报告员	斯洛文尼亚、博茨瓦纳、伊拉克、摩尔多瓦共和国、斯里兰卡、巴西、乌克兰、尼日利亚、喀麦隆、波斯尼亚和黑塞哥维那、卢旺达、保加利亚、越南、哥伦比亚、加拿大、哈萨克斯坦、希腊、圭亚那、多米尼加共和国、法国、埃塞俄比亚、匈牙利	1	14	8
人权与跨国公司和其他工商企业问题工作组	格鲁吉亚、肯尼亚、泰国、秘鲁、加拿大、墨西哥、大韩民国、巴西、阿塞拜疆、加纳、美国、蒙古	0	13	8
防止基于性取向和性别认同的暴力和歧视问题独立专家	乌克兰、莫桑比克、格鲁吉亚、阿根廷	0	3	2
在打击恐怖主义的同时增进和保护人权问题特别报告员	比利时、法国、斯里兰卡、沙特阿拉伯、突尼斯、智利、布基纳法索、秘鲁、埃及、西班牙、南非、美国、以色列和巴勒斯坦被占领土、土耳其、澳大利亚、	1	14	14
受教育权问题特别报告员	科特迪瓦、智利、斐济、阿尔及利亚、不丹、塞舌尔、厄瓜多尔、突尼斯、哈萨克斯坦、塞内加尔、蒙古、墨西哥、巴拉圭、马来西亚、危地马拉、摩洛哥、波斯尼亚和黑塞哥维那、德国、博茨瓦纳、中国、哥伦比亚、印度尼西亚、英国、美国、土耳其、乌干达	8	13	9
文化权利领域问题特别报告员	马尔代夫、波兰、马来西亚、塞尔维亚和科索沃、塞浦路斯、博茨瓦纳、越南、波斯尼亚和黑塞哥维那、俄罗斯联邦、圣文森特和格林纳丁斯、奥地利、摩洛哥、巴西	0	10	7

暴力侵害妇女及其原因和后果问题特别报告员	加拿大、巴哈马、澳大利亚、阿根廷、以色列和巴勒斯坦被占领土、格鲁吉亚、南非、阿富汗、洪都拉斯、英国、阿塞拜疆、孟加拉国、印度、克罗地亚、波黑、巴布亚新几内亚、所罗门群岛、意大利、索马里、约旦、美国、赞比亚、阿尔及利亚、萨尔瓦多、吉尔吉斯斯坦、摩尔多瓦、塔吉克斯坦、沙特阿拉伯、刚果民主共和国、加纳、阿尔及利亚、荷兰、瑞典、土耳其、墨西哥、俄罗斯、伊朗、苏丹、危地马拉、哥伦比亚、塞拉利昂、孟加拉国、尼泊尔、印度、东帝汶、海地、古巴、印度尼西亚、列支敦士登、卢旺达、巴西、波兰、朝鲜、韩国	12	13	8
残疾人问题特别报告员	科威特、朝鲜、哈萨克斯坦、法国、赞比亚、摩尔多瓦、巴拉圭	0	5	5
享有安全饮用水和卫生设施的人权问题特别报告员	马来西亚、莱索托、印度、蒙古、葡萄牙、墨西哥、萨尔瓦多、博茨瓦纳、塔吉克斯坦、肯尼亚、约旦、巴西、泰国、图瓦卢、基里巴斯、乌拉圭、塞内加尔、纳米比亚、日本、美国、斯洛文尼亚	0	12	9
法官和律师独立性问题特别报告员	波兰、斯里兰卡、几内亚比绍、葡萄牙、突尼斯、阿拉伯联合酋长国、卡塔尔、俄罗斯、马尔代夫、萨尔瓦多、巴基斯坦、土耳其、罗马尼亚、保加利亚、莫桑比克、墨西哥、哥伦比亚、危地马拉、刚果民主共和国、吉尔吉斯斯坦、塔吉克斯坦、厄瓜多尔、巴西、哈萨克斯坦、意大利、沙特阿拉伯、印度尼西亚、斯洛伐克共和国、白俄罗斯、南非、英国、比利时、秘鲁	12	13	14
法律和实践中歧视妇女问题工作组的报告	波兰、洪都拉斯、乍得、萨摩亚、科威特、匈牙利、美国、塞内加尔、西班牙、秘鲁、智利、中国、冰岛、突尼斯、摩尔多瓦、摩洛哥	0	8	0
与享有安全、洁净、健康和可持续环境相关的人权义务问题特别报告员	挪威、斐济、蒙古、乌拉圭、马达加斯加、法国、哥斯达黎加	0	7	2
白化病患者享有人权问题独立专家	莫桑比克、马拉维、坦桑尼亚、斐济、肯尼亚	0	4	3
寻求真相、正义、赔偿和保证不再发生问题特别报告员	斯里兰卡、英国、布隆迪、西班牙、乌拉圭、突尼斯	0	8	7

当代形式的种族主义问题特别报告员	摩洛哥、英国、斐济、澳大利亚、阿根廷、希腊、韩国、毛里塔尼亚、西班牙、玻利维亚、匈牙利、新加坡、阿联酋、德国、美国、多米尼加共和国、立陶宛、拉脱维亚、爱沙尼亚、意大利、俄罗斯、瑞士、巴西、日本、尼加拉瓜、洪都拉斯、科特迪瓦、危地马拉、哥伦比亚、加拿大、特立尼达和多巴哥、圭亚那、捷克、罗马尼亚、南非、科威特、法国	13	13	25
迁徙人口人权问题特别报告员	匈牙利、尼日尔、尼泊尔、安哥拉、希腊、澳大利亚、瑙鲁、马耳他、意大利、斯里兰卡、卡塔尔、土耳其、突尼斯、欧盟、阿尔巴尼亚、南非、日本、塞内加尔、英国、罗马尼亚、危地马拉、墨西哥、美国、印度尼西亚、韩国、布基纳法索、秘鲁、伊朗、摩洛哥、西班牙、菲律宾、厄瓜多尔、加拿大	7	12	16
老年人享有所有人权问题独立专家	黑山、格鲁吉亚、纳米比亚、新加坡、哥斯达黎加、毛里求斯、奥地利、斯洛文尼亚	0	5	0
促进和保护见解和言论自由权问题特别报告员	厄瓜多尔、利比里亚、墨西哥、土耳其、日本、塔吉克斯坦、意大利、黑山、前南斯拉夫马其顿共和国、洪都拉斯、以色列和巴勒斯坦被占领土、阿尔及利亚、墨西哥、韩国、马尔代夫、乌克兰、阿塞拜疆、塞尔维亚和黑山联盟、哥伦比亚、科特迪瓦、伊朗、赤道几内亚、阿根廷、阿尔巴尼亚、突尼斯、英国、爱尔兰、苏丹、匈牙利、马来西亚、波兰、白俄罗斯、马拉维	13	13	7
贩卖人口、特别是贩卖妇女和儿童问题特别报告员	尼日利亚、古巴、美国、科威特、约旦、马来西亚、塞舌尔、伯利兹、巴哈马、意大利、摩洛哥、菲律宾、加蓬、阿联酋、澳大利亚、泰国、阿根廷、乌拉圭、埃及、日本、白俄罗斯、阿曼、卡塔尔、黎巴嫩、波黑	2	12	10
赤贫与人权问题特别报告员	英国、老挝、加纳、美国、沙特阿拉伯、中国、毛里塔尼亚、罗马尼亚、智利、几内亚比绍、摩尔多瓦共和国、莫桑比克、蒙古、纳米比亚、巴拉圭、东帝汶、爱尔兰、越南、孟加拉国、赞比亚、厄瓜多尔、苏丹、也门、多米尼加共和国、玻利维亚、贝宁、葡萄牙、保加利亚	9	15	11

酷刑和其他残忍、不人道或有辱人格的待遇或处罚问题特别报告员	塞尔维亚和科索沃、阿根廷、乌克兰、土耳其、墨西哥、斯里兰卡、毛里塔尼亚、巴西、加纳、格鲁吉亚、甘比亚、塔吉克斯坦、突尼斯、摩洛哥、吉尔吉斯斯坦、希腊、巴布亚新几内亚、牙买加、赤道几内亚、乌拉圭、哈萨克斯塔、丹麦、摩尔多瓦、印度尼西亚、多哥、尼日利亚、约旦、中国、尼泊尔、蒙古、西班牙、乌兹别克斯坦、阿塞拜疆、肯尼亚、罗马尼亚、喀麦隆、委内瑞拉、智利、巴基斯坦、哥伦比亚、俄罗斯、埃及、前南斯拉夫、东帝汶、菲律宾、扎伊尔、危地马拉、洪都拉斯、秘鲁、韩国	22	13	20
隐私权问题特别报告员	无	0	3	4
以雇佣军为手段侵犯人权并阻挠行使民族自决权问题工作组	加纳、奥地利、中非共和国、欧盟、乌克兰、比利时、突尼斯、乍得、科特迪瓦、科摩罗、加纳、洪都拉斯、索马里、伊拉克、南非、赤道几内亚、美国、阿富汗、英国、智利、斐济、秘鲁、洪都拉斯、厄瓜多尔	1	12	13
非洲裔人问题专家工作组	比利时、厄瓜多尔、美国、葡萄牙、英国、巴拿马、巴西、荷兰、瑞典、意大利、加拿大、德国、圭亚那、西班牙	4	12	5
粮食权特别报告员	阿根廷、印度尼西亚、越南、赞比亚、波兰、巴拉圭、摩洛哥、菲律宾、马来西亚、墨西哥、马拉维、喀麦隆、加拿大、马达加斯加、南非、墨西哥、中国、叙利亚、贝宁、危地马拉、尼加拉瓜、巴西、古巴、玻利维亚、黎巴嫩、印度、尼日尔、蒙古、埃塞俄比亚、巴勒斯坦被占领土、孟加拉国	6	12	17
消除对麻风病患者及其家人的歧视问题特别报告员	巴西	0	0	0

注：1. 提交给人权委员会（CHR）、人权理事会 (HRC) 和联合国大会 (GA) 的报告数不包含相关特别程序专题任务负责人提交的国别访问报告，仅包括年度报告、临时报告及与其他专题任务的联合报告。

2. 国别访问国家 / 地区的个数并不绝对等于专题任务的实际访问次数，任务负责人对某些国家的访问次数超过一次。统计数据基于联合国人权高级专员办事处官网文件，具体按“特别程序—专题任务—具体专题任务—年度报告”进行搜索。

3. 国别访问的相关数据统计基于联合国人权高级专员办事处官网文件，具体在“基于宪章设立的机构的文件搜索”页面，按“主题”或“任务”进行搜索。

除非人权理事会另行决定，专题任务通常为每3年续期一次。目前，45项专题任务的设立和和延期详情依表4-3所示：

表4-3

名称/任务	任务的确立		任务的延期	
	年份	决议号	年份	决议号
买卖儿童、儿童卖淫和儿童色情制品问题特别报告员	1990	人权委员会决议E/CN.4/RES/1990/68（一年）	2008	人权理事会决议A/HRC/RES/7/13
			2011	人权理事会决议A/HRC/RES/16/12
			2014	人权理事会决议A/HRC/RES/25/6
			2017	人权理事会决议A/HRC/RES/34/16
			2020	人权理事会决议A/HRC/RES/43/22
人权维护者处境问题特别报告员	2000	人权委员会决议E/CN.4/RES/2000/61	2008	人权理事会决议A/HRC/RES/7/8
			2011	人权理事会决议A/HRC/RES/16/5
			2014	人权理事会决议A/HRC/RES/25/18
			2017	人权理事会决议A/HRC/RES/34/5
			2020	人权理事会决议A/HRC/RES/43/16
任意拘留问题工作组	1991	人权委员会决议E/CN.4/RES/1991/42	1997	人权委员会决议E/CN.4/RES/1997/50
			2007	人权理事会决议A/HRC/RES/6/4
			2010	人权理事会决议A/HRC/RES/15/18
			2013	人权理事会决议A/HRC/RES/24/7
			2016	人权理事会决议A/HRC/RES/33/30
			2019	人权理事会决议A/HRC/RES/42/22

适足生活水准权所含适足住房问题特别报告员	2000	人权委员会决议 E/CN.4/RES/2000/9	2007	人权理事会决议A/HRC/RES/6/27
			2010	人权理事会决议A/HRC/RES/15/8
			2014	人权理事会决议A/HRC/RES/25/17
			2017	人权理事会决议A/HRC/RES/34/9
			2020	人权理事会决议 A/HRC/RES/43/14
人人享有能达到的最高标准的身心健康权利问题特别报告员	2002	人权委员会决议 E/CN.4/RES/2002/31	2007	人权理事会决议 A/HRC/RES/6/29
			2010	人权理事会决议A/HRC/RES/15/22
			2013	人权理事会决议A/HRC/RES/24/6
			2016	人权理事会决议A/HRC/RES/33/9
			2019	人权理事会决议 A/HRC/RES/42/16
单方面强制性措施对享有人权的负面影响问题特别报告员	2014	人权理事会决议 A/HRC/RES/27/21	2017	人权理事会决议 A/HRC/RES/36/10
			2020	人权理事会决议 A/HRC/RES/45/5
危险物质及废料的无害环境管理和处置对人权的影响问题特别报告员	1995	人权委员会决议 E/CN.4/RES/1995/81	1998	人权委员会决议E/CN.4/RES/1998/12
			2001	人权委员会决议E/CN.4/RES/2001/35
			2004	人权委员会决议E/CN.4/RES/2004/17
			2008	人权理事会决议A/HRC/RES/9/1
			2011	人权理事会决议A/HRC/RES/18/11
			2012	人权理事会决议A/HRC/RES/21/17
			2014	人权理事会决议A/HRC/RES/27/23
			2017	人权理事会决议A/HRC/RES/36/15
			2020	人权理事会决议 A/HRC/RES/45/17

发展权问题特别报告员	2016	人权理事会决议A/HRC/RES/33/14	2019	人权理事会决议A/HRC/RES/42/23
和平集会和结社自由权利问题特别报告员	2010	人权理事会决议A/HRC/RES/15/21	2013	人权理事会决议A/HRC/RES/24/5
			2016	人权理事会决议A/HRC/RES/32/32
			2019	人权理事会决议A/HRC/RES/41/12
人权与国际团结问题独立专家	2005	人权委员会决议E/CN.4/RES/2005/55	2008	人权理事会决议A/HRC/RES/7/5
			2011	人权理事会决议A/HRC/RES/17/6
			2014	人权理事会决议A/HRC/RES/26/6
			2017	人权理事会决议A/HRC/RES/35/3
			2020	人权理事会决议A/HRC/RES/44/11
促进民主和公平的国际秩序独立专家	2011	人权理事会决议A/HRC/RES/18/6	2014	人权理事会决议A/HRC/RES/27/9
			2017	人权理事会决议A/HRC/RES/36/4
			2020	人权理事会决议A/HRC/RES/45/4
土著人人权和基本自由状况特别报告员	2001	人权委员会决议E/CN.4/RES/2001/57	2007	人权理事会决议A/HRC/RES/6/12
			2010	人权理事会决议A/HRC/RES/15/14
			2013	人权理事会决议A/HRC/RES/24/9
			2016	人权理事会决议A/HRC/RES/33/12
			2019	人权理事会决议A/HRC/RES/42/20
负责境内流离失所者人权问题的秘书长代表	2004	人权委员会决议E/CN.4/RES/2004/55	2007	人权理事会决议A/HRC/RES/6/32
			2010	人权理事会决议A/HRC/RES/14/6
			2013	人权理事会决议A/HRC/RES/23/8

负责境内流离失所者人权问题的秘书长代表	2004	人权委员会决议 E/CN.4/RES/2004/55	2016	人权理事会决议A/HRC/RES/32/11
			2019	人权理事会决议 A/HRC/RES/41/15
法外处决、即审即决或任意处决问题特别报告员	1982	经济及社会理事会 E/RES/1982/35	1992	(前)人权委员会E/CN.4/RES/1992/72
			2008	人权理事会决议A/HRC/RES/8/3
			2011	人权理事会决议A/HRC/RES/17/5
			2014	人权理事会决议A/HRC/RES/26/12
			2017	人权理事会决议A/HRC/RES/35/15
			2020	人权理事会决议A/HRC/RES/44/5
国家外债和其他有关国际金融义务对充分享有所有人权、尤其是经济、社会、文化权利的影响问题独立专家	2000	人权委员会决议 E/CN.4/RES/2000/82	2008	人权理事会决议A/HRC/RES/7/4
			2011	人权理事会决议A/HRC/RES/16/14
			2014	人权理事会决议A/HRC/RES/25/16
			2017	人权理事会决议A/HRC/RES/34/3
			2020	人权理事会决议 A/HRC/RES/43/10
强迫或非自愿失踪问题工作组	1980	人权委员会决议 E/CN.4/RES/1980/20/(XXXVI)	2008	人权理事会决议A/HRC/RES/7/12
			2011	人权理事会决议A/HRC/RES/16/16
			2014	人权理事会决议A/HRC/RES/27/1
			2017	人权理事会决议A/HRC/RES/36/6
			2020	人权理事会决议A/HRC/RES/45/3
当代形式奴隶制问题特别报告员	2007	人权理事会决议A/HRC/RES/6/14	2010	人权理事会决议A/HRC/RES/15/2
			2013	人权理事会决议A/HRC/RES/24/3

当代形式奴隶制问题特别报告员	2007	人权理事会决议A/HRC/RES/6/14	2016	人权理事会决议A/HRC/RES/33/1
			2019	人权理事会决议 A/HRC/RES/42/10
宗教或信仰自由特别报告员	1986	人权委员会决议 E/CN.4/RES/1986/20	2007	人权理事会决议A/HRC/RES/6/37
			2010	人权理事会决议A/HRC/RES/14/11
			2013	人权理事会决议A/HRC/RES/22/20
			2016	人权理事会决议A/HRC/RES/31/16
			2019	人权理事会决议A/HRC/RES/40/10
少数群体问题特别报告员	2005	人权委员会决议 E/CN.4/RES/2005/79	2008	人权理事会决议A/HRC/RES/7/6
			2011	人权理事会决议A/HRC/RES/16/6
			2014	人权理事会决议A/HRC/RES/25/5
			2017	人权理事会决议A/HRC/RES/34/6
			2020	人权理事会决议 A/HRC/RES/43/8
人权与跨国公司和其他工商企业问题工作组	2011	人权理事会决议 A/HRC/RES/17/4	2014	人权理事会决议A/HRC/RES/26/22
			2017	人权理事会决议A/HRC/RES/35/7
			2020	人权理事会决议A/HRC/RES/44/15
防止基于性取向和性别认同的暴力和歧视问题独立专家	2016	人权理事会决议 A/HRC/RES/32/2	2019	人权理事会决议A/HRC/RES/41/18
在打击恐怖主义的同时增进和保护人权问题特别报告员	2005	人权委员会决议 E/CN.4/RES/2005/80	2007	人权理事会决议A/HRC/RES/6/28
			2010	人权理事会决议A/HRC/RES/15/15
			2013	人权理事会决议A/HRC/RES/22/8
			2016	人权理事会决议A/HRC/RES/31/3
			2019	人权理事会决议A/HRC/RES/40/16

受教育权问题特别报告员	1998	人权委员会决议 E/CN.4/RES/1998/33	2008	人权理事会决议A/HRC/RES/8/4
			2011	人权理事会决议A/HRC/RES/17/3
			2014	人权理事会决议A/HRC/RES/26/17
			2017	人权理事会决议A/HRC/RES/35/2
			2020	人权理事会决议A/HRC/RES/44/3
文化权利领域问题特别报告员	2009	人权理事会决议 A/HRC/RES/10/23	2012	人权理事会决议A/HRC/RES/19/6
			2015	人权理事会决议A/HRC/RES/28/9
			2018	人权理事会决议A/HRC/RES/37/12
			2021	人权理事会决议A/HRC/RES/46/9
暴力侵害妇女、其原因和后果问题特别报告员	1994	人权委员会决议 E/CN.4/RES/1994/45	2003	人权委员会决议E/CN.4/2003/45
			2008	人权理事会决议A/HRC/RES/7/24
			2011	人权理事会决议 A/HRC/RES/16/7
			2013	人权理事会决议 A/HRC/RES/23/25
			2016	人权理事会决议 A/HRC/RES/32/19
			2019	人权理事会决议 A/HRC/41/17
残疾人问题特别报告员	2014	人权理事会决议 A/HRC/RES/26/20	2017	人权理事会决议 A/HRC/RES/35/6
			2020	人权理事会决议 A/HRC/RES/44/10
享有安全饮用水和卫生设施的人权问题特别报告员	2008	人权理事会决议 A/HRC/RES/7/22	2011	人权理事会决议 A/HRC/RES/16/2
			2013	人权理事会决议 A/HRC/RES/24/18
			2016	人权理事会决议 A/HRC/RES/33/10
			2019	人权理事会决议 A/HRC/RES/42/5

法官和律师独立性问题特别报告员	1994	人权委员会决议 E/CN.4/RES/1994/41	2008	人权理事会决议 A/HRC/RES/8/6
			2011	人权理事会决议 A/HRC/RES/17/2
			2014	人权理事会决议 A/HRC/RES/26/7
			2017	人权理事会决议 A/HRC/RES/35/11
			2020	人权理事会决议 A/HRC/RES/44/8
法律和实践中歧视妇女问题工作组的报告	2010	人权理事会决议 A/HRC/RES/15/23	2013	人权理事会决议 A/HRC/RES/23/7
			2016	人权理事会决议 A/HRC/RES/32/4
			2019	人权理事会决议 A/HRC/RES/41/6
与享有安全、洁净、健康和可持续环境相关的人权义务问题特别报告员	2012	人权理事会决议 A/HRC/RES/19/10	2016	人权理事会决议 A/HRC/RES/28/11
			2018	人权理事会决议 A/HRC/RES/37/8
			2021	人权理事会决议 A/HRC/RES/46/7
白化病患者享有人权问题独立专家	2015	人权理事会决议 A/HRC/RES/28/6	2018	人权理事会决议 A/HRC/RES/37/5
			2021	人权理事会决议 A/HRC/RES/46/12
寻求真相、正义、赔偿和保证不再发生问题特别报告员	2011	人权理事会决议 A/HRC/RES/18/7	2014	人权理事会决议 A/HRC/RES/27/3
			2017	人权理事会决议 A/HRC/RES/36/7
			2020	人权理事会决议 A/HRC/RES/45/10
当代形式的种族主义问题特别报告员	1993	人权委员会决议 E/CN.4/RES/1993/20	2008	人权理事会决议 A/HRC/RES/7/34
			2011	人权理事会决议 A/HRC/RES/16/33
			2014	人权理事会决议 A/HRC/RES/25/32
			2017	人权理事会决议 A/HRC/RES/34/35
			2020	人权理事会决议 A/HRC/RES/43/36

迁徙人口人权问题特别报告员	1999	人权委员会决议 E/CN.4/RES/1999/44	2002	人权委员会决议E/CN.4/RES/2002/62
			2005	人权委员会决议E/CN.4/RES/2005/47
			2008	人权理事会决议 A/HRC/RES/8/10
			2011	人权理事会决议 A/HRC/RES/17/12
			2014	人权理事会决议 A/HRC/RES/26/19
			2017	人权理事会决议 A/HRC/RES/34/21
			2020	人权理事会决议 A/HRC/RES/43/6
老年人享有所有人权问题独立专家	2013	人权理事会决议 A/HRC/RES/24/20	2016	人权理事会决议A/HRC/RES/33/5
			2019	人权理事会决议 A/HRC/RES/42/12
促进和保护见解和言论自由权问题特别报告员	1993	人权委员会决议 E/CN.4/RES/1993/45	2008	人权理事会决议 A/HRC/RES/7/36
			2011	人权理事会决议 A/HRC/RES/16/4
			2014	人权理事会决议 A/HRC/RES/25/2
			2017	人权理事会决议 A/HRC/RES/34/18
			2020	人权理事会决议 A/HRC/RES/43/4
贩卖人口、特别是贩卖妇女和儿童问题特别报告员	2004	人权理事会决定 E/CN.4/RES/2004/110	2008	人权理事会决议 A/HRC/RES/8/12
			2011	人权理事会决议 A/HRC/RES/17/1
			2014	人权理事会决议 A/HRC/RES/26/8
			2017	人权理事会决议 A/HRC/RES/35/5
			2020	人权理事会决议 A/HRC/RES/44/4

赤贫与人权问题特别报告员	1998	人权委员会决议 E/CN.4/RES/1998/25	2008	人权理事会决议 A/HRC/RES/8/11
			2011	人权理事会决议 A/HRC/RES/17/13
			2014	人权理事会决议 A/HRC/RES/26/3
			2017	人权理事会决议 A/HRC/RES/35/19
			2020	人权理事会决议 A/HRC/RES/44/13
酷刑和其他残忍、不人道或有辱人格的待遇或处罚问题特别报告员	1985	人权委员会决议 E/CN.4/RES/1985/33	2008	人权理事会决议 A/HRC/RES/8/8
			2011	人权理事会决议 A/HRC/RES/16/23
			2014	人权理事会决议 A/HRC/RES/25/13（3年）
			2017	人权理事会决议A/HRC/RES/34/19
			2020	人权理事会决议 A/HRC/RES/43/20
隐私权问题特别报告员	2015	人权理事会决议 A/HRC/RES/28/16	2018	人权理事会决议 A/HRC/RES/37/2
			2021	人权理事会决议 A/HRC/RES/46/16
以雇佣军为手段侵犯人权并阻挠行使民族自决权问题工作组	2005	人权委员会决议 E/CN.4/RES/2005/2	2008	人权理事会决议A/HRC/RES/7/21
			2010	人权理事会决议 A/HRC/RES/15/12
			2013	人权理事会决议 A/HRC/RES/24/13
			2016	人权理事会决议 A/HRC/RES/33/4
			2019	人权理事会决议 A/HRC/RES/42/9
非洲裔人问题专家工作组	2002	人权委员会决议 E/CN.4/RES/2002/68	2003	人权委员会决议E/CN.4/RES/2003/30
			2008	人权理事会决议 A/HRC/RES/9/14

非洲裔人问题专家工作组	2002	人权委员会决议 E/CN.4/RES/2002/68	2011	人权理事会决议 A/HRC/RES/18/28
			2014	人权理事会决议 A/HRC/RES/27/25
			2017	人权理事会决议 A/HRC/RES/36/23
粮食权特别报告员	2000	人权委员会决议 E/CN.4/RES/2002/68	2007	人权理事会决议A/HRC/RES/6/2
			2010	人权理事会决议 A/HRC/RES/13/4
			2013	人权理事会决议 A/HRC/RES/22/9
			2016	人权理事会决议 A/HRC/RES/32/8
			2019	人权理事会决议 A/HRC/RES/40/7
消除对麻风病患者及其家人的歧视问题特别报告员	2017	人权理事会决议 A/HRC/RES/35/9	2020	人权理事会决议 A/HRC/RES/44/6
气候变化背景下促进和保护人权问题特别报告员	2021	人权理事会决议 A/HRC/RES/48/14		

注：2006 年人权理事会已替代人权委员会，本表格仅统计人权理事会对相关专题任务的延期情况。

1. 买卖儿童、儿童卖淫和儿童色情制品问题特别报告员[45]

1990 年 3 月 7 日，人权委员会通过第 1990/68 号决议，设立买卖儿童、儿童卖淫和儿童色情制品问题特别报告员任务。此后，人权理事会第 7/13 号、第 16/12 号、第 25/16 号、第 34/16 号和第 43/22 号决议，各将该任务延期 3 年。其中，人权理事会第 34/16 号决议将任务名称改为买卖儿童和儿童性剥削（包括儿童卖淫、儿童色情制品和其他儿童性虐待材料）问题特别报告员。

45　https://www.ohchr.org/CH/Issues/Children/Pages/ChildrenIndex.aspx，最后访问时间：2022 年 9 月 20 日。

特别报告员的任务包括：研究与买卖儿童、儿童卖淫和儿童色情制品问题相关的事项；通过不断同各国政府、政府间组织和公民社会包括有关非政府组织开展建设性对话，继续分析买卖儿童、儿童卖淫和儿童色情制品问题的根源，研究造成这一问题的所有因素，包括需求因素；弄清买卖儿童、儿童卖淫和儿童色情制品问题的新格局，提出预防和打击这一现象的具体建议；查明、交流并提倡打击买卖儿童、儿童卖淫和儿童色情现象的措施方面的最佳做法；同各国政府、政府间组织和公民社会包括有关非政府组织协商，继续努力提倡采取综合性战略和措施，防止买卖儿童、儿童卖淫和儿童色情制品问题；就促进和保护买卖、卖淫和色情制品问题的当前或可能受害儿童的人权，并就与性剥削现象的受害儿童康复的有关问题提出建议；将性别公平观纳入任期内工作的始终；同联合国其他有关机构和机制、儿童权利委员会、特别是理事会其他特别程序密切协调，如贩卖人口、特别是贩卖妇女和儿童问题特别报告员、暴力侵害妇女问题特别报告员、当代形式奴役特别报告员以及暴力侵害儿童行为问题秘书长特别代表，注重相互间的互补性，以便加强增进和保护人权与基本自由的工作，同时避免不必要的重复工作；根据理事会年度工作方案，向理事会提交一份任务执行情况报告。[46]

2. 人权维护者处境问题特别报告员

2000 年 4 月 26 日，人权委员会通过第 2000/61 号决议，设立人权维护者处境问题特别报告员，为期 3 年。此后，人权理事会通过了第 7/8 号、第 16/5 号、第 25/18 号、34/5 号和第 43/16 号决议，各将该任务延期 3 年。

46 A/HRC/RES/7/13.

特别报告员的任务包括：通过与各国政府、其他利益攸关方及其他有关行为者的合作、建设性对话与交往，促进全面有效地实施《个人、群体和社会机构在促进和保护普遍公认的人权和基本自由方面的权利和义务宣言》；以全面的方式研究任何人（单独或与其他人一起）在行使增进和保护人权与基本自由权利方面的趋势、发展与挑战；建议以普遍方式更好地保护人权维护者的具体与有效的战略，并实施这些建议；寻求、接受、审查关于任何人（单独地或与其他人一起）增进和保护人权与基本自由的状况及权利的资料，并对此做出回应；将两性平等观点贯穿于任务的工作中，特别注意妇女人权维护者的处境；与联合国其他相关机构、办事处、部门和专门机构的总部和国家办事处，尤其是理事会的其他特别程序，密切协调开展工作；定期向人权理事会和大会提出报告。[47]

3. 任意拘留问题工作组

1991 年，人权委员会通过第 1991/42 号决议，设立任意拘留问题工作组。人权委员会第 1997/50 号决议、人权理事会第 6/4 号、第 15/18 号、第 24/7 号、第 33/30 号和第 42/22 号决议，各将该任务延期 3 年。

工作组的任务包括：对任意剥夺自由或以不符合《世界人权宣言》或有关国家所接受的相关国际法律文书所规定的相关国际标准的方式剥夺自由的事件进行调查；征求和接受各国政府、政府间组织和非政府组织提供的资料，并接受相关个人及其家属或代表提供的资料；对提请委员会注意的有关任意拘留的指控案件采取行动，紧急呼吁和函请相关国家政府澄清这些案件并提请其注意这些案件；应政府的请求进行实地考

47 A/HRC/RES/16/5.

察，以便更好地了解各国的现况以及任意剥夺自由事件的根本原因；就一般性问题拟订审议意见，以便协助各国预防和防范任意剥夺自由的做法，便于对今后的案件进行审议；向人权理事会提交一份年度报告，介绍其活动、调查结果、结论和建议。[48]

4. 适足生活水准权所含适足住房问题特别报告员

2000 年 4 月 17 日，人权委员会通过第 2000/9 号决议，决定任命一名适足生活水准权所含适足住房问题特别报告员，为期 3 年。此后，人权理事会通过第 6/27 号、第 15/8 号、第 25/17 号、第 34/9 号和第 43/14 号决议，各将该任务延期 3 年。

特别报告员的任务包括：促进全面实现适足生活水准权所含适足住房权；查明在全面实现适足住房权方面的最佳做法以及挑战和障碍，同时查明在这方面的保护差距；特别强调在实施同这项任务有关的权利方面的具体解决办法；运用性别公平观，包括找出在实现适足住房权方面与性别有关的困难；特别注意处于弱势的人和属于边缘群体的人的需要；推动提供技术援助，包括与利益攸关方接触；在避免不必要的工作重叠的同时，同人权理事会其他特别程序和附属机构、联合国相关机构、条约机构和区域人权机制密切合作；按照理事会和大会的年度工作方案，向理事会和大会提交关于其任务执行情况的定期报告。[49]

5. 人人享有能达到的最高标准的身心健康权利问题特别报告员

2002 年 4 月 22 日，人权委员会通过第 2002/31 号决议，决定任命一名人人享有能达到的最高标准的身心健康权利问题特别报告员，为期

48　A/HRC/RES/6/4.

49　A/HRC/RES/15/8.

3 年。此后，人权理事会通过第 6/29 号、第 15/22 号、第 24/6 号、第 33/9 号和第 42/16 号决议，各将该任务延期 3 年。

特别报告员的任务包括：收集、征求、接收和交换来自各国政府、政府间组织和非政府组织等所有相关来源的关于实现人人享有最佳身心健康权利的资料；以及为实现与健康有关的千年发展目标而制定的各项政策；与各国政府、联合国相关机构、专门机构和计（规）划署，特别是世界卫生组织和联合国艾滋病毒 / 艾滋病联合规划署以及各非政府组织和国际金融机构等所有有关方面保持经常对话，并讨论可在哪些领域开展合作；报告世界各地实现人人享有最佳身心健康权利的情况，并报告有关这一权利的事态发展，包括报告有哪些最有利于享有这一权利的法律、政策和做法以及国内和国际为落实这一权利遇到了哪些障碍；就促进和保护人人享有最佳身心健康权利的适当措施提出建议，以支持各国在改善公共卫生方面所做的努力；向人权理事会提交年度报告并向大会提交临时报告，说明其各项活动、研究成果、结论和建议；[50]

6. 单方面强制性措施对享有人权的负面影响问题特别报告员

2014 年 9 月 26 日，人权理事会通过有关“人权和单方面强制性措施”的第 27/21 号决议，决定任命一名单方面强制性措施对享有人权的不良影响问题特别报告员，为期 3 年。此后，人权理事会通过第 36/10 号和第 45/5 号决议，将该任务延期 3 年。

特别报告员的任务包括：通过政府、非政府组织及任何其他渠道，收集与单方面强制性措施对享有人权的不良影响的一切有关资料；研究与单方面强制性措施对享有人权的不良影响有关的趋势、动态和挑战，

50 A/HRC/RES/6/29.

并就如何预防、减少和补救单方面强制性措施对人权的不利影响制定指导方针并提出建议；全面审查评估单方面强制性措施，以促进问责的独立机制；帮助加强高级专员办事处为受影响国家提供技术援助和咨询服务，以预防、减少和补救单方面强制性措施对人权的不利影响。[51]

7. 危险物质及废料的无害环境管理和处置对人权的影响问题特别报告员

1995 年 3 月 8 日，人权委员会通过第 1995/81 号决议，设立了危险物质及废料的无害环境管理和处置对人权的影响问题特别报告员任务，为期 3 年。此后，人权委员会通过第 1998/12 号、2001/35 号、2004/17 号决议，人权理事会通过第 9/1 号、第 18/11 号、第 21/17 号、第 27/23 号、第 36/15 号和第 45/17 号决议，各将该任务延期 3 年。

特别报告员的任务包括：根据人权理事会工作方案向理事会提交报告，并每年向大会提交报告；与联合国环境规划署、世界卫生组织和国际劳工组织联合国有关专门机构以及各项国际环境公约的秘书处密切合作，以便将人权纳入其工作的主流，并避免工作重叠；与联合国各主管机构和组织以及有关国际公约的秘书处磋商，对现有问题采取多学科和深入研究的方法，以便找出管理这种物质及废料的可持续解决办法，并根据人权理事会工作方案，向理事会提交其通过的决议执行情况年度报告以及为解决危险物质及废料对人权的不利影响而应立即采取措施的具体建议和提案；向各国、联合国机构和其他有关国际组织、民间社会和其他利益攸关方通报危险物质及废料的无害环境管理和处置对人权的影响，包括在执行《2030 年可持续发展议程》过程中的影响，根据其任

51　A/HRC/RES/27/21.

务规定征求各国政府、联合国机构和其他有关国际组织、民间社会和其他利益攸关方的意见，研究在实现可持续发展目标方面的国家、区域和国际努力，并开展关于《2030 年可持续发展议程》有效执行情况的专题研究；根据其任务规定，在联合国人权事务高级专员办事处的支持和协助下，继续向有关国家政府提供适当机会，以便这些国家对特别报告员收到并载入其报告的指控做出答复，并在特别报告员提交人权理事会的报告中反映它们的意见。[52]

8. 发展权问题特别报告员

2016 年 9 月 29 日，人权理事会通过有关“发展权”的第 33/14 号决议，决定任命一名发展权问题特别报告员，为期 3 年。此后，人权理事会通过第 42/23 号决议将该任务延期 3 年。

特别报告员的任务包括：推动在统筹一致地落实《2030 年可持续发展议程》及包括《仙台减少灾害风险框架》《第三次发展筹资问题国际会议亚的斯亚贝巴行动议程》和关于气候变化的《巴黎协定》在内的 2015 年国际商定的其他成果的过程中，促进、保护和实现发展权，并为此与会员国和其他利益攸关方接触，参加有关国际会议；参与和支持将发展权纳入联合国各机构、发展机构、国际发展、金融和贸易机构的主流的努力，并提出建议，以便从发展权的角度加强全球可持续发展伙伴关系；推动工作组的工作，以期协助其完成总体任务，在避免工作重叠的同时，考虑到工作组的审议和建议；根据其任务规定，提交人权理事会要求的具体研究报告；向人权理事会和大会提交年度报告，说明与任务有关的所有活动，以便最大限度地发挥报告进程的

52 A/HRC/RES/36/15.

益处。[53]

9. 和平集会和结社自由权利问题特别报告员

2010 年 9 月 30 日，人权理事会通过第 15/21 号决议，确立和平集会和结社自由权利问题特别报告员任务，为期 3 年。此后，人权理事会通过第 24/5 号、第 32/32 号和第 41/12 号决议，各将该任务延期 3 年。

特别报告员的任务包括：收集有关促进和保护和平集会和结社自由权利方面的资料，包括国家做法和经验，研究有关行使这些权利的趋势、发展和挑战，为确保促进和保护各种各样的和平集会和结社自由权利，就方式方法提出建议；全面参照理事会内现有的有关工作要点，在其报告中详细研拟一个任务负责人可据以考虑促进和保护和平集会和结社自由权利（包括国家做法和经验）的最佳做法的框架；为了促进与保护和平集会和结社自由权利，向具有此类事项知识的政府、非政府组织、利益攸关者和其他各方征求和获得信息，并对这些信息做出反应；将性别问题融入整个任务工作之中；为了更好地促进和保护和平集会和结社自由权利，协助人权高专办提供技术援助或咨询服务；凡是侵犯和平集会和结社自由权利的行为以及直接针对行使这些权利者的歧视、武力威胁或使用武力、骚扰、迫害、恐吓或者报复的行为，无论发生在何处，都要进行汇报，对于特别严重的局势，要提请人权理事会和人权高专办注意；在开展其活动时，要确保其目前的职责任务不包括国际劳工组织及其专门监督机制和程序有关职工和工人结社自由权利的具体职责范围的事项，以避免任何重复；与理事会的其他机制、联合国其他有关主管机构及各人权条约机构协调地开展工作，并采取所有必要措施，避免与这

53　A/HRC/RES/33/14.

些机制的不必要的重复。[54]

10. 人权与国际团结问题独立专家

2005 年 4 月 20 日，人权委员会通过第 2005/55 号决议，设立人权与国际团结问题独立专家任务，为期 3 年。此后，人权理事会通过第 7/5 号、第 17/6 号、第 26/6 号、第 35/3 号和第 44/11 号决议，各将该任务延期 3 年。

独立专家的任务包括：促进实现民族和个人的国际团结权，特别是通过进一步制定增进享有这一基本权利的准则、标准、规范和原则，并在区域和国际各级采取措施，促进和巩固对发展中国家的国际援助，帮助它们努力发展和增进全面实现所有人权的条件；在执行任务时，寻求各国政府、联合国各机构、其他相关国际组织和非政府组织的意见和贡献，同时考虑到经济和社会领域所有重大联合国会议和其他全球首脑会议和部长级会议的成果；探讨采取何种方式和方法，消除现有和正在形成的妨碍实现民族和个人国际团结权的障碍；就逐步全面实现民族和个人充分享有国际团结权的可能步骤以及应对国际合作面临的日益增多的挑战提出建议；与所有国家、政府间和非政府组织，以及代表尽可能广大利益和经验的其他相关行为者在其各自职责范围内密切合作，将切实实现民族和个人的国际团结权充分纳入联合国活动的主流；继续参加各种相关的国际会议和活动，并对之做出贡献，以促进实现民族和个人的国际团结权。[55]

11. 促进民主和公平的国际秩序独立专家

2011 年 9 月 29 日，人权理事会通过第 18/6 号决议，设立促进民主

54 A/HRC/ERS/15/21.

55 A/HRC/RES/17/6.

和公平的国际秩序独立专家任务，为期 3 年。此后，人权理事会通过第 27/9 号、第 36/4 号决议和第 45/4 号决议，各将该任务延期 3 年。

独立专家的任务包括：查明促进和保护民主和公平的国际秩序可能面临的障碍，并就这方面可采取的行动向人权理事会提出建议；查明地方、国家、区域和国际社会在促进和保护民主和公平的国际秩序方面的最佳做法；提高对促进和保护民主和公平的国际秩序重要性的认识；与各国合作，以便促进在地方、国家、区域和国际社会通过旨在促进和保护民主和公平的国际秩序的措施，通过具体建议，包括在这方面举行分区域和区域磋商，加强在这方面的分区域、区域和国际合作；在与政府间组织和非政府组织、人权理事会的其他特别程序、国际金融机构以及代表最广泛利益和经验的其他相关行为体密切协调的前提下开展工作，各司其职，但避免不必要的重复，包括出席和跟踪有关的国际会议和活动；将性别平等观和残疾人视角纳入其工作；分别根据人权理事会和大会的工作方案，定期向它们提出报告；支持在全世界加强和促进民主、发展及尊重人权和基本自由。[56]

12. 土著人人权和基本自由状况特别报告员

2001 年 4 月 24 日，人权委员会通过第 2001/57 号决议，设立土著人人权和基本自由状况特别报告员任务，为期 3 年。此后，人权理事会通过第 6/12 号、第 15/14 号、第 24/9 号、第 33/12 号和第 42/20 号决议，各将该任务延期 3 年。

特别报告员的任务包括：遵循其任务规定，审查在充分切实保护土著人民权利方面克服现有障碍的方式方法，并确定、交流和推广最佳做

56 A/HRC/RES/18/6.

法；从所有相关的资料来源，包括各国政府、土著人民及其社区和组织收集、征求、接收和交流有关侵犯土著人民权利指控的信息和来文；就防止并补救侵犯和践踏土著人民权利行为的适当措施与活动制定建议和提议；与人权理事会其他特别程序和附属机构，尤其是与土著人民权利专家机制、联合国有关机构、条约机构和区域人权组织开展密切合作与协调；加强与土著问题常设论坛和土著人民权利专家机制的接触，并参加其年度会议，以确保其工作的互补性；与所有相关行为方，包括与各国政府、联合国有关机构、专门机构和计（规）划署以及与土著人民、国家人权机构、非政府组织和其他区域或次区域国际机构定期开展合作对话，讨论议题包括应各国政府的请求开展技术合作的可能性；适当情况下大力宣传《联合国土著人民权利宣言》和涉及促进土著人民权利的国际文书；特别关注土著儿童和妇女的人权和基本自由，在履行任务时顾及性别平等因素；研究世界会议、首脑会议和其他联合国会议的相关建议，以及条约机构关于涉及特别报告员任务的相关事项的建议、意见和结论；根据人权理事会和大会年度工作方案，向其提交关于任务执行情况的报告。[57]

13. 负责境内流离失所者人权问题的秘书长代表

2001 年 4 月 24 日，人权委员会通过第 2001/57 号决议，设立境内流离失所者人权问题的秘书长代表任务。此后，人权理事会通过第 6/32 号、第 14/6 号、第 23/8 号、第 32/11 号和第 41/15 号决议，各将该任务延长 3 年。

秘书长特别代表的任务包括：处理境内流离失所这一复杂问题，尤

57 A/HRC/RES/33/12.

其是设法把境内流离失所者的人权问题纳入联合国系统所有有关部门工作的主流；努力加强国际社会应对境内流离失所状况这一复杂问题的行动，并参与协调一致的国际倡导努力和行动，改善对境内流离失所者人权的保护和尊重，同时继续开展并加强与各国政府、政府间组织、区域组织和非政府组织及其他相关行为者的包容各方的对话。[58]

14. 法外处决、即审即决或任意处决问题特别报告员

1982 年 3 月 11 日，经济及社会理事会通过第 1982/35 号决议，设立法外处决、即审即决或任意处决问题特别报告员任务。此后，人权委员会通过第 1992/72 号决议，人权理事会通过第 8/3 号、第 17/5 号、第 26/12 号、第 35/15 号和第 44/5 号决议，各延长了该任务期限。

特别报告员的任务包括：继续审查在任何情况下、无论出于何种原因发生的法外处决、即审即决或任意处决案件，每年向人权理事会和大会提交调查结果以及结论和建议，并提请理事会注意须立即注意的严重的法外处决、即审即决或任意处决案件，以及及早采取行动可以防止进一步恶化的此类案件；继续提请联合国人权事务高级专员注意须立即注意的严重的法外处决、即审即决或任意处决案件，以及及早采取行动可以防止进一步恶化的此类案件；对收到的信息做出有效回应，尤其是当法外处决、即审即决或任意处决行为即将发生、势将发生或已经发生时；进一步加强与各国政府的对话，并跟踪对特定国家访问之后提出的报告中建议的落实情况；继续监测关于判处死刑的保障条款和限制规定的现行国际标准的执行情况，同时考虑到人权事务委员会对《公民及政治权利国际公约》第 6 条的解释意见以及对《公民及政治权利国际公约》第

58　A/HRC/RES/32/11.

二任择议定书的解释意见；在其工作中采用性别平等观[59]。

15. 国家外债和其他有关国际金融义务对充分享有所有人权、尤其是经济、社会、文化权利的影响问题独立专家

2000年4月26日，人权委员会通过第2000/82号决议，设立“结构调整政策和外债对充分享有所有人权尤其是经济、社会、文化权利的影响问题独立专家”任务，为期3年。此后，人权理事会通过第7/4号、第16/14号、第25/16号、第34/3号和第43/10号决议，各将该任务延期3年。其中，第7/4号决议将任务重新定义和命名为“国家外债和其他有关国际金融义务对充分享有所有人权、尤其是经济、社会和文化权利的影响问题独立专家”。

该独立专家的任务包括关注以下问题：外债和为处理外债问题而实行的政策对充分享有所有人权，尤其是经济、社会及文化权利的影响；外债和其他有关国际金融义务对国家制定和执行各项政策与方案，包括编制和执行可以满足实现社会权利方面重大需要的国家预算能力的影响；各国政府、私营部门和国际金融机构为减轻发展中国家特别是最贫困国家和重债国家遭受的此种影响而采取的措施；国际金融机构、联合国其他机构以及政府间组织和非政府组织在经济改革政策和人权方面的新的动态以及在这方面采取的行动和举措；公共债务、经济改革和金融整合政策对实现可持续发展目标的影响；非法资金流动对享有人权的影响；负责落实发展筹资问题国际会议成果的进程，以便提请理事会注意结构调整和外债对享有人权尤其是经济、社会及文化权利的影响问题；在履行任务过程中加强与所有利益攸关方的协商。[60]

59 A/HRC/RES/35/15.

60 A/HRC/RES/34/3.

16. 强迫或非自愿失踪问题工作组

1980 年 2 月 29 日，人权委员会通过第 1980/20（XXXVI）号决议，设立强迫或非自愿失踪问题工作组，为期 1 年，工作组由五名成员组成。此后，人权理事会通过第 7/12 号、第 16/16 号、第 27/1 号、第 36/6 号和第 45/3 号决议，各将该任务延期 3 年。

工作组的任务包括：促进失踪人员家属与有关政府之间的沟通，特别是在普通渠道失败时，确保充分记录和明确查明的个案得到调查，并确定这些信息是否属于其任务范围及包含必要的元素；在其人道主义任务中遵守联合国关于处理来文和审议政府答复的标准和做法；根据《保护所有人免遭强迫失踪宣言》的有关规定审议有罪不罚的问题，并考虑到通过打击有罪不罚现象以保护和促进人权的原则；特别注意遭受强迫失踪儿童和失踪人员子女的案件，并与有关政府密切合作，以寻找和识别这些儿童；特别注意人道主义意义上转交来的最紧急案件，主要指对强迫或非自愿失踪证人或失踪者亲属的虐待、严重威胁或恐吓；特别注意为促进和保护人权和基本自由而工作的人的失踪案件，无论发生在何处，并就防止此种失踪以及改善对这些人的保护提出适当建议；在报告中纳入性别平等观点，包括收集信息和提出建议；为各国履行《宣言》和现行国际规则提供适当援助；继续审议其工作方法，并将这些方面纳入其向理事会的报告；根据其年度工作方案向理事会提交关于其任务执行情况的定期报告。[61]

17. 当代形式奴隶制问题特别报告员

2007 年 9 月 28 日，人权理事会通过第 6/14 号决议，设立当代形式

61　A/HRC/RES/7/12.

奴隶制包括其因果问题任务，为期 3 年。此后，人权理事会通过第 15/2 号、第 24/3 号、第 33/1 号和 42/10 号决议，各将该任务延期 3 年。

特别报告员的任务包括：审查和报告所有当代形式奴役和类似奴役的做法，尤其是 1926 年《禁奴公约》和 1956 年《废止奴隶制、奴隶贩卖及类似奴隶制的制度与习俗补充公约》所界定的形式及做法，以及以前由当代形式奴役问题工作组处理的其他所有问题；促进切实适用关于奴役问题的相关国际准则和标准；征求和接收各国政府、条约机构、特别程序、专门机构、政府间组织、非政府组织以及其他相关来源关于当代形式奴役问题的信息，包括关于奴役做法的信息，并与之交流信息，酌情并按照现行惯例，对指称关于人权遭侵犯的可靠信息做出切实反应，以便保护奴役受害者的人权并防止其人权受到侵犯；就可在国家、区域和国际层面实施哪些行动和措施以消除任何地方出现的奴役做法提出建议，包括建议如何采取补救措施处理当代形式奴役的原因和后果，如贫穷、歧视和冲突，以及是否存在需求因素和加强国际合作的相关措施；主要侧重于人权理事会现有各项任务未涵盖的当代形式奴役的各个方面；仔细研究任务范围内的具体问题，并列举有效做法的实例和相关建议；考虑到当代形式奴役的性别和年龄层面。[62]

18. 宗教或信仰自由特别报告员

1986 年，人权委员会通过第 1986/20 号决议，任命一名“宗教不容忍问题特别报告员”。2000 年，人权委员会决定将任务头衔改为“宗教或信仰自由问题特别报告员”。此后，人权理事会通过第 6/37 号、第 14/11 号、第 22/20 号和第 40/10 号决议，各将该任务延期 3 年。

62 A/HRC/RES/33/1.

该特别报告员的任务主要包括：促进在国家、区域和国际各级采取措施，确保宗教或信仰自由权利得到增进和保护；查明在享有宗教或信仰自由权利方面存在哪些现有障碍和新出现的障碍，并就克服这些障碍的途径和方法提出建议；继续审查不符合《消除基于宗教或信仰原因的一切形式的不容忍和歧视宣言》规定的事件和政府行动，并建议适当的补救措施；在报告过程中（包括在收集资料和提出建议的过程中），继续采用性别平等观，尤其是识别针对性别的侵犯行为。[63]

19. 少数群体问题特别报告员

2005 年 4 月 21 日，人权委员会通过第 2005/79 号决议，设立少数群体问题特别报告员任务，为期 3 年。此后，人权理事会通过第 7/6 号、第 16/6 号、第 25/5 号、第 34/6 号和第 43/8 号决议，各将该任务延期 3 年。

特别报告员的任务包括：促进执行《在民族或族裔、宗教和语言上属于少数群体的人的权利宣言》，包括为此与各国政府协商，同时考虑到涉及少数群体的现有国际标准和国家立法；研究如何克服妨碍全面、切实实现属于少数群体的人的权利的现有障碍；应各国政府的请求，查明与高级专员办事处开展技术合作的最佳做法和可能性；在其工作中采用性别平等观；与现有联合国有关机构、任务和机制以及区域组织密切协调合作，同时避免工作重叠；在与其任务有关的事项上考虑到非政府组织的意见并与它们密切合作；遵照人权理事会 2012 年 3 月 23 日第 19/23 号决议的决定，指导少数群体问题论坛的工作，筹备其年度会议，在其报告中列入论坛的专题建议，并建议未来的讨论专题；就其活动情况向人权理事会和大会提交年度报告，包括提出建议，说明可使用哪些

63　A/HRC/RES/6/37.

有效战略更好地落实在民族或族裔、宗教和语言上属于少数群体的人的权利。[64]

20. 人权与跨国公司和其他工商企业问题工作组

2011 年 6 月 16 日，人权理事会通过第 17/4 号决议，设立人权与跨国公司和其他工商业企业问题工作组。该工作组由 5 名独立专家按均衡地域代表原则组成，为期 3 年。此后，人权理事会通过第 26/22 号、第 35/7 号和第 44/15 号决议，将任务延期 3 年。

工作组的任务包括：促进切实、全面地传播和实施《工商业与人权：实施联合国保护、尊重和补救框架指导原则》；查明、交流和推广关于实施《工商业与人权：实施联合国保护、尊重和补救框架指导原则》的最佳做法和教训，对其进行评估，提出建议，并从所有相关来源查找和获取这方面的信息，包括各国政府、跨国公司和其他工商企业、国家人权机构、民间社会和利益攸关者；支持各项旨在促进能力建设和采用指导原则的努力，并根据请求，就制定有关工商业和人权的国内立法和政策提供意见和建议；进行国家访问，及时对各国的邀请做出回应；继续在国家、区域和国际各级探讨各种备选办法并提出建议，以增进人权受到公司活动——包括在冲突地区的公司活动——影响的人员获得现有的有效救济手段；在执行任务中始终纳入性别平等观，特别关注处境困难的人，尤其是儿童；与人权理事会其他相关特别程序、相关联合国机构和其他国际机构、条约机构和区域人权组织密切协调合作；与各国政府和所有相关行为者定期对话，讨论可能合作的领域，相关行为者包括相关联合国机构、专门机构、基金和方案，特别是联合国人权事务高级专

64 A/HRC/RES/25/5.

员办事处、全球契约、国际劳工组织、世界银行及其国际金融公司、联合国开发计划署、国际移民组织以及其他工商企业、国家人权机构、土著民族代表、民间社会组织和其他区域及次区域国际组织；指导工商业和人权论坛的工作；每年向人权理事会和大会提出报告。[65]

21. 防止基于性取向和性别认同的暴力和歧视问题独立专家

2016 年 6 月 30 日，人权理事会通过第 32/2 号决议，设立防止基于性取向和性别认同的暴力和歧视问题独立专家的任务，为期 3 年。此后，人权理事会通过第 41/18 号决议将该任务延期 3 年。

独立专家的任务包括：评估关于如何克服基于个人性取向或性别认同的暴力和歧视的现有国际人权文书的执行情况，同时查明最佳做法和差距；提高对因个人性取向或性别认同而实施的暴力和歧视的认识，查明并处理暴力和歧视的根本原因；与各国和其他利益攸关方，包括联合国各专门机构、计（规）划署和基金（会）、区域人权机制、国家人权机构、民间社会组织和学术机构开展对话并进行协商；与各国合作，以便推动执行有助于保护所有人免遭基于性取向和性别认同的暴力和歧视的措施；处理因性取向和性别认同而面临的多重、交叉和严重形式的暴力和歧视；开展、促进和协助提供咨询服务、技术援助、能力建设和国际合作，以支持各国努力消除因个人性取向或性别认同而实施的暴力和歧视。[66]

22. 在打击恐怖主义的同时增进和保护人权问题特别报告员

2005 年 4 月 21 日，人权委员会通过第 2005/80 号，设立在打击恐怖主义的同时促进与保护人权和基本自由问题特别报告员任务，为期

65　A/HRC/RES/17/4.

66　A/HRC/RES/32/2.

3 年。此后，人权理事会通过第 6/28 号、第 15/15 号、第 22/8 号、第 31/3 和第 40/16 号决议，各将该任务延期 3 年。

特别报告员的任务包括：就在打击恐怖主义的同时注意增进与保护人权和基本自由问题提出具体建议，包括应各国要求提供在此类事务上的咨询服务和技术援助；就指称在打击恐怖主义时侵犯人权和基本自由的行为，在得到相关国家同意的情况下，从所有相关来源，包括政府、当事人及其家人、代表和组织处搜集、征求、接收资料和来文，并与之交流，包括国别访问；在完成任务的整个工作中纳入性别平等观；寻找、交流和推广在尊重人权和基本自由的前提下打击恐怖主义的最佳做法；工作时与联合国其他相关机构和机制尤其是与理事会其他特别程序密切协调，以便加强增进和保护人权和基本自由的工作，同时避免不必要的工作上的重叠；与各国政府和所有相关行动者，包括联合国相关机构、专门机构和计（规）划署，尤其是安全理事会反恐怖主义委员会及其执行局、反恐执行工作队、联合国人权事务高级专员办事处、联合国毒品和犯罪问题办事处预防恐怖主义处和各条约机构以及非政府组织和其他区域和次区域国际机构，定期开展对话并讨论可能的合作领域，同时尊重其任务范围，充分尊重上述机构各自的职权，并避免工作上的重叠；定期向理事会和大会报告。[67]

23. 受教育权问题特别报告员

1998 年 4 月 17 日，人权委员会通过第 1998/33 号决议，设立受教育权问题特别报告员任务，为期 3 年。此后，人权理事会通过第 8/4 号、第 17/3 号、第 26/17 号、第 35/2 号和第 44/3 号决议，各将该任务延期 3 年。

67 A/HRC/RES/15/15.

特别报告员的任务包括：向所有有关来源，包括各国政府、政府间组织、公民社会与非政府组织以及其他利益相关者收集、索取、接收和交换关于实现受教育权的成果和切实接受教育的障碍的资料，并提出有关促进和保护受教育权的适当措施的建议；努力寻找各种方法和手段，克服实现受教育权的障碍和困难；提出有关建议，以推动实现千年发展目标，特别是目标二和目标三以及世界教育论坛议定的“全民教育倡议”目标；在所有工作中坚持性别平等观点；审查教育权和其他人权之间的相互依存和相互联系；与联合国儿童基金会，联合国教育、科学及文化组织，国际劳工组织，联合国人权事务高级专员办事处，联合国难民事务高级专员办事处，人权理事会其他特别报告员、代表、专家和工作组成员，联合国其他有关机构，包括人权条约机构以及区域组织进行合作，并与世界银行开展对话；根据理事会的工作方案，每年向理事会提交报告，并每年向大会提交临时报告。[68]

24. 文化权利领域问题特别报告员

2009 年 3 月 26 日，人权理事会通过第 10/23 号决议，设立 “文化权利领域独立专家”任务，为期 3 年。此后，人权理事会通过第 19/6 号、第 28/9 号、第 37/12 号和第 46/9 号决议，各将该任务延长 3 年。

特别报告员的任务包括：查明地方、国家、区域和国际各级增进和保护文化权利方面的最佳做法；查明在增进和保护文化权利方面可能面临的障碍，并就这方面可采取的行动向人权理事会提出建议；与各国合作，以便在地方、国家、区域和国际各级制定旨在增进和保护文化权利的措施，通过具体建议加强在这方面的分区域、区域和国际合作；与国

68 A/HRC/RES/8/4.

家和其他相关行为者尤其是联合国教育、科学及文化组织密切合作，研究文化权利与文化多样性之间的关系，以期进一步增进文化权利；将性别平等观和残疾人观点纳入其工作；在与政府间组织和非政府组织，人权理事会的其他特别程序，经济、社会、文化权利委员会和联合国教育、科学及文化组织以及代表最广泛利益和经验的其他相关行为者密切协调的前提下开展工作，各司其职，包括出席和跟踪有关国际会议和活动，但应避免不必要的重复。[69]

25. 暴力侵害妇女及其原因和后果问题特别报告员

1994 年 3 月 4 日，人权委员会通过第 1994/45 号决议，设立暴力侵害妇女及其原因和后果问题特别报告员任务，为期 3 年。此后，人权委员会通过第 2003/45 号，人权理事会通过第 7/24 号、第 16/7 号、第 23/25 号、第 32/19 号和第 41/17 号决议，各将该任务延期 3 年。

特别报告员的任务包括：向各国政府、各条约机构、专门机构、负责各种人权问题的其他特别报告员以及政府间组织与非政府组织，包括妇女组织，征求和接收有关暴力侵害妇女及其原因和后果的资料，并对此类资料做出有效反应；建议采取在当地、国家、区域、国际社会可采取的措施、方式和方法，消除对妇女一切形式的暴力，究其原因，并纠正其后果；与人权理事会所有特别程序和其他人权机制以及各条约机构携手工作，同时经常性、系统地将妇女人权与性别平等观纳入其工作要求，并在履行职责时与妇女地位委员会密切合作；继续对消除暴力侵害妇女及其原因和后果问题，包括涉及公民、文化、经济、政治和社会方面的暴力侵害妇女的原因，采取综合全面的办法。[70]

---

69 A/HRC/RES/19/6.

70 A/HRC/RES/16/7.

26. 残疾人问题特别报告员

2014 年 6 月 27 日，人权理事会通过第 26/20 号决议，设立残疾人权利问题特别报告员任务，为期 3 年。此后，人权理事会通过第 35/6 号和第 44/10 号决议，将该任务延期 3 年。

特别报告员的任务包括：与各国和其他利益攸关方，包括联合国各机构、计（规）划署和基金（会）、区域人权机制、国家人权机构、根据《残疾人权利公约》第 33 条第 2 款指定的独立的国家监测框架、残疾人及代表残疾人的组织以及其他民间社会组织，定期开展对话并进行协商，确定、交流和推广有关实现残疾人权利和他们作为平等社会成员参与各项事务的良好做法；从各国和其他相关来源，包括从残疾人及代表残疾人的组织以及其他民间社会组织搜集、征求、接收和交换关于侵犯残疾人权利事例的资料和来文。就以下问题提出具体建议：如何更好地促进和保护残疾人的权利，包括如何消除歧视、暴力和社会排斥；如何促进实现可持续发展目标中国际商定的残疾人发展目标并为相关的数据收集做出贡献；如何促进包容并惠及残疾人的发展；如何促进残疾人作为发展推动者和受益者的双重作用；开展、促进和支持提供咨询服务、技术援助、能力建设和国际合作，以支持各国切实实现残疾人权利的努力；提高对残疾人权利的认识，消除污名、陈规定型观念、偏见、隔离和一切妨碍残疾人充分享有人权及与他人平等参与社会的有害习俗，提高对残疾人积极贡献的认识，让残疾人了解自己的权利；与人权理事会的特别程序和其他人权机制、各条约机构（尤其是残疾人权利委员会）、其他相关联合国机构、计（规）划署和基金（会）（包括联合国促进残疾人权利合作伙伴关系）及残疾和无障碍环境问题秘书长特使密切合作，以期避免不必要的工作重复，包括来文方面的工作重复；与《残疾人权利公约》缔约国会议和社会发展委员会密切合作，包括应邀参加年会；在开展工作履行任务的整个过程中纳入性别平等观，处理残疾人面临的多种形式及情节恶劣的歧视；从人权理事会第 37 届会议和大会第 72 届会议开始，每年向人权理事会和大会进行报告，报告应采取无障碍的形式，包括提交盲文和易读格式的报告并在介绍报告期间提供国际手语翻译和隐藏式字幕，报告还应遵照人权理事会和大会各自的工作方案。[71]

27. 享有安全饮用水和卫生设施的人权问题特别报告员

2008 年 3 月 28 日，人权理事会通过第 7/22 号决议，设立“与享有安全饮用水和卫生设施有关的人权义务问题独立专家”任务，为期 3 年。此后，人权理事会通过第 16/2 号、第 24/18 号、第 33/10 号和第 42/5 号决议，各将任务延期 3 年。

特别报告员的任务包括：重视在实施享有安全饮用水和卫生设施的人权工作中的实际解决办法，遵行供应、质量、实际获得的可能性、承受能力和可接受性等方面的标准，从而促进充分落实这项人权；特别注意处于弱势和被边缘化的人群，途径包括尊重不歧视和两性平等的原则；努力查明妨碍充分落实享有安全饮用水和卫生设施人权的困难和障碍以及这方面的保护缺口，查明在这方面的良好做法和有利因素；监测全世界各地落实享有安全饮用水和卫生设施人权的情况；与各国政府互相对话，并酌情与地方当局、联合国系统各组织和机构、其他相关国际和区域组织、非政府组织及土著人民等其他利益攸关方开展对话；提出超越 2015“千年发展目标”进程的目标的建议，尤其是有关充分落实享有安

71 A/HRC/RES/35/6.

全饮用水和卫生设施的人权的建议，并酌情提出更多的有助于实现“千年发展目标”尤其是“目标七”的建议；在避免不必要重复的情况下，与理事会的其他特别程序和附属机关、有关联合国机构、条约机构和区域人权机制密切合作；每年向人权理事会和大会提交报告；通过与利益攸关方接触等方式，在享有安全饮用水和卫生设施的人权领域提供技术援助。[72]

28. 法官和律师独立性问题特别报告员

1994 年 3 月 4 日，人权委员会通过第 1994/41 号决议，设立了“法官和律师独立性问题特别报告员”任务，为期 3 年。此后，人权理事会通过第 8/6 号、第 17/2 号、第 26/7 号、第 35/11 号和第 44/8 号决议，各将该任务延期 3 年。

特别报告员的任务包括：对转交给他或她的任何重要指控进行调查，并报告其有关结论和建议；不仅认明和记录损害司法机关、律师和其他法院人员独立性的现象，还要认明和记录在保护和加强其独立性方面取得的进展，并提出具体建议，包括在有关国家提出请求的情况下，提供咨询服务或技术援助；确认改进司法制度的方式方法，并提出有关的具体建议；为提出建议，对现实的重要原则问题进行研究，以保护和加强司法机关、律师和法院人员的独立性；在工作中重视从性别角度看问题；与有关联合国机构、任务、机制以及区域组织密切合作，同时避免重复；按照理事会的工作方案定期向理事会提交报告，并向大会提交年度报告。[73]

72　A/HRC/RES/16/2.

73　A/HRC/RES/17/2.

29. 法律和实践中歧视妇女问题工作组

2010 年 10 月 1 日，人权理事会通过第 15/23 号决议，设立关于法律和实践中对妇女的歧视问题工作组的任务，工作组由 5 名独立专家组成，为期 3 年。人权理事会通过第 23/7 号、第 32/4 号和第 41/6 号决议，各将该任务延期 3 年。

工作组的任务包括：与各国、有关联合国机构、国家人权机构、不同法律体系专家和民间社会组织开展对话，以确定、推广并交流有关废除歧视妇女的法律，消除对妇女有歧视的法律的影响，并编写这方面最佳做法的简编；与各国及有关联合国机构、国家人权机构和民间社会组织合作，并考虑其意见，研究工作组可以如何与各国合作，以履行关于消除法律和实践中对妇女歧视的承诺；就如何改善立法和执行法律提出建议，促进实现“千年发展目标”，特别是关于促进男女平等并赋予妇女权力的“目标三”；联系其任务和执行，与理事会其他特别程序和附属机构，包括妇女地位委员会和联合国妇女署在内的有关联合国实体，以及消除对妇女歧视委员会和其他条约机构在各自任务范围内密切协调开展工作，避免不必要的重复；考虑其他利益攸关方，包括有关区域人权机制、国家人权机构和民间社会组织的观点；自理事会第 20 届会议起，参考联合国人权机制和广义的联合国系统的研究结果，向理事会提交关于法律和实践中对妇女的歧视问题和消除这种歧视良好做法的年度报告。[74]

30. 与享有安全、洁净、健康和可持续环境相关的人权义务问题特别报告员

2012 年 3 月 22 日，人权理事会通过第 19/10 号决议，设立“与享

74 A/HRC/RES/15/23.

有安全、洁净、健康和可持续环境相关的人权义务问题特别报告员”任务，为期 3 年。此后，人权理事会通过第 28/11 号、第 37/8 号和第 46/7 号决议，各将该任务延期 3 年。

特别报告员的任务包括：与各国政府、有关国际组织和政府间机构（包括联合国环境规划署和联合国开发计划署）以及有关多边环境协定、人权机制、地方当局、国家人权机构、民间社会组织（包括代表土著人民和其他弱势群体的组织）、私营部门和学术机构协商，研究与享有安全、清洁、卫生和可持续环境有关的人权义务；查明、推广和交流在相关领域，特别是环境保护领域履行人权义务和承诺协助、支持和加强环境决策方面的良好做法；促进并报告各国履行与享有安全、清洁、卫生和可持续环境有关的人权义务的情况，特别着重落实实际解决办法；在可持续发展的背景下，努力查明充分履行与享有安全、清洁、卫生和可持续环境有关的人权义务方面的挑战和障碍以及这方面的保护缺口；协助并酌情参与与其任务有关的政府间会议和其他会议，包括联合国环境大会；与所有其他利益攸关方开展对话、联络与协作，以提高公众对与享有安全、清洁、卫生和可持续环境有关人权义务的认识；进行国别访问并及时回复各国的邀请；采取性别平等观，尤其是顾及妇女和女童的特殊处境，查明性别歧视和性别弱势，并总结妇女和女童作为保护和可持续管理环境方面的变革推动者的良好做法；与人权理事会其他特别程序和附属机构、联合国有关机关、专门机构、基金（会）和计（规）划署（包括联合国环境规划署和联合国开发计划署）、条约机构和国际及区域组织以及多边环境协定密切协作，同时避免不必要的重复，并考虑到其他利益攸关方，包括有关区域人权机制、国家人权机构、民间社会组织和学术机构的意见；向人权理事会和大会提交年度报告，包括结论和建议。[75]

31. 白化病患者享有人权问题独立专家

2015 年 3 月 26 日，人权理事会通过第 28/6 号决议，设立“白化病患者享有人权问题独立专家”任务，为期 3 年。此后，人权理事会通过第 37/5 号和第 46/12 号决议，将任务延期 3 年。

独立专家的任务包括：与各国和其他利益攸关方，包括联合国各机构、计（规）划署和基金（会）、区域人权机制、国家人权机构、私营部门和捐助方，开展对话并进行协商；查明、交流和推广有关实现白化病患者权利和让他们作为平等社会成员参与各项事务的最佳做法；促进世界各地在白化病患者享有人权方面取得进展，报告有关进展情况、挑战和障碍，并就此向人权理事会提出建议；从各国和其他相关来源，包括白化病患者及其代表组织和其他民间组织，搜集、征求、接收和交换关于侵犯白化病患者权利行为的资料和来文；开展咨询服务、技术援助、能力建设和国际合作，以支持各国切实实现白化病患者权利的努力，并防止暴力；提高对白化病患者权利的认识，消除妨碍白化病患者享有人权以及与他人平等地参与社会的陈规定型观念、偏见以及有害传统习俗和思想；提高对白化病患者积极贡献的认识，并让他们了解自己的权利；从人权理事会第 31 届会议起向理事会提交报告，并向大会提交报告。[76]

32. 寻求真相、正义、赔偿和保证不再发生问题特别报告员

2011 年 9 月 29 日，人权理事会通过第 18/7 号决议，设立“寻求真相、正义、赔偿和保证不再发生问题特别报告员”任务，为期 3 年。此后，人权理事会通过第 27/3 号、第 36/7 号和第 45/10 号决议，各将该任务

75 A/HRC/RES/37/8.

76 A/HRC/RES/28/6.

延期3年。

特别报告员的任务包括：应请求，协助或酌情提供与本任务有关问题的技术援助或咨询服务；收集有关在处理严重侵犯人权和严重违反国际人道主义法行为时寻求真相、正义、赔偿和保证不再发生的国家情况信息，包括法规框架、国家做法和经验，如真相与和解委员会等机制，研究趋势、动态和挑战，并就此提出建议；查明、交流和推广良好做法和经验教训，找出潜在的额外因素，以提出改善和加强寻求真相、正义、赔偿和保证不再发生的方式方法；与各国政府、国际和区域组织、国家人权机构和非政府组织以及联合国有关机构和机制开展定期对话与合作；在制定和执行处理严重侵犯人权和严重违反国际人道主义法行为的战略、政策和措施时，提出有关司法和非司法措施的建议；进一步探讨过渡期正义对防止灭绝种族罪、战争罪、种族清洗和危害人类罪等严重侵犯人权和严重违反国际人道主义法行为并防止其再次发生所做的贡献；进行国别访问，并迅速答复各国的邀请；参加相关国际会议和活动并提出意见建议，以便推动就自身任务授权的相关问题采取系统一致的方针；提高对在处理严重侵犯人权和严重违反国际人道主义法行为时须采用系统一致的方针的认识，并在这方面提出建议；在开展工作履行任务的过程中始终纳入性别平等观；在开展工作履行任务的过程中始终坚持以受害者为中心；与联合国人权事务高级专员办事处、联合国秘书处其他有关实体、联合国有关机构、基金（会）和计（规）划署、政府间组织和非政府组织、人权理事会其他特别程序和其他相关行为方密切协调，同时避免不必要的重复。[77]

77　A/HRC/RES/36/7.

33. 当代形式的种族主义问题特别报告员

1993 年 3 月 2 日，人权委员会通过第 1993/20 号决议，设立“当代形式的种族主义问题特别报告员”任务，为期 3 年。此后，人权委员会 1995 年的第 1994/64 号决议将其进一步明确和细化。此后，人权理事会通过第 7/34 号、第 16/33 号、第 25/32 号、第 34/35 号和第 43/36 号决议，各将该任务延期 3 年。

特别报告员的任务包括重点关注以下方面：侵犯非洲人和非洲人后裔、阿拉伯人、亚洲人和亚洲人后裔、移民、难民、寻求庇护者、属于少数群体者和土著人民以及列入《德班宣言和行动纲领》的其他受害者的当代形式的种族主义和种族歧视事件；因种族歧视而持续剥夺属于不同种族和族裔群体的个人的公认人权，构成严重和有系统地侵犯人权的状况；在世界各地反犹太主义、仇视基督教、仇视伊斯兰教等种种祸患以及基于针对阿拉伯人、非洲人、基督徒、犹太人、穆斯林和其他社区的种族主义和歧视观念的种族主义和暴力运动；当代形式的种族主义、种族歧视、仇外心理和相关不容忍现象赖以存在以及不同社会中种族群体所面临的持续和长期不平等现象背后的变化，一切历史上不公正现象的法律和政策；仇外心理现象；消除一切形式和表现的种族主义、种族歧视、仇外心理和相关不容忍现象的最佳做法；对《德班宣言和行动纲领》所有相关段落的执行工作采取后续行动，促进建立打击种族主义、种族歧视、仇外心理和相关不容忍现象的国家、区域和国际机制；人权教育对于促进容忍和消除种族主义、种族歧视、仇外心理和相关不容忍现象的作用；尊重文化多样性以防止种族主义、种族歧视、仇外心理和相关不容忍现象；一切形式的煽动仇恨行为——同时考虑到《公民及政治权利国际公约》第 20 条第 2 款——以及有种族动机的仇恨言论，包括散布种族优越的思想或煽动种族仇恨的言论，同时考虑到《消除一切形式种族歧视国际公约》第四条、《公民及政治权利国际公约》第十九条以及消除一切形式种族歧视委员会第 15 号一般性意见。后者申明，对散布基于种族优越或种族仇恨的一切思想加以禁止，是符合见解和言论自由的；实行仇外纲领并煽动仇恨情绪的政党和运动、组织和团体数量的急增，同时考虑到民主与种族主义不相容；一些反恐措施对种族主义、种族歧视、仇外心理和相关不容忍现象抬头的影响，包括种族定性和根据国际人权法禁止的歧视理由进行定性的做法；体制上的种族主义和种族歧视；政府针对种族主义、种族歧视、仇外心理和相关不容忍现象受害者的状况所采取的补救措施的效率；对种族主义、种族歧视、仇外心理和相关的不容忍行为有罪不罚的现象，以及最大限度地为这些侵犯人权行为受害者提供救济。[78]

34. 迁徙人口人权问题特别报告员

1999 年 4 月 27 日，人权委员会通过第 1999/44 号决议，设立移民人权问题特别报告员的任务授权，为期 3 年。此后，人权委员会通过第 2002/62 号和第 2005/47 号决议，人权理事会第 8/10 号、第 17/12 号、第 26/19 号、34/21 号和 43/6 号决议，各将该任务延期 3 年。

特别报告员的任务包括：研究克服影响全面切实保护移民人权现有障碍的方式和方法，承认妇女、儿童以及非法移民或没有正式身份者尤其容易受到伤害；请包括移民本人在内的所有相关方面提供关于移民及其家属人权遭受侵犯的资料，并接收他们主动提供的资料；对防止和纠正移民人权遭受侵犯的情况提出适当建议，不论此种情况发生在何处；

78　A/HRC/RES/7/34.

促进关于这一问题的相关国际规范和标准的有效实施；提出可在国家、区域和国际社会实施的消除侵犯移民人权现象的行动和措施；在征求和分析资料时考虑到性别平等观，并特别重视移民妇女遭受多种形式的歧视和暴力的现象；尤其重视落实任务所涉权利方面的实际办法建议，包括确定最佳做法以及开展国际合作的具体领域和方法；考虑到有必要最大限度地发挥报告进程的作用，根据理事会年度工作方案向理事会定期报告工作，并向大会定期报告工作。[79]

35. 老年人享有所有人权问题独立专家

2013 年 9 月 27 日，人权理事会通过第 24/20 号决议，设立“老年人享有所有人权问题独立专家”任务，为期 3 年。此后，人权理事会通过第 33/5 号和第 42/12 号决议，将该任务延期 3 年。

独立专家的任务包括：评估与老年人权利相关的国家、区域和国际标准的执行情况，并确定、交流和宣传与促进和保护这些权利有关的最佳做法；报告在实现老年人权利方面的事态发展、挑战和保护缺口，包括以此为老龄问题不限成员名额工作组的工作做出贡献，并向人权理事会提出这方面的建议；从各国和其他相关来源，包括老年人、老年人的代表组织和其他民间社会组织，搜集、征求和接收关于侵犯老年人权利问题的资料和来文，并与其交换这方面的资料和来文；开展、促进和支持提供咨询服务、技术援助、能力建设和国际合作，以支持各国切实实现老年人权利的努力；提高人们对在实现老年人人权方面面临的挑战以及老年人对社会积极贡献的认识，并让老年人了解自己的权利；与各国和其他利益攸关方，包括与联合国各专门机构、基金（会）和计（规）

79 A/HRC/RES/34/21.

划署、区域人权机制、国家人权机构、老年人、民间社会组织和学术机构开展对话并进行协商；与各国合作，在接到请求时向它们提供援助，以推动落实有助于促进和保护老年人权利的措施；在开展工作履行任务的整个过程中，纳入性别和残疾观念，处理老年人面临的多种形式以及情节恶劣的歧视；在避免不必要的工作重复的同时，与老龄问题不限成员名额工作组、人权理事会其他特别程序和附属机关、有关联合国机构和条约机构密切协调。[80]

36. 促进和保护见解和言论自由权问题特别报告员

1993 年 3 月 5 日，人权委员会通过第 1993/45 号决议，设立“促进和保护见解和言论自由权问题特别报告员”任务，为期 3 年。此后，人权理事会通过第 7/36 号、第 16/4 号、第 25/2 号、第 34/18 号和第 43/14 号决议，各将该任务延期 3 年。

特别报告员的任务包括：收集一切有关侵犯寻求行使或增进行使见解和言论自由权的人的见解和言论自由权，对他们歧视、威胁或使用暴力、进行骚扰、迫害或恐吓的资料，无论情况发生在何处，包括作为高度优先事项，对记者或新闻领域其他专业人员采取的此类行为；从政府、非政府组织和了解这类情况的任何可信可靠的资料，并对之做出回应；就如何更好地增进和保护一切表现形式的见解和言论自由权提出意见和建议；为联合国人权事务高级专员办事处提供的技术援助和咨询服务做出贡献，以更好地增进和保护见解和言论自由权。[81]

37. 贩卖人口、特别是贩卖妇女和儿童问题特别报告员

2004 年 4 月 19 日，人权委员会通过第 2004/10 号决议，设立了“贩

80　A/HRC/RES/33/5.

81　A/HRC/RES/7/36.

卖人口、特别是贩卖妇女和儿童房问题特别报告员”任务，为期 3 年。此后，人权理事会通过第 8/12 号、第 17/1 号、第 26/18 号、第 35/5 号和第 44/4 号决议，各将该任务延期 3 年。

特别报告员的任务包括：促进防止一切形式的贩运人口活动，采取措施维护和保护贩运人口活动受害者的人权；促进切实适用相关国际规范和标准，并推动其进一步完善；在特别报告员的工作中始终纳入性别平等和年龄公平观，包括确认在贩运人口问题上的性别和年龄弱势；确定、交流、推广良好做法，以维护和保护贩运人口活动受害者的人权，确定这方面的保护空白点，包括在识别贩运人口活动受害者方面的空白点；审查国家、区域和国际反贩运措施对贩运人口活动受害者人权的影响，以便对这方面出现的挑战提出充分应对措施，避免贩运活动受害者受到二次伤害；特别重视在落实这项任务相关权利方面的具体解决办法建议，包括查明为应对贩运人口问题开展国际和区域合作及能力建设的具体领域和途径；从各国政府、有关条约机构、特别程序、专门机构、政府间组织，包括非政府组织在内的民间社会、国家人权机构和其他方面，贩运活动受害者或其代表（视情况而定）处征求和获取贩运人口方面的信息，与之交流这类信息，并按照现行做法，对于可靠的侵犯人权指控信息做出切实反应，以便保护贩运活动的实际和潜在受害者的人权；与以下各方密切合作并防止不必要的工作重复：理事会其他特别程序和附属机关，有关联合国机构、专门机构和机制，包括联合国人权事务高级专员办事处、联合国毒品和犯罪问题办事处、联合国难民事务高级专员办事处、国际劳工组织、联合国儿童基金会和贩运人口问题机构间协调小组，以及国际移民组织、有关条约机构、区域人权机制、国家人权机构、包括非政府组织在内的民间社会及私营部门；与《联合国打击跨国有组织犯罪公约》缔约国会议及其贩运人口问题工作组和审查《联合国打击跨国有组织犯罪公约》及其各项议定书实施情况工作组密切合作，并应邀出席和参加其年度会议；通过其国家层面的行动方，包括国家报告员、协调员和委员会以及人权机制和国家人权机构，与各国协商打击贩运人口活动，以期促进加强这些行动方之间的合作；根据人权理事会和大会各自的工作方案，每年向其报告本决议的执行情况。[82]

38. 赤贫与人权问题特别报告员

1998 年 4 月 17 日，人权委员会通过第 1998/25 号决议，决定任命一名赤贫与人权问题独立专家，为期 2 年。此后，人权理事会通过第 8/11 号、第 17/13 号、第 26/3 号、第 35/19 号和第 44/13 号决议，各将该任务延期 3 年。

特别报告员任务包括：审查享受人权与赤贫两者之间的关系；查明在区域国家和国际、政府、公司和社会各级消除妨碍所有生活在赤贫中的人充分享受人权的各种障碍的备选办法；提出——包括与国际金融机构合作提出——区域、国家和国际各级应该采取哪些最有效的措施，推动生活在赤贫中的人们充分享受人权；就如何通过提高能力和调动资源的手法，让生活在赤贫中的人能够参与通向充分享受人权和持续改善生活质量的进程提出建议；发展与从事人权工作并积极参与消除赤贫领域工作的联合国其他机构的合作；参与评估联合国第二个消除贫困十年、《千年宣言》中的国际商定目标、发展筹资问题国际会议通过的《蒙特雷共识》和《可持续发展问题世界首脑会议执行计划》的实施情况；铭记反对种族主义、种族歧视、仇外心理和相关不容忍现象世界会议于

82 A/HRC/RES/26/8.

2001 年 9 月通过的《德班宣言和行动纲领》，争取消除歧视对赤贫的影响；特别注意处于赤贫中的妇女境况并为其赋权，在工作中采用性别平等观；特别注意生活在赤贫中的儿童境况以及生活在赤贫中的残疾人及其他最弱势群体的境况；提出可以推进实现千年发展目标、尤其是关于到 2015 年将每日收入低于一美元人口比例和挨饿人口比例减半的“目标一”，为此应当考虑国际援助与合作在加强减少赤贫的国家行动中的作用；参与各种相关的国际会议和活动，并对其做出贡献，以促进实现减少赤贫的目标。[83]

39. 酷刑和其他残忍、不人道或有辱人格待遇或处罚问题特别报告员

1985 年，人权委员会通过第 1985/33 号决议，决定任命一名特别报告员审查与酷刑有关的各种问题。此后，人权理事会通过第 8/8 号、第 16/23 号、第 25/13 号、第 34/19 号和第 43/20 号决议，各将该任务延期 3 年。

特别报告员的任务包括：就有关酷刑或其他残忍、不人道或有辱人格待遇或处罚的问题和指称案件，寻求、接收、审查来自各国政府、政府间组织、民间社会组织、个人和个人群体的资料，并采取相应行动；在征得政府同意或受到邀请后对有关国家进行访问，进一步加强与它们的对话，并跟进落实对这些国家的访问报告中提出的建议；全面研究在打击和防范酷刑和其他残忍、不人道或有辱人格的待遇或处罚方面的趋势、动态和挑战，并就如何采取适当措施防范和杜绝这类做法提出建议和意见；确定、交流和推广关于防范、惩治和杜绝酷刑和其他残忍、不人道或有辱人格待遇或处罚措施的最佳做法；将性别平等观和以受害者

---

83 A/HRC/RES/8/11.

为中心的方针纳入整个任务工作之中；与禁止酷刑委员会、防范酷刑和其他残忍、不人道或有辱人格待遇或处罚小组委员会以及相关联合国机制和机构合作，酌情与各区域组织和机制、国家人权机构、国家防范机制以及包括非政府组织在内的民间社会合作，帮助促进上述行为方加强合作；根据人权理事会工作方案，向理事会报告其全部活动、意见、结论和建议，并每年向大会报告其任务的总体趋势和发展动态，以期最大限度地发挥报告程序的益处。[84]

40. 隐私权问题特别报告员

2015 年 3 月 26 日，人权理事会通过第 28/16 号决议，设立“隐私权问题特别报告员”任务，为期 3 年。此后，人权理事会通过第 37/2 号和第 46/16 号决议，将该任务延期 3 年。

特别报告员的任务包括：收集相关资料，包括国际和国内框架、国家实践和经验方面的资料，研究有关隐私权的趋势、发展及挑战，并提出增进和保护隐私权的建议，包括面对新技术带来的挑战提出建议；向各国、联合国及其专门机构、计（规）划署和基金（会）、区域人权机制、国家人权机构、民间社会组织、私营部门（包括工商企业）以及其他任何相关利益方或有关方征求和获取信息，并做出回应，同时避免工作重叠；查明在增进和保护隐私权方面可能存在的障碍，查明、交流和倡导国家、区域和国际层面的原则和最佳做法，为此向人权理事会提交提案和建议，包括针对数字时代的特有挑战提交提案和建议；参加相关国际会议和活动并提出意见建议，以便推动就自身任务授权的相关问题采取系统一致的方针；提高对增进和保护隐私权的重要性的认识，特别

84　/HRC/RES/34/19.

注意数字时代的特有挑战，并提高对按照国际人权义务向隐私权受到侵犯的个人提供有效补救机会的重要性的认识；在开展工作履行任务的过程中始终纳入性别平等观；报告不论何地侵犯《世界人权宣言》第 12 条和《公民及政治权利国际公约》第 17 条所载隐私权的指控，包括与新技术带来的挑战有关的指控，并提请理事会和联合国人权事务高级专员注意特别令人关切的情况；自人权理事会第 31 届会议和大会第 71 届会议起，分别向理事会和大会提交年度报告。[85]

41. 以雇佣军为手段侵犯人权并阻挠行使民族自决权问题工作组

2005 年 4 月 7 日，人权委员会通过第 2005/2 号决议，决定设立以雇佣军为手段侵犯人权并阻挠行使民族自决权问题工作组，工作组由五名专家组成，任务为期 3 年。此后，人权理事会通过第 7/21 号、第 15/12 号、第 24/13 号、第 33/4 号和第 42/9 号决议，各将该任务延期 3 年。

工作组的任务包括：在遇有雇佣军或雇佣军相关活动造成现实或紧迫威胁时，为进一步保护人权，尤其是人民的自决权，就可能采用的旨在弥补现有缺陷的补充标准和新标准以及一般准则或基本原则，拟订和提出具体建议；与工作组任务有关的问题上，征求各国政府、政府间组织和非政府组织的意见和建议；监测世界不同地区一切形式和表现的雇佣军和雇佣军相关活动；研究和查明雇佣军和雇佣军相关活动的根源和起因、新出现的问题、表现和趋势及其对人权、尤其是对人民自决权的影响；监测和研究在国际市场上提供军事援助、顾问和安保服务的私营公司开展的活动对享有人权尤其是人民自决权的影响，拟订鼓励这些公司在其活动中尊重人权的国际基本原则草案。[86]

---

85 A/HRC/RES/28/16.

86 A/HRC/RES/7/21.

42. 非洲人后裔问题专家工作组

2002 年 4 月 25 日，人权委员会通过关于“《德班宣言和行动纲领》的全面执行和后续行动”的第 2002/68 号决议，决定设立非洲人后裔问题专家工作组。此后，人权委员会通过第 2003/30 号决议，人权理事会通过第 9/14 号、第 18/28 号、第 27/25 号和第 36/23 号决议，各将该任务延期 3 年。

工作组的任务包括：研究散居各地的非洲人后裔面临的种族歧视问题，并为此通过各国政府、非政府组织以及其他有关渠道收集一切有关材料，包括举行公开会议；建议采取措施，确保非洲人后裔充分、有效地利用司法系统；提交关于制定、执行和实施有效措施的建议，消除对非洲人后裔以种族划线的做法；就在世界各地消除对非洲人和非洲人后裔的种族歧视问题提出建议；处理《德班宣言和行动纲领》所载涉及非洲人和非洲人后裔福祉的所有问题；拟定关于消除对非洲人后裔进行种族歧视的短期、中期和长期建议，同时考虑到需与国际机构、发展机构以及联合国系统各专门机构密切合作，包括通过下列活动，促进非洲人后裔的各项人权：

特别重视非洲人后裔的需求，并通过制定具体的行动方案等，改善非洲人后裔的人权状况；与非洲人后裔合作，制定特别项目，支持社区一级的有关举措，促进非洲人后裔与有关领域的专家交流信息和技术专门知识；与有关金融和发展机构以及联合国专门机构联络，以期对非洲人后裔的发展方案做出贡献，在卫生系统、教育、住房、电力、饮水和环境控制措施领域进一步投资，促进平等的就业机会，并在人权框架内采取其他扶持性或积极的措施和战略。[87]

87　A/HRC/RES/9/14.

43. 粮食权特别报告员

2000 年 4 月 17 日，人权委员会通过有关“食物权”的第 2000/10 号决议，设立“粮食权特别报告”任务，为期 3 年。此后，人权理事会通过第 6/2 号、第 13/4 号、第 22/9 号、第 32/8 号和第 40/7 号决议，各将该任务延期 3 年。

特别报告员的任务包括：促进食物权的充分落实，并在国家、区域和国际各级采取措施，实现人人获得适足食物的权利和人人免于饥饿的基本权利，以便能够充分发展并维持其身心能力；探讨克服现有和正在形成的阻碍落实食物权的障碍的各种方法和途径；在履行任务时将性别观点纳入主流，同时顾及年龄方面的问题，还要考虑妇女和儿童受到饥饿、粮食不安全和贫穷的更为严重的影响；提出可以帮助实现到 2015 年将挨饿人口比例减半的千年发展“目标一”并落实食物权的各项建议，尤其是要考虑到国际援助与合作在加强旨在执行可持续粮食安全政策的国家行动方面的作用；就逐步落实食物权，包括改善条件，使人人免受饥饿，尽快充分享有食物权的步骤提出建议，同时要考虑到在执行反饥饿国家计划方面所取得的教训；与所有国家，政府间组织和非政府组织，经济、社会、文化权利委员会以及代表尽可能广大利益和经验的其他相关行为者在各自职权范围内密切合作，充分考虑到必须促进对所有人切实落实食物权，包括在目前不同领域的谈判中这样做；参加各种相关的国际会议和活动，并对其做出贡献，以促进食物权的落实。[88]

44. 消除对麻风病患者及其家人的歧视问题特别报告员

2017 年 6 月 22 日，人权理事会通过有关“消除对麻风病患者及其

88 A/HRC/RES/6/2.

家人的歧视”的第 35/9 号决议，设立“消除对麻风病患者及其家人的歧视问题特别报告员”任务，为期 3 年。此后，人权理事会通过第 44/6 号决议，将该任务延期 3 年。

特别报告员的任务包括：跟踪和报告各国为有效执行消除对麻风病患者及其家人的歧视的原则和准则一所取得的进展和采取的措施，以促进在世界所有地区实现麻风病患者及其家人享有人权，并就此向人权理事会提出建议；与各国和其他利益攸关方，包括联合国机构、专门机构、基金（会）和计（规）划署特别是世界卫生组织、其他政府间组织、区域人权机制、国家人权机构和非政府组织开展对话和协商，确定、交流和推广有关实现麻风病患者及其家人权利和有关他们作为平等成员参与社会的良好做法，以实现无麻风病的世界；提高对麻风病患者及其家人权利的认识，抵制妨碍麻风病患者及其家人享有人权和基本自由及与他人平等参与社会的污名、偏见和有害的传统习俗和信仰；从人权理事会第 38 届会议起，每年向理事会提交报告。[89]

45. 气候变化背景下促进和保护人权特别报告员的任务

2021 年 10 月 8 日，人权理事会通过关于“气候变化背景下促进和保护人权特别报告员的任务”的第 48/14 号决议，设立“气候变化背景下促进和保护人权特别报告员”任务，为期 3 年。

特别报告员的任务包括：研究和查明气候变化的不利影响，包括突发性和缓发性灾害如何影响充分切实地享有人权，并就如何处理和防止这些不利影响提出建议，特别是就如何加强将人权关切纳入应对气候变化的政策制定、立法和计划提出建议；查明各国在努力促进和保护人权

89　A/HRC/RES/35/9.

的同时应对气候变化不利影响方面的现有挑战，并就尊重和促进人权提出建议；归纳有关知识，包括土著和地方传统知识，并查明涉及将人权纳入气候变化政策的良好做法、战略和政策以及这些努力如何有助于促进和保护所有人权和减贫；促进经验教训和最佳做法的交流，涉及在气候变化适应和减缓政策上采取基于人权、促进性别平等、顾及年龄、包容残疾和风险知情的方针，以期推动实现《巴黎协定》和《联合国气候变化框架公约》，进而有助于实现可持续发展目标；提高对受气候变化影响的人权的认识，并鼓励在这方面加强全球合作；征求各国和其他利益攸关方在执行任务方面的意见和贡献，定期开展对话和磋商，商议国内和国际两级采取的关于尊重、促进和保护人权的有效和可持续气候行动的措施；与各国政府、国际组织、民间社会、技术和学术界、私营部门和所有利益攸关方协作，支持各国为应对气候变化对享有人权的不利影响而采取的努力、行动和措施；与联合国人权事务高级专员办事处、人权理事会的其他特别程序和其他人权机制、条约机构和联合国其他相关机构、基金和方案（包括与气候变化和环境有关的机构、基金和方案）密切协调，同时避免工作重复；进行国别访问并及时回复各国的邀请；参加相关国际会议和活动并促进这些会议和活动采取人权视角，以推动就自身任务授权的相关问题采取系统一致的方针；将促进性别平等、顾及年龄、具有残疾包容性和社会包容性的视角纳入任务工作的方方面面；与各国和包括跨国企业以及其他企业在内的所有企业等利益攸关方密切合作，按照《工商企业与人权指导原则》采取人权视角，减轻投资项目等活动在气候变化背景下对人权的潜在不利影响；同与享有安全、清洁、健康和可持续环境有关的人权义务问题特别报告员、危险物质及废物的无害环境管理和处置对人权的影响问题特别报告员和享有安全饮用水和卫生设施的人权问题特别报告员密切协调，并考虑尽可能通过联合行动等方式，最有效地将自身的工作与这些任务负责人协调；从人权理事会第50届会议起，每年向理事会报告，并向大会第77届会议报告。[90]

第三节 特别程序任务负责人及其遴选

一、特别报告员与独立专家

特别程序任务负责人由个人（被称为“特别报告员”或“独立专家”）或由五名成员组成的工作组担任，五名成员分别来自联合国五个区域集团：非洲、亚洲、拉美和加勒比海地区、东欧和西方集团。特别报告员、独立专家和工作组成员由人权理事会任命，以个人身份任职。他们承诺通过秉持正直、公正、诚实和信用来坚持独立、效率、能力和诚信。他们不是联合国员工，所做工作没有收入。任务负责人的独立地位对其公正地履行职责十分重要。无论是专题任务还是国别任务，任务负责人的任期不能超过6年。

专家的头衔各不相同，其中包括特别报告员、独立专家、秘书长代表或委员会代表。这些不同的头衔或反映出一种等级体系，或表明委托给专家的权力有大有小。这纯粹是政治谈判的结果。最重要的问题是根据人权理事会（人权委员会）决议的规定向专家委托了什么任务。这些任务的重点可以是就侵犯人权的行为提出报告，或是对某一问题做出分析，或是协助提供技术援助，或是合并执行其中的一项或多项任务。[91]

90　A/HRC/RES/48/14.

91　《关于联合国特别报告员的17个常见问题》（概况介绍第27号），第7页，https://www.ohchr.org/Documents/Publications/FactSheet27ch.pdf。

二、特别程序任务负责人的甄选与任命

根据人权理事会第 5/1 号决议，提名、甄选、任命特别程序任务负责人时需参照下列一般标准：(a) 专门知识；(b) 任务领域的经验；(c) 独立性；(d) 公正性；(e) 人品；(f) 客观性。

特别程序任务负责人合格人选的技术和客观要求由人权理事会第六届会议（第二个周期的第一届会议）核准，以确保合格人选高度合格，确实在人权领域具有公认的能力，拥有相关的专门知识以及广泛的专业经验。

根据人权理事会第 6/102 号决定，任务负责人合格人选的技术和客观要求包括：

1. 资质：相关的教育经历或在人权领域的同等专业经验；良好的沟通技巧，使用联合国的一种官方语言。

2. 相关专业知识：了解国际人权文书、规范和原则；了解与联合国或其他国际或区域组织在人权领域的工作有关的机构任务；在人权领域的成熟工作经验。

3. 既定能力：与人权有关的国家、区域或国际公认的能力。

4. 灵活 / 准备和有时间有效履行任务职能并满足其要求，包括参加人权理事会会议。

下列实体可推荐特别程序任务负责人的候选人：(a) 各国政府；(b) 在联合国人权系统内的各区域组；(c) 国际组织或其办事处（如人权高专办）；(d) 非政府组织；(e) 其他人权机构；(f) 个人提名。

为进一步加强和提高人权理事会第 5/1 号决议附件所述任务负责人甄选和任命程序的透明度，根据人权理事会第 16/21 号决议，推荐工作

也将适用下列规定：(a) 除上述实体外，符合《巴黎原则》的国家人权机构也可提名特别程序任务负责人的候选人；(b) 个人候选人和实体提名的候选人应当提交对某个特定任务的申请以及个人资料和不超过 600 字的动机信。高级专员办事处应当编写一份申请每个空缺的候选人公开名单。

人权事务高级专员办事处要立即按标准格式编制并定期更新公开的合格人选名单，其中要包含个人资料、专门知识领域和专业经验。任务授权即将出缺的要予以公布。

根据人权理事会第 5/1 号决议，提名、甄选、任命任务负责人应适当考虑性别平衡和公平地域分配以及不同法系的适当代表性，要遵守不同时兼任多项人权职务的原则。任务负责人担任某项职务的任期，无论是专题任务还是国别任务，均不超过 6 年（专题任务负责人不超过两个任期，一期 3 年）。人权理事会 / 人权委员会每年对各项国家任务进行一次审查，每三年对各项专题任务进行一次审查。某项任务如要继续执行，必须由人权理事会 / 人权委员会专门通过决议，延长其期限并明确其范围。

任务负责人以个人身份任职。个人在政府或任何其他组织或实体担任决策职务并可能会与所涉任务需负的责任发生利益冲突的要予剔除。

此外，人权理事会第 5/1 号决议还规定应设立一个咨商小组。该小组在人权理事会审议任务负责人甄选问题的届会开始前至少提前一个月向主席提出一份名单，列明资历最适合所涉任务并符合一般标准和特定要求的候选人。咨商小组也要适当审议提请其注意的获提名候选人从合格人选公开名单中除名的情况。

在人权理事会会议年度开始时，将请各区域组指定一名咨商小组成员以个人身份参加工作。咨商小组由人权事务高级专员办事处协助工作。咨商小组将以透明方式，对申请每个特定任务的候选人进行审议，但在特殊情况下，如果某个职位需要如此，该小组可以考虑由资格相当或更合适的其他候选人担任该职位。咨商小组应当对被列入最后名单的候选人进行面试，以确保所有候选人受到平等对待。向主席提出的推荐要公开，并且依据确凿可靠。

咨商小组在确定候选人是否具备每项任务所需的专门知识、经验、技能及其他相关的条件时，应酌情考虑利益攸关方的意见，包括现任或即将卸任的任务负责人的意见。

人权理事会主席应根据咨商小组的建议，在广泛协商尤其是通过区域协调人开展协商之后，为每个空缺确定一名适当的候选人。主席应至少在审议任命的理事会届会开始前两周向成员国和观察员提交一份候选人名单。根据人权理事会第 16/21 号决议，在执行时，主席如决定不遵守咨商小组提议的优先顺序，应当说明理由。

必要时，主席可进一步开展协商，以确保推荐的候选人得到认可。特别程序任务负责人的任命随后经理事会核准后即完成手续。任务负责人于人权理事会届会闭幕前正式任命。

| 第五章 |

人权理事会申诉程序

第一节 申诉程序的渊源与类型

一、申诉程序的渊源

人权理事会申诉程序（亦称“投诉程序”）是处理世界任何地方在任何情况下发生的一贯严重侵犯所有人权和基本自由且得到可靠证实的情况的程序。[1] 人权理事会申诉程序是唯一涵盖联合国所有会员国的所有人权和所有基本自由的具有普遍性的申诉程序。早在人权委员会时期，经济及社会理事会就通过了有关人权问题来文的决议和决定，其中，人权委员会的 1503 号程序是人权理事会现行申诉程序的工作依据，此后经过修改，以确保申诉程序公正、客观、高效、注重受害者且能及时启动。

1. 经济及社会理事会第 728F（XXVIII）号决议 [2]

1959 年 7 月 30 日，经济及社会理事会通过了“有关人权问题之来文”的第 728F（XXVIII）号决议。决议中，经济及社会理事会：

（1）核可人权委员会承认该委员会对于有关人权之任何控诉无权采取行动之陈述；

（2）请秘书长：（a）将论及促进普遍尊重即遵守人权原则之来文（不论所书收件人为谁）逐一摘其内容，编写非机密一览表，并注明其姓名（除非此等来文发件人注明希望将其姓名保守秘密），在人权委员会每一届会前分发各委员会；（b）委员会每一届会前，将其他有关人权问题之来文（不论所书收件人为谁）摘其内容，编写机密一览表，于非公开会议时分送委员会各委员，不透露来文发件人之姓名，但发件人声明业已公布或意欲公布其姓名或不反对公布其姓名者不在此限；（c）

1 A/HRC/RES/5/1.

2 E/3290，第 18-19 页。

设法使委员会委员一经请求，即能查阅论及促进普遍尊重于遵守人权原则之来文原件；(d) 通知所有关于人权之来文发件人，不问其所书收件人为谁，谓彼等来文将依本决议案规定处理，委员会对于任何有关人权之控诉，无权采取行动；(e) 将明确提及某会员国或在其管辖下之某领土之任何关于人权之来文副本，分送每一有关会员国，除上述 (b) 分段另有规定外，不透露发件人之姓名；(f) 询问对于依照 (e) 分段规定送请其注意之公文致送覆文之政府究竟希望将其覆文摘要抑全文转送委员会；决议就有关歧视与少数群体问题之来文而言，授予防止歧视及保护少数小组委员会与人权委员会依本决议案所享受之同样便利。

建议人权委员会于每一届会指派一专设委员会，在下一届会开会前不久集会，以便复核秘书长依上述第 2 段 (a) 所编来文一览表，并建议此等来文中何者应将原件依照上述第 2 段 (c) 之规定，循委员会委员之请，供其查阅。

2. 经济及社会理事会第 1235 (XIII) 号决议[3]

1967 年 6 月 6 日，经济及社会理事会通过有关"侵害人权及基本自由问题，包括所有国家，尤其是殖民地及其他附属国家与领土内种族歧视与分离及种族隔离之政策"的第 1235 (XIII) 号决议，授权人权委员会审查与人权和基本自由遭受严重侵犯有关的资料。

决议中，经济及社会理事会授权人权委员会及防止歧视与保护少数小组委员会，依委员会 8 (23) 决议案第 1 段规定，审查有关严重侵害人权与基本自由情况的情报，秘书长依 1959 年 7 月 30 日经济及社会理事会决议案 728F (XXVIII) 编写来文一览表内所载南非共和国政府非

---

3 E/4393，第 19-20 页。

法占领之西南非领土所实行的种族隔离政策以及主要在南罗德西亚实行的种族歧视政策，即其例证。

此外，经济及社会理事会决定人权委员会在适当情形下并审慎考虑所接获情报，依上文规定，对不断侵害人权情势，例如南非共和国政府非法占领之西南非领土所实行的种族隔离政策及主要在南罗德西亚实行的种族歧视政策彻底研究，拟具建议，向理事会具报，并决定于国际人权公约生效后检讨该决议案的上述规定。

3. 经济及社会理事会第1503（XLVIII）号决议[4]

1970年5月27日，经济及社会理事会第48届会议通过“有关侵害人权及基本自由问题通讯文件之处理程序”的第1503（XLVIII）号决议。

该决议授权防止歧视及保护少数小组委员会于适当注意地域分配条件下自其委员中指派一个不超过5人的工作小组，每年在小组委员会届会行将开始之前举行一次非公开会议，会期不超过10日，以审议秘书长依理事会1959年7月30日决议案第728F（XXVIII）所收到的所有来文，包括各国政府有关答复在内，并将其中揭露公然或一贯侵害——且经可靠证明确系如此侵害——人权及基本自由行为而与小组委员会权限有关之若干来文，可能时连同各国之答复，一并提请小组委员会注意。

该决议决定防止歧视及保护少数小组委员会作为实施该决议案之第一段，应在其第23届会议制定一种适当程序，以处理秘书长依经济及社会理事会决议案728F（XXVIII）及依理事会1967年6月6日决议案1235（XIII）所收各种来文之应否受理问题。

---

4 E/4832/Add.1，第23-26页。

该决议请秘书长编制一项关于来文应否受理问题之文件，以供小组委员会第 23 届会议审议。

此外，经济及社会理事会在决议中请秘书长：（a）每月将其依据经济及社会理事会决议案 728F（XXVIII）编制之来文一览表及此等来文之简要说明，连同各国政府提出的任何答复全文，分送小组委员会各委员；（b）工作小组委员会闭幕时，随时根据其请求，提供已列入表内之此类来文原件，但须妥为顾及经济及社会理事会决议案 728F（XXVIII）第 2 段（b）分段关于透露来文人姓名之规定；（c）将工作小组提交小组委员会之此类来文原件，以各种工作语言印发小组委员会各委员。

经济及社会理事会还请防止歧视及保护少数小组委员会依据该决议第 1 段规定，在非公开会议中审议工作小组多数委员会决定向其提交的来文、各国政府对于此项来文之任何答复及其他有关情报，以便决定是否将其中揭露公然或一贯侵害——且经可靠证明确系如此侵害——人权行为须由人权委员会予以审议之特殊情势，提交人权委员会。

经济及社会理事会在决议中也请人权委员会于审查小组委员会所提交之任何情势后决定：（a）此项情势是否须由委员会依据经济及社会理事会决议案 1235（XIII）第三段作通盘研究并向理事会提出有关报告及建议；（b）此项情势是否可由委员会指派一个专设委员会进行调查；此项调查只应在关系国明白表示同意后进行，并应与该国经常合作并依商定条件进行。无论如何，此项调查只可在下列情形下进行：（i）国家层面所有一切方法皆经利用且已用尽；（ii）情势与当时正在依据联合国及各专门机关组织规章或其所通过各公约或区域公约内设其他程序处理之事项无关，或与关系国欲依据其所缔结一般或特别国际协定交由其他程序处理之事项无关。

经济及社会理事会还会决定倘若人权委员会指派一个专设委员会进行一项取得关系国同意之调查，即：（a）此专设委员会之组成应由人权委员会决定。委员会委员应由才能卓越、态度公正而无可非议之独立人士担任。委员之任命须经关系国政府同意；（b）专设委员会自行订立议事规则。委员会须遵守关于法定人数之规定。委员会有权于必要时接受来文并听取见证。调查应与关系国合作进行；（c）专设委员会之程序应予保密，其议事应于非公开会议中进行，其来文不应以任何方式公布；（d）专设委员会在调查前、调查中甚至在调查后，均应设法寻求友好之解决；（e）专设委员会应将其所认为适当之意见及建议向人权委员会具报。

此外，经济及社会理事会还决定防止歧视及保护少数小组委员会或人权委员会为实施本决议案而拟采取之所有行动，在人权委员会未决定向经济及社会理事会提出建议以前，应始终保密；决定授权秘书长提供本决议案实施方面所需要之一切便利，充分利用联合国秘书处现有职员；决定将来若在联合国内或依国际协定设立任何有权处理有关侵害人权及基本自由问题来文之机关时，则本决议案所载之此种来文处理程序应即重加检讨。

4. 经济及社会理事会第 79（LVIII）号决定[5]

1975 年 5 月 6 日，经济及社会理事会通过“关于显示出人权一贯受到严重侵害的情况的研究”的第 79（LVIII）号决定。决定中，经济及社会理事会：（a）请秘书长按照 1970 年 5 月 27 日理事会第 1503

5 E/5683，第 51 页。

（XLVIII）号决议第 4（a）段分送给防止歧视和保护少数小组委员会各成员的每月来文一览表，每月分送给人权委员会各成员；（b）核可人权委员会的决定，成立一个工作组，审查防止歧视和保护少数小组委员会提请人权委员会注意的情况。

5. 经济及社会理事会第 2000/3 号决议[6]

2000 年 6 月 16 日，经济及社会理事会通过“处理与人权有关的来文的程序”的第 2000/3 号决议，对经济及社会理事会 1970 年第 1503 决议进行修订，修订后的决议成为新申诉程序的工作基础。

该决议决定，按照加强人权委员会机制有效性问题闭会期间不限成员名额工作组报告[7]14 第 37 段指定的来文工作组的工作要求，今后每年应在促进与保护人权小组委员会年度会议之后立即举行为期两周的会议，目的是按照小组委员会第一（XXIV）号决议所载的受理来文的标准[8]审查根据理事会第 728 F（XXVIII）号决议提交并至迟于工作组会议之前十二周转交有关政府的来文以及政府对来文所做的任何答复，以期提请情况工作组注意某些看来表明人权和基本自由一贯遭到严重侵犯而且有可靠证据证明此种侵犯的情况。

决议中，经济及社会理事会请秘书长在征得来文工作组主席兼报告员同意后，在准备发送给工作组成员的每月机密性来文摘要、机密性来文一览表过程中，剔除明显缺乏根据的来文，有一项谅解是：不将剔除的来文转交有关政府要求做出答复，并吁请秘书长在来文工作组会议结束之后立即告知有关国家对其采取的行动。

6　E/2000/INF/2/Add.1，第 18-21 页。

7　E/CN.4/2000/112.

8　E/CN.4/1070 和 Corr.1。

此外，经济及社会理事会委托按照加强人权委员会机制有效性问题闭会期间不限成员名额工作组报告[9]第40段指定的情况工作组——该工作组每年应至迟在人权委员会年会之前一个月举行为期一周的会议——负责审查来文工作组的机密报告和建议，决定是否将它处理的某一情况提交人权委员会。审查委员会按照这一程序不断审查某些情况，从而向委员会提交一份机密报告，列出关注的主要问题，通常还会提交一项决议草案或决定草案，向委员会建议对提请它注意的情况所应采取的行动。

决议还授权委员会酌情举行两次单独的非公开会议，采用以下方式审议情况工作组向其提交的某些情况以及不断审查的情况：(a) 在第一次非公开会议上，将邀请各有关国家进行首次陈述，然后，委员会成员和有关国家政府根据机密档案内容和情况工作组的报告进行讨论；(b) 在第一次非公开会议和在第二次非公开会议之间的时间里，委员会任何成员均可就情况工作组提出的任何案文提出替代案文或修正。此类案文草稿都将依照经济及社会理事会各职司委员会议事规则，在第二次非公开会议前由秘书处秘密分发；(c) 在第二次非公开会议上，委员会成员将讨论决议草案或决定草案，并对草案采取行动。有关国家政府代表有权在就该国的人权情况通过最后决定 / 决议的过程中在场。按照既定做法，委员会主席随后将在一次公开会议上宣布对哪些国家按照1503程序进行了审查，并公布不再依照该程序予以审查的国家名单。1503程序将一直保密，除非有关国家政府表示愿意公开这些资料；(d) 依照既定做法，就某一情况采取的行动应为以下做法之一：在无必要做进一步审议或采取进一步行动的情况下中止对这一事项的审议；根据有

9 E/CN.4/2000/112.

关政府提供的任何进一步资料和委员会在1503程序之下可能收到的任何进一步资料，不断审查这一情况；不断审查这一情况，并任命一位独立专家；停止依照理事会第1503（XLVIII）号决议规定的机密程序审议这一事项，以便在理事会第1235（XLII）号决议规定的公开程序之下审议同一事项。

根据该决议，经济及社会理事会第1503（XLVIII）号决议和有关的决议及决定的规定，凡是不受目前对工作做出重新安排的影响的，仍将有效，其中包括：(a）关于秘书长的职责的规定，有一项谅解是：就处理来文和政府对来文做出的答复而言，职责如下：汇编收到的关于指称侵犯人权行为的每月机密性来文摘要，如来文提交人提出要求，可将其姓名删去；按收到的资料所用的语言，向有关国家转发每份来文摘要的副本，请其做出答复，如来文提交人请求不透露姓名，转发时就不透露其姓名；告知提交人收到来文；复制并向委员会成员分发政府做出的答复。(b）在来文工作组会议之后采用旨在便利政府参与这一程序，并在这一程序中提供合作的规定，包括委员会1974年3月6日第3(XXX)号决定的规定。[10]

6. 人权理事会第5/1号决议

2006年3月15日，联合国大会通过题为“人权理事会”的第60/251号决议，决定人权理事会应承担、审查并在必要时改进及合理调整人权委员会的所有任务、机制、职能和职责，以便保持一个包含特殊程序、专家咨询和申诉程序的制度；理事会应在举行首届会议后一年内

10　《经济及社会理事会正式记录，第56届会议，补编第五号》(E/5464)，第十九章，B节。

完成此项审查。[11]

根据联合国大会授予的任务要求，人权理事会于2006年6月30日决定设立关于实施联合国大会第60/251号决议（第1/104号决定）第六段执行问题的工作组，就审查并在必要时改进及合理调整包括1503程序在内的前人权委员会的所有任务、机制、职能和责任的问题制定具体建议。[12]

工作组分别于2006年11月13日至24日、2007年2月5日至16日和2007年4月10日至27日举行了三次正式不限名额会议。理事会主席任命瑞士常驻联合国代表负责机制相关的协商工作，上述会议中有关申诉程序的部分也由其主持。工作组讨论及多轮非正式磋商都在协调员准备的最初版和随后的修订版讨论框架基础上进行。工作组最后一次会议结束后，协调员将一份最终建议（A/HRC/5/15）提交给主席，建议中尽最大可能考虑到几个月的协商中表达的立场，以便起草一份有关理事会体制建设最终文件中的申述程序部分。

2007年6月18日，人权理事会通过题为“联合国人权理事会的体制建设”的第5/1号决议，该决议制定了新的申诉程序。申诉程序受理由个人、团体或声称为人权侵犯受害者或掌握与该类侵犯相关的直接可靠信息的非政府组织提交的来文。与之前的1503程序相似，新申诉程序是保密的，旨在加强与相关国家间的合作。新申诉程序在必要之处做了改进，以确保程序公正、客观、高效，注重受害者，且能及时启动。[13]

成立五年之后，人权理事会于2011年成功地完成了对其工作和运

11 A/RES/60/251.

12 https://www.ohchr.org/CH/HRBodies/HRC/ComplaintProcedure/Pages/ReviewComplaintProcedure.aspx, 最后访问时间：2022年9月20日。

13 见中国人权网 http://humanrights.cn/html/2014/1_1011/2020.html. 最后访问时间：2022年9月20日。

作的审查。该审查过程并未给人权理事会申诉程序的工作方法和范围带来任何变化。[14]

人权理事会第 5/1 号决议制定的申诉程序与经济及社会理事会第 1503（XLVIII）号决议制定的人权委员会 1503 程序十分相似，但两者在程序运作过程中有一些技术细节的差别，人权理事会的申诉程序具有以下新特点：[15]

（1）更客观、更透明：来文工作组主席向工作组成员（工作组由咨询委员会从其成员中指定的分别代表五个区域组的 5 名独立专家组成）提供初步筛选后驳回的所有来文清单，并说明驳回来文的理由。

（2）案件处理更及时：两个工作组每年各召开两届会议，每届会议为期 1 周，而不再是每年召开一届会议，每届会议为期 2 周。因此，理事会可以根据需要，频繁审议由情况工作组（由各区域组从理事会的成员国中任命的 5 名成员组成）提请它关注的案件。

（3）更注重受害者：在各关键阶段向来文提交人和所涉国家通报审议情况。两个工作组在其各自的权限范围内决定如何将注重受害者的方针转化为具体的程序和工作方法。因此，两个工作组可以决定联络来文提交人索要进一步的资料，包括向来文提交人和所涉国家提出相同的问题。

（4）加强与所涉国家的合作和对话：就某一特定案件而言，理事会可以采取的一项新措施是建议人权高专办向所涉国家提供技术合作、

14　https://www.ohchr.org/CH/HRBodies/HRC/ComplaintProcedure/Pages/ReviewComplaintProcedure.aspx, 最后访问时间：2022 年 9 月 20 日。

15　https://www.ohchr.org/CH/HRBodies/HRC/ComplaintProcedure/Pages/FAQ.aspx, 最后访问时间：2022 年 9 月 20 日。

能力建设援助或咨询服务。

（5）用尽国内补救办法：此项还可以包括在国家人权机构提起诉讼程序，前提是它们必须根据《巴黎原则》运作并拥有准司法管辖权。

新程序保留了其机密性，以期加强与所涉国家的合作。理事会可决定停止在秘密申诉程序下对某项问题进行审查，并对其进行公开审议。

二、申诉程序的类型

根据人权理事会第 5/1 号决议的规定，成立两个不同的工作组，即来文工作组和情况工作组，任务是审查来文，并提请理事会注意一贯严重侵犯人权和基本自由且已得到可靠证实的情况。这两个工作组要尽量在协商一致的基础上开展工作。在无法取得协商一致时，要以简单多数票做出决定。两个工作组可确定自己的议事规则。

1. 来文工作组的组成、任务和职权[16]

咨询委员会要在适当顾及性别平衡的情况下，从每个区域组指定一名、共计 5 名成员组成来文工作组。如果出现空缺，咨询委员会要从委员会中同一区域组指定一位独立且高度合格的专家补缺。由于审查和评估收到的来文需要有独立的专家意见和连续性，来文工作组的独立且高度合格的专家任期为 3 年，其任期只能延长一次。

来文工作组主席要与秘书处一起，在将收到的来文转交所涉国家之前，依据受理标准，对来文进行初步筛选。明显缺乏根据或匿名的来文，由主席加以剔除，因而不会转送所涉国家。从负责和透明的角度考虑，来文工作组主席要向全体成员提供初步筛选后驳回的所有来文清单。该

16 A/HRC/RES/5/1，第 91-95 段。

清单应说明所有做出驳回来文决定的理由。所有其他未被剔除的来文将转送所涉国家，以便获得该国对侵权指控的意见。

来文工作组成员要就来文可否受理做出决定，并评估侵权指控的案情实质，包括评估该来文本身或与其他来文结合起来看是否显示某种一贯严重侵犯人权和基本自由并已得到可靠证实的情况。来文工作组要向情况工作组提供一份材料，载列所有可予受理的来文以及就这些来文提出的建议。如果需要对一个案件做出进一步审议或需要补充资料，来文工作组可在下届会议之前继续保持对该情况的审议，同时请所涉国家提供补充资料。来文工作组可决定撤销某一案件。来文工作组的所有决定都要严格依据可受理标准做出并有正当理由。

2. 情况工作组的组成、任务和职权[17]

每个区域组要在适当考虑到性别平衡的情况下，指定一个理事会成员国的代表参加情况工作组的工作。情况工作组组员任期为 1 年。如果组员所涉国家仍然是理事会成员，其任期可以延长一次。情况工作组成员应以个人身份任职。为填补一个空缺，该空缺所属的区域组要从同一区域组的成员国中指定一位代表。

根据要求，情况工作组要在来文工作组提供的资料和建议的基础上，通常以关于所涉情况的决议或决定草案的形式，向理事会提出关于一贯严重侵犯人权与基本自由且已得到可靠证实的情况的报告，并向理事会建议应采取的行动方针。如果情况工作组需做出进一步审议或需要补充资料，其成员可在下一届会议之前继续保持对该情况的审议。情况工作组也可决定撤销某个案件。

17　A/HRC/RES/5/1，第 96-99 段。

情况工作组的所有决定都要有正当理由，并说明停止对某情况进行审议或就此建议采取行动的理由。停止审议的决定应以协商一致的方式通过；如不可能，则以简单半数决定。

第二节 申诉程序工作机制

一、申诉程序四个阶段

人权理事会的申诉程序分为以下四个阶段：[18]

1. 第一阶段：初步筛选

来文工作组主席与秘书处一起进行初步筛选。只有符合受理标准的申诉才会被转交所涉国家，以请它们就申诉所载侵犯权利的指控提出意见。

2. 第二阶段：来文工作组

来文工作组每年举行两次会议，以决定申诉的可受理性，并评估有关侵犯权利指控的是非曲直，包括有关申诉看起来是否单独或者与其他申诉一起揭露了一贯严重侵犯人权和基本自由且得到可靠证实的情况。

来文工作组在会上可以决定：如果根据理事会第 5/1 号决议其不可受理，则驳回申诉；保持对该申诉的审查，并要求所涉国家和（或）申诉人在合理的时间内进一步提供资料；把包含所有可受理来文以及关于这些来文建议的案卷转交情况工作组进一步审议。

3. 第三阶段：情况工作组

情况工作组（由各个区域组指定的五名人权理事会成员国代表组成，

---

18 https://www.ohchr.org/CH/HRBodies/HRC/ComplaintProcedure/Pages/FAQ.aspx，最后访问时间：2022 年 9 月 20 日。

他们以个人名义任职）每年举行两次会议，根据来文工作组提供的资料和建议向理事会提出关于一贯严重侵犯人权和基本自由且得到可靠证实的情况的报告，并向理事会建议应采取的步骤。

情况工作组在会上可以决定：停止对情况的审议；保持对有关情况的审查，以便进一步审议或要求提供补充资料；在认为来文所载的指控可能揭露了一贯严重侵犯人权和基本自由且得到可靠证实的情况时，把该情况转交人权理事会。

4. 第四阶段：人权理事会

除非另有决定，理事会将以保密的方式审查情况工作组的报告，并可以做出以下决定：在没有必要做进一步审议或采取行动时，停止对有关情况的审议；继续保持对有关情况的审查，并请所涉国家在合理的时间内进一步提供资料；保持对有关情况的审查，指定一名高度合格的独立专家监察该情况，并向理事会提出报告；停止在秘密申诉程序下对该问题进行审查，以便对同一问题进行公开审议；建议人权高专办向所涉国家提供技术合作、能力建设援助或咨询服务。

2006 年以来，申诉程序提交人权理事会的情况如表 5：

表 5

申诉程序所涉国家情况	年度 / 人权理事会届会	内容
吉尔吉斯斯坦	2006/第二届	理事会在2006年9月25日第十一次会议和10月2日第二十三次会议这两次非公开会议上，根据经济及社会理事会2000年6月16日第2000/3号决议第七段的规定，审议了根据经济及社会理事会第1503(XLVIII)号决议和第2000/3号决议设立的程序的报告。理事会收到关于伊朗伊斯兰共和国、吉尔吉斯斯坦和乌兹别克斯坦人权状况的报告，供其审议。 在2006年10月2日第24次会议上，主席公开宣布，理事会已决定不再审议吉尔吉斯斯坦的人权状况。[19]

19　A/HRC/2/9.

（无）	2007/ 第三届	在2006年12月6日第十一次会议上，理事会副主席布莱兹·戈代先生（瑞士）以大会第60/251号决议第六段的执行问题工作组申诉程序部分协调员的身份，提出了关于在理事会2006年6月30日第1/104号决定所设的工作组第一届会议期间取得进展的最新报告，见“协调员的初步结论”（A/HRC/3/5)和“秘书处编写的讨论摘要”（A/HRC/3/CPR.3)。 在同次会上，在随后进行的讨论中，26个理事会成员国的代表、10个国家的观察员以及三个非政府组织的观察员进行了发言。[20]
伊朗伊斯兰共和国； 乌兹别克斯坦	2007/ 第四届	在2007年3月19日第十二次会议和3月26日第二十二次会议的两次非公开会议上，人权理事会根据经济及社会理事会2000年6月16日第2000/3号决议第七段的规定，审议了根据经济及社会理事会第1503(XLVIII)号决议和第2000/3号决议设立的程序的报告。理事会审议了伊朗伊斯兰共和国和乌兹别克斯坦的人权状况。 在2007年3月26日第二十三次会议上，理事会主席公开宣布，理事会决定停止审议伊朗伊斯兰共和国和乌兹别克斯坦的人权状况。[21]
土库曼斯坦	2008/ 第七届	在2008年3月17日和25日第二十七次和第三十五次会议上，人权理事会举行了两次有关申诉程序的非公开会议。 在2008年3月25日第三十五次会议上，主席就会议结果进行发言，指出人权理事会根据其第5/1号决议所确定的申诉程序，在非公开会议上审查了土库曼斯坦的人权状况。人权理事会决定继续审查该国的人权状况。[22]
马尔代夫；土库曼斯坦	2008/ 第九届	在2008年9月15日和23日第九和第二十次会议上，人权理事会举行了两次有关申诉程序的非公开会议。 在2008年9月23日第二十次会议上，主席就会议结果进行发言，指出人权理事会根据其第5/1号决议所确定的申诉程序，在非公开会议上审查了马尔代夫和土库曼斯坦的人权状况。理事会决定停止审议马尔代夫的人权状况，并决定继续审查土库曼斯坦的人权状况。”[23]
土库曼斯坦	2009/ 第十届	在2009年3月13日第二十二次会议和3月23日第三十三次会议上，人权理事会举行了两次有关申诉程序的非公开会议。 在2009年3月23日第三十三次会议上，主席就会议结果进行发言，指出人权理事会根据其第5/1号决议所确定的申诉程序，在非公开会议上审查了土库曼斯坦的人权状况，并决定不再审查土库曼斯坦的人权状况。”[24]

20 A/HRC/3/7.

21 A/HRC/4/123.

22 A/HRC/7/78.

23 A/HRC/9/28.

24 A/HRC/10/29.

刚果民主共和国	2009/第十一届	在2009年6月8日第十二次会议上，人权理事会举行了两次有关申诉程序的非公开会议。 在2009年6月18日第二十八次会议上，主席就会议结果进行发言，指出人权理事会根据其第5/1号决议所确定的申诉程序，在非公开会议上决定停止审议刚果民主共和国的人权状况。”[25]
几内亚	2010/第十二届	在2009年9月22日第十三次和9月30日第二十七次会议上，人权理事会举行了两次有关申诉程序的非公开会议。 在10月1日第二十八次会议上，主席就会议结果进行发言，指出人权理事会根据其第5/1号决议所确定的申诉程序，在非公开会议上审议了几内亚的人权状况。理事会决定继续审查几内亚的人权状况。”[26]
几内亚	2010/第十三届	在2010年3月10日第二十一次会议和2010年3月24日第四十一次会议上，人权理事会举行了两次关于申诉程序的非公开会议。 在2010年3月24日第四十一次会议上，主席就会议结果进行发言，指出人权理事会根据其第5/1号决议制定的申诉程序，在非公开会议上审议了几内亚的人权状况，并且决定不再审议这个问题。[27]
塔吉克斯坦	2011/第十六届	在2011年3月11日第二十四次会议和3月22日第四十二次会议上，人权理事会举行了两次关于申诉程序的非公开会议。 在2011年3月23日第四十三次会议上，主席就会议结果进行发言，指出人权理事会根据其第5/1号决议制定的申诉程序，在非公开会议上审议了塔吉克斯坦的人权状况，并且决定继续审议该国的人权状况。[28]
塔吉克斯坦	2012/第十七届	在2011年6月6日第四十次会议和6月9日第二十一次会议上，人权理事会举行了两次关于申诉程序的非公开会议。 在2011年6月10日第23次会议上，主席就会议结果进行发言，指出人权理事会根据其第5/1号决议制定的申诉程序，在非公开会议上审议了塔吉克斯坦的人权状况，并且决定继续审议这个问题。[29]

25　A/HRC/11/37.

26　A/HRC/12/50.

27　A/HRC/13/56.

28　A/HRC/16/2.

29　A/HRC/17/2.

塔吉克斯坦；刚果民主共和国	2012/第十八届	在2011年9月11日举行的第十一次会议和9月27日举行的第二十九次会议上，人权理事会举行了两次申诉程序非公开会议。 在2011年9月27日举行的第三十次会议上，主席就会议结果进行发言，指出人权理事会根据其第5/1号决议制定的申诉程序，在非公开会议上审查了塔吉克斯坦和刚果民主共和国的人权状况，决定停止审议塔吉克斯坦的人权状况，并继续审议刚果民主共和国的人权状况，还决定建议联合国人权事务高级专员办事处针对在申诉程序下审查的两处案情，酌情向刚果民主共和国政府提供技术合作、能力建设援助或咨询服务。[30]
刚果民主共和国；伊拉克；土库曼斯坦	2013/第十九届	在2012年3月9日第二十八次会议、3月13日第三十二次会议、3月20日第四十六次会议和3月23日第五十四次会议上，人权理事会举行了四次申诉程序非公开会议。 在2012年3月23日第五十四次会议上，主席就各次会议结果进行发言，指出人权理事会根据理事会第5/1号决议制定的申诉程序，在非公开会议上审查了刚果民主共和国、伊拉克和土库曼斯坦的人权状况。理事会决定停止审议刚果民主共和国和土库曼斯坦的人权状况。此外，理事会决定停止审议关于伊拉克的一处案情，并建议人权高专办与该国加强技术合作、能力建设、援助和咨询服务。理事会还决定继续审议伊拉克的一处人权案情。[31]
伊拉克共和国；厄立特里亚	2013/第二十届	在2012年6月26日第十七次会议和6月27日第二十次会议以及2012年7月4日第三十次会议上，人权理事会举行了三次非公开申诉程序问题会议。 在2012年7月5日第三十一次会议上，主席就会议结果进行发言，指出人权理事会根据其第5/1号决议制定的申诉程序，在非公开会议上审议了伊拉克共和国宗教少数群体的处境和厄立特里亚的人权状况。 理事会决定停止审议伊拉克共和国宗教少数群体的处境问题，建议联合国人权事务高级专员办事处为伊拉克提供技术合作、能力建设、援助和咨询服务。此外，理事会还决定不断审议厄立特里亚的人权状况，直至理事会第二十一届会议。[32]

30 A/HRC/18/2.

31 A/HRC/19/2.

32 A/HRC/9/28.

厄立特里亚；伊拉克	2012/第二十一届	在2012年9月17日第十五次会议和9月26日第三十五次会议上，人权理事会举行了两次关于申诉程序的非公开会议。 在第三十六次会议上，人权理事会主席就会议结果进行发言，指出人权理事会根据其第5/1号决议制定的申诉程序，在非公开会议上审查了厄立特里亚的人权状况和伊拉克的工会及工会会员和领导人及人权维护者的状况。 人权理事会决定根据其第5/1号决议附件第109(d)段，停止在申诉程序下审查厄立特里亚的人权状况，以便在执行理事会第20/20号决议的框架内公开审议这一问题。理事会通过了关于厄立特里亚的机密决议，并决定作为理事会第21/1号决议予以公布。 人权理事会还决定停止审议伊拉克的工会及工会会员和领导人的状况以及人权维护者的状况。[33]
（无）	2013/第二十二届	在2013年3月20日第四十六次会议上，人权理事会举行了一次申诉程序非公开会议。 在2013年3月21日第四十七次会议上，主席就会议结果进行发言，指出人权理事会根据人权理事会第5/1号决议设立的申诉程序，在非公开会议上审议了情况工作组第十一届会议的报告。情况工作组无任何案件提呈人权理事会第二十二届会议采取行动。[34]
（无）	2013/第二十四届	在2013年9月23日第二十六次会议上，人权理事会举行了一次关于申诉程序的非公开会议。 在2013年9月24日第二十八次会议上，主席就会议结果进行发言，指出人权理事会根据人权理事会第5/1号决议制定的申诉程序，在非公开会议上审议了情况工作组第十二届会议的报告。情况工作组无任何案件提呈人权理事会第二十四届会议采取行动。[35]
喀麦隆	2014/第二十五届	在2014年3月14日第三十次会议和3月24日第四十六次会议上，人权理事会举行了两次关于申诉程序的非公开会议。 在2014年3月25日第四十七次会议上，主席就会议结果进行发言，指出人权理事会根据其第5/1号决议制定的申诉程序，在非公开会议上审查了喀麦隆的人权状况，并且决定继续审议这一情况，直至理事会第二十七届会议。[36]
喀麦隆	2014/第二十七届	在2014年9月12日第十二次会议和2014年9月22日第三十次会议上，人权理事会举行了两次关于申诉程序的非公开会议。 在2014年9月23日第三十一次会议上，主席就会议结果进行发言，指出人权理事会根据其第5/1号决议制定的申诉程序，在非公开会议上审查了喀麦隆的人权情况，并决定停止审议喀麦隆的人权状况。[37]

33　A/HRC/10/29.

34　A/HRC/11/37.

35　A/HRC/12/50.

36　A/HRC/16/2.

37　A/HRC/17/2.

（无）	2015/第三十届	在2015年9月18日第十四次会议上，人权理事会举行了一次关于申诉程序的非公开会议。 在2015年9月21日第十五次会议上，主席就会议结果进行发言，指出人权理事会根据其第5/1号决议制定的申诉程序，在非公开会议上审议了情况工作组第十五届和第十六届会议的报告。情况工作组无任何案件提呈人权理事会第三十届会议采取行动。[38]
（无）	2016/第三十三届	在2016年9月16日第十二次会议上，人权理事会举行了一次关于申诉程序的非公开会议。 在2016年9月23日第二十六次会议上，主席就会议结果进行发言，指出人权理事会根据其第5/1号决议制定的申诉程序，在非公开会议上审议了情况工作组第十七届和第十八届会议的报告。情况工作组无任何案件提呈人权理事会第三十三届会议采取行动。[39]
（无）	2017/第三十六届	在2017年9月22日第二十七次会议上，人权理事会举行了一次关于申诉程序的非公开会议。 在同次会议上，情况工作组主席兼报告员Nozipho Mxakato-Diseko分别于2017年1月和7月提交了情况工作组第十九届和第二十届会议的报告。 在2017年9月25日第28次会议上，主席就会议结果进行发言，指出人权理事会根据其第5/1号决议制定的申诉程序，在非公开会议上审议了情况工作组第十九届和第二十届会议的报告。情况工作组无任何案件提呈人权理事会第三十六届会议采取行动。[40]
（无）	2018/第三十九届	在2018年9月21日第二十七次会议上，人权理事会举行了一次关于申诉程序的非公开会议。 在同次会议上，情况工作组主席兼报告员Vesna Batistić Kos介绍了分别于2018年2月和7月举行的第二十一届和第二十二届会议情况工作组的报告。 在2018年9月24日第二十八次会议上，主席就会议结果进行发言，指出人权理事会根据其第5/1号决议制定的申诉程序，在非公开会议上审议了情况工作组第二十一届和第二十二届会议的报告。情况工作组无任何案件提呈人权理事会第三十九届会议采取行动。[41]

38　A/HRC/18/2.

39　A/HRC/19/2.

40　A/HRC/20/2.

41　A/HRC/21/2.

二、来文受理标准[42]

根据人权理事会第5/1号决议，就申诉程序的目的而言，述及侵犯人权和基本自由问题的来文可以受理的条件是：（a）没有明显的政治动机，其目标与《联合国宪章》《世界人权宣言》和人权法领域其他适用的文书一致；（b）以事实说明所指控的侵权行为，包括据称遭到侵犯的权利；（c）没有使用辱骂性的语言。然而，如果此种来文在删除了辱骂性语言之后仍符合其他的受理标准，则可对其加以审议；（d）由声称自己是侵犯人权和基本自由行为受害人的一个人或一批人提出，或由真正本着人权原则行事、不采取含有政治动机并有违《联合国宪章》规定的立场、声称直接并可靠了解有关侵犯人权情况的任何个人或一批人，包括非政府组织在内提交的来文。然而，如果来文得到可靠证实，只要提供的证据清楚，便不得仅仅因为具体提交人对情况的了解是第二手的而不予受理；（e）依据的不完全是大众传媒的报道；（f）所述案件似乎显示存在一贯严重侵犯人权并已得到可靠证实的情况，但目前还没有由一个特别程序、条约机构或联合国其他人权申诉程序或类似的区域申诉程序处理的；（g）已用尽国内补救办法，或者此种补救办法看来不会奏效或会被不合理地拖延。

此外，根据《有关国家机构地位的原则》(《巴黎原则》)，特别是根据关于准司法管辖权的原则建立和运作的国家人权机构，可充当处理个人侵犯人权行为的有效办法。

42　A/HRC/RES/5/1，第87-88段。

三、工作模式和保密[43]

由于申诉程序主要面向受害人，而且应以保密的方式及时开展，因此，两个工作组每年至少要举行两期会议，每期为时 5 个工作日，以立即审议收到的来文，包括各国就来文所做的答复以及理事会已根据申诉程序在处理的情况。

所涉国家要与申诉程序合作，以联合国的一种工作语言对工作组或理事会的任何要求尽力做出实质性答复。所涉国家还要尽力在要求提出后不迟于 3 个月的时间内做出答复。但是，如有必要，该时限可在所涉国家的要求下延长。根据要求，秘书处至少要提前两周向理事会所有成员提供保密案卷，以便有充足的时间加以审议。理事会要随时根据需要，但至少每年一次审议情况工作组提请它注意的一贯严重侵犯人权和基本自由且已得到可靠证实的情况。

除非理事会另行决定，情况工作组提交理事会的报告一般要以保密的方式加以审议。如果情况工作组建议理事会举行公开会议审议某一个情况，特别是在明确无误缺乏合作的情形中，理事会要在下届会议上优先审议这种建议。为确保申诉程序做到面向受害人、高效而又及时，从申诉转呈所涉国家到理事会开始审议的这段时间，原则上不得超过 24 个月。

四、申诉人和所涉国家的参与[44]

申诉程序要确保在以下关键阶段向来文提交人和所涉国家双方通报审议情况：（a）当来文工作组认为来文不可受理，或来文已由情况工

---

43 A/HRC/RES/5/1，第 100-105 段。

44 A/HRC/RES/5/1，第 106 段 -108 段。

作组着手审议，或来文留待工作组之一或理事会审议时；（b）产生最终结果时。

此外，在申诉人的来文已由申诉程序登记备案时，要通知申诉人。如果申诉人要求对其身份保密，则不得将其身份告知所涉国家。

五、措施

根据惯例，就某一情况采取行动，应该选择如下的一种：(a) 在没有必要做进一步审议或采取行动时，停止对有关情况的审议；(b) 继续保持对该有关情况的审议，并请所涉国家在合理的时间范围内进一步提供资料；(c) 继续保持对该有关情况的审议，并任命一位独立的高级专家监督该情况，并向理事会提出报告；(d) 停止在秘密申诉程序下对该问题进行审查，以便对同一问题进行公开审议；(e) 建议人权高专办向所涉国家提供技术合作、能力建设援助或咨询服务。

六、来文中应包含的资料[45]

虽然不要求以特定的格式提交申诉，但是建议使用人权理事会申诉程序网站上提供的申诉表格。[46] 来文必须是书面的，字迹要清晰，最好是打字生成，并应署名签字。

来文必须以联合国的一种工作语言（阿拉伯文、中文、英文、法文、俄文和西班牙文）提交。来文应提供基本个人资料（申诉人的姓名、国

45　https://www.ohchr.org/CH/HRBodies/HRC/ComplaintProcedure/Pages/FAQ.aspx，最后访问时间：2022 年 9 月 20 日。

46　https://www.ohchr.org/CH/HRBodies/HRC/ComplaintProcedure/Pages/HRCComplaintProcedureIndex.aspx，参见“如何提交来文？—《申诉程序表》”，最后访问时间：2022 年 9 月 20 日。

籍、出生日期、邮寄地址和电子邮箱），并说明其针对的国家。提交之后，如果地址或其他联系信息发生变化，申诉人应尽快通知秘书处。必须按时间顺序列出申诉所依据的所有事实。叙述必须尽可能完整，并包含与案件相关的所有资料。申诉人必须说明为什么他（她）认为所述事实构成一贯严重侵犯人权。

申诉人还须详尽说明他（她）已采取了哪些步骤，以便用尽在来文所针对的国家里可以获得的所有补救办法，特别是在该国的地方法院和当局所采取的步骤。关于用尽国内补救办法的规定，意味着该来文必须已经首先提请有关国家当局的关注，直至可以动用的最高法院，除非此种补救办法看来不会奏效或者会被不合理地拖延。如果一些补救办法仍然未定或者尚未用尽，必须指出这一事实，并说明其理由。

申诉人必须提供与其来文和主张有关的所有文件的复印件（不是原件），特别是国家当局做出的关于该来文的行政或司法决定。如果这些文件非以联合国的一种正式语言生成，必须提供其全文或摘要翻译。

如果来文缺乏在人权理事会申诉程序下处理所需的基本资料，或者事实叙述不清，人权理事会秘书处将与申诉人取得联系，请后者提供补充细节或重新提交申诉。

| 第六章 |

人权理事会与联合国其他机构的关系

第一节 人权理事会与联合国人权高专办

人权理事会是由联合国大会在 2006 年 3 月 15 日设立的，它直接向联合国报告工作。人权理事会取代了有 60 年历史的联合国人权委员会，成为联合国负责人权事务的主要政府间机构。人权理事会由成员国代表组成。它是一个拥有综合性人权任务的首要政治机构，也是一个被授以特殊职能的论坛，用以防止侵犯人权、不平等和歧视现象的发生，保护最弱势群体，揭露加害者。[1]

联合国人权高专办是一个与人权理事会截然不同的实体，它隶属于联合国秘书处，向秘书长汇报。人权高专办由约 1300 名国际公务员组成，从事广泛的人权活动。自 2018 年 9 月以来，人权事务高级专员米歇尔·巴切莱特负责领导工作。联合国大会赋予了高级专员及其办事处一个独特任务，即促进和保护所有人的所有权利。联合国人权方案旨在确保所有人都能在生活中真正享有人权，而且确保这些人权得到切实的保护。联合国人权高专办在维护联合国三个相互关联的支柱——和平、发展与人权——的完整性方面发挥着至关重要的作用。人权高专办的众多驻地代表 / 代表处以技术专长和能力发展的形式，协助各国政府提高其处理人权事务的能力，推动国际人权条约的批准和实施。人权高专办与各国政府和其他组织或机构（如国家人权机构）协作，保证所有人权都得到充分的尊重。人权高专办还与民间社会组织合作，协助他们更加有效地促进和保护人权。人权高专办为了完成其综合性的人权职责，面对世界各地侵犯人权的情况，客观、直言不讳地表明观点。它为发现和制定应对当今人权挑战的方案提供了一个论坛，同时也是联合国系统中有关人权

---

1 https://www.ohchr.org/CH/AboutUs/Pages/FrequentlyAskedQuestions.aspx，最后访问时间：2022 年 9 月 20 日。

研究、教育、公共信息和人权倡导活动的牵头单位。

联合国自1945年成立以来，促进和鼓励《联合国宪章》所规定的不分种族、性别、语言和宗教对所有人的人权的尊重，一直是其基本目标之一。人权高专办负有在联合国系统内使人权主流化的任务，即把人权视角纳入到所有的联合国方案中，如此可确保联合国系统三大支柱的相互关联和相互加强。

人权高专办设在日内瓦的总部有三个事务司：（1）专题活动、特别程序和发展权司——负责政策制定，并就各类专题人权问题（包括各项人权主流化目的）提供指导、工具、建议和能力强化支持。该司还为人权理事会的特别程序提供支持。（2）人权理事会和条约机制司——为人权理事会及其普遍定期审议机制提供实质性支持和技术支持，并支持人权条约机构。（3）外勤业务和技术合作司——负责监督和实施该办公室在地方的工作。

各专门服务处和各专门部门——直接向副高级专员报告——处理核心的行政、方案、协调与外联职能。[2]

人权高专办致力于为联合国系统内的不同人权监督机制提供最好的专业知识和支持，其中包括人权理事会在内的根据联合国宪章设立的机构以及根据国际人权条约设立的、由独立专家组成的负责监督缔约国遵守其各自条约义务的机构。这些机构中的大多数都由人权高专办的人权理事会和条约司提供秘书处支持。[3]

人权高专办的工作方法侧重于三方面：标准的制定、监督和实施。当不同的联合国人权机构履行其制定和监督标准的职责时，人权高专办

2　https://www.ohchr.org/zh/about-us/where-we-work, 最后访问时间: 2022年9月20日。

3　https://www.ohchr.org/CH/HRBodies/Pages/HumanRightsBodies.aspx, 最后访问时间：2022年9月20日。

努力向它们提供最好的专业意见以及具体的秘书事务支持。[4]

人权理事会是独立于人权高专办的实体。这种划分源于联合国大会的分别授权。人权高专办的职责之一是作为人权理事会的秘书处为人权理事会提供服务。人权高专办为人权理事会提供包括技术性、实质性和秘书事务等方面的支持，并跟进人权理事会所做出的评议。[5]

此外，人权高专办也为特别程序的工作提供支持。特别程序是一类机制的统称，它们由人权委员会确立，并由人权理事会掌接，这些特别程序包括受人权理事会任命负责监督不同国家或与特定问题相关的人权状况的特别报告员、独立专家和工作组。人权高专办通过特别程序处（SPB）对报告员、独立专家和工作组的工作提供支持，人权高专办协助独立专家进行实地考察，接收并审议人权侵害案件受害者的直接申诉，代表受害者向有关政府发出呼吁。[6] 人权高专办支持除一项专题任务之外的所有任务，并为整个特别程序系统提供集中援助。驻地行动与技术合作司（FOTCD）则负责支援国别任务的工作。[7]

第二节　人权理事会与联合国人权条约机构

人权条约机构是监督核心国际人权条约落实情况的独立专家委员会。各条约的缔约国均有义务采取措施，确保该国每个人都能享有条约中所载的权利。条约机构履行一系列职能，以监测条约缔约国执行条约

4　https://www.ohchr.org/zh/about-us/what-we-do, 最后访问时间：2022 年 9 月 20 日。

5　https://www.ohchr.org/zh/about-us/what-we-do, 最后访问时间：2022 年 9 月 20 日。

6　https://www.ohchr.org/CH/AboutUs/Pages/WhatWeDo.aspx, 最后访问时间：2022 年 9 月 20 日。

7　https://www.ohchr.org/zh/instruments-and-mechanisms, 最后访问时间：2022 年 9 月 20 日。

的情况。除防范酷刑和其他残忍、不人道或有辱人格待遇或处罚小组委员会之外，所有条约机构都受权接受、审议缔约国定期提交的详细说明本国执行条约条款情况的报告。条约机构颁布准则，协助各国编写报告，草拟一般性意见解释条约条款，并组织与条约相关的专题讨论。有些（并非全部）条约机构，还履行若干职能，争取强化缔约国的条约执行工作。多数条约机构可以审议个人指称其权利遭到缔约国侵犯的来文，但须以所涉缔约国决定参加这一程序为限。有些机构还可进行调查，审议国家间来文。[8]

目前，人权条约机构共有 10 个，由在人权领域具有公认才能的独立专家组成，专家们由缔约国提名和选举，任期固定为4年，到期可连任。10 个人权条约机构中，人权事务委员会（CCPR）监督《公民及政治权利国际公约》（1966 年）及其任择议定书的落实情况；经济、社会和文化权利委员会（CESCR）监督《经济社会文化权利国际公约》（1966 年）的落实情况；消除种族歧视委员会（CERD）监督《消除一切形式种族歧视国际公约》（1965 年）的落实情况；消除对妇女歧视委员会（CEDAW）监督《消除对妇女一切形式歧视公约》（1979 年）及其任择议定书（1999 年）的落实情况；禁止酷刑委员会（CAT）监督《禁止酷刑和其他残忍、不人道或有辱人格待遇或处罚公约》（1984 年）的落实情况；防范酷刑和其他残忍、不人道或有辱人格待遇或处罚小组委员会根据《禁止酷刑和其他残忍、不人道或有辱人格待遇或处罚公约》任择议定书条款成立，旨在以创新、持久和主动的方式应对防范酷刑和虐待问题；儿童权利委员会监督《儿童权利公约》（1989 年）及其任择议定书（2000 年）的落实情况；移徙工人委员会（CMW）监督《保护所有移徙工人及其

8　《联合国人权条约体系》（概况介绍 30），第 21 页，https://www.ohchr.org/Documents/Publications/FactSheet30Rev1_ch.pdf。

家庭成员权利国际公约》（1990 年）的落实情况；残疾人权利委员会（CRPD）监督《残疾人权利国际公约》（2006 年）的落实情况；强迫失踪问题委员会（CED）监督《保护所有人免遭强迫失踪国际公约》（2006 年）的落实情况。除经济、社会与文化权利委员会根据 1985 年 5 月 28 日通过的经济及社会理事会第 1985/17 号决议成立之外，这些条约机构都是根据其各自监督条约的条款而设立的。人权高专办支持条约机构的工作，并通过这些机构的秘书处协助它们协调工作方法及报告要求。[9]

人权理事会对条约机构的推动作用主要体现在普遍定期审议和特别程序两方面。普遍定期审议是联大 2006 年设立的审议各国人权方面表现的国家间合作机制，属于人权理事会的程序之一。这一机制立足于受审议国与人权理事会成员国和观察员国之间的互动对话。普遍定期审议以四年半为一个周期，分为若干阶段，包括审议所依据的文件的编写、审议本身以及结论和建议的后续工作。第二个周期和随后的各周期将特别着重审议各国在前一周期接受的各项建议的落实情况以及各国人权状况的发展动态。民间社会组织、国家人权机构和联合国专门机构积极参与这一进程。普遍定期审议和条约机构互为补充，相辅相成。普遍定期审议提醒缔约国注意定期向条约机构提交报告，落实条约机构的建议，极富成效。条约机构方面也提醒缔约国注意必须落实普遍定期审议的各项建议。[10]

作为立足《联合国宪章》保护人权的机制，特别程序与条约机构不同，即使某国未曾批准任何相关文书或条约，也可启动特别程序，也不必用尽国内补救措施才能求诸特别程序。特别程序和条约机构相互促进，定期交流信息，后续落实各自的建议。特别程序提出的关切事项得到条

9 https://www.ohchr.org/zh/treaty-bodies, 最后访问时间：2022 年 9 月 20 日。

10 《联合国人权条约体系》（概况介绍 30），第 44 页，https://www.ohchr.org/Documents/Publications/FactSheet30Rev1_ch.pdf。

约机构的考虑，反之亦然。它们还可以就国际重大关切问题发表联合声明，有时举行联席会议，讨论如何改进和协调工作。[11]

条约机构也推动普遍定期审议的开展。普遍定期审议所依据的文件之一，就是人权事务高级专员办事处汇总各条约机构、特别程序报告中所载资料，包括所涉国家的意见和评论及其他相关的联合国正式文件完成的一份汇编资料。[12] 以中国参加的人权理事会 3 轮普遍定期审议的情况为例，许多条约机构针对中国的情况提出了相关建议，并表达了关切，如表 6 所示。

表 6

第一轮：

<table>
<tr><th colspan="3">事项</th><th>提议或表达关切的条约机构</th></tr>
<tr><td rowspan="4">背景和框架</td><td colspan="2">A．国际义务范围</td><td>禁止酷刑委员会，消除对妇女歧视委员会，儿童权利委员会，经济、社会和文化权利委员会</td></tr>
<tr><td colspan="2">B．宪法和立法框架</td><td>经济、社会和文化权利委员会</td></tr>
<tr><td colspan="2">C．体制和人权结构</td><td>儿童权利委员会</td></tr>
<tr><td colspan="2">D．政策措施</td><td>经济、社会和文化权利委员会</td></tr>
<tr><td>实际增进和保护人权的情况</td><td>A．与人权机制的合作</td><td>与条约机构的合作</td><td>消除种族歧视委员会，经济、社会和文化权利委员会，人权事务委员会（香港特区），消除对妇女歧视委员会，禁止酷刑委员会，儿童权利委员会</td></tr>
<tr><td>实际增进和保护人权的情况</td><td>B．国际人权义务的履行情况</td><td>平等和不歧视</td><td>消除对妇女歧视委员会，儿童权利委员会，经济、社会和文化权利委员会</td></tr>
</table>

11　《联合国人权条约体系》（概况介绍 30），第 44-45 页，https://www.ohchr.org/Documents/Publications/FactSheet30Rev1_ch.pdf。

12　联合国人权理事会关于体制建设的第 5/1 号决议，第 15（b）段。

实际增进和保护人权的情况	B. 国际人权义务的履行情况	生命权，人身自由和安全权	禁止酷刑委员会，经济、社会和文化权利委员会，消除对妇女歧视委员会
		司法和法治	儿童权利委员会
		宗教或信仰自由，言论自由，结社、和平集会自由，以及参与公共和政治生活的权利	经济、社会和文化权利委员会，人权事务委员会
		工作权和公正良好的工作条件权	经济、社会和文化权利委员会
		社会保障权和适足生活水准权	经济、社会和文化权利委员会，儿童权利委员会，消除对妇女歧视委员会
		受教育权和参加社会文化生活权	经济、社会和文化权利委员会，儿童权利委员会，消除对妇女歧视委员会
		少数民族和土著人民	经济、社会和文化权利委员会，消除种族歧视委员会，儿童权利委员会，
		移民、难民和寻求庇护者	经济、社会和文化权利委员会，禁止酷刑委员会，消除对妇女歧视委员会，
成就、最佳做法、挑战和制约因素			儿童权利委员会
国家主要优先事项、举措和承诺	A. 后续行动具体建议		人权事务委员会，禁止酷刑委员会

第二轮：

事项			提议或表达关切的条约机构
背景和框架	A. 国际义务范围		残疾人权利委员会，消除种族歧视委员会
	B. 宪法和法律框架		残疾人权利委员会
	C. 体制和人权基础设施以及政策措施		残疾人权利委员会，消除种族歧视委员会
与人权机制的合作	A. 与条约机构的合作	报告提交情况	消除种族歧视委员会，经济、社会和文化权利委员会，人权事务委员会（香港特区）（澳门特区），消除对妇女歧视委员会，禁止酷刑委员会，儿童权利委员会，残疾人权利委员会

与人权机制的合作	A．与条约机构的合作	对条约机构具体后续行动请求的回复 结论性意见	消除种族歧视委员会，人权事务委员会（香港特区）（澳门特区），禁止酷刑委员会，残疾人权利委员会
参照适用的国际人道主义法履行国际人权义务的情况	A．平等和不歧视		残疾人权利委员会，消除种族歧视委员会，人权事务委员会
	B．生命权，人身自由和安全权		消除种族歧视委员会，残疾人权利委员会，人权事务委员会
	C．司法（包括有罪不罚问题）和法治		人权事务委员会，消除种族歧视委员会，残疾人权利委员会
	D．家庭生活权		人权事务委员会
	E．宗教或信仰自由，言论自由，结社与和平集会自由以及公共和政治生活参与权		人权事务委员会，消除种族歧视委员会
	F．工作权和公正良好工作条件权		残疾人权利委员会，消除种族歧视委员会
	G．社会保障权和适足生活水准权		残疾人权利委员会
参照适用的国际人道主义法履行国际人权义务的情况	H．健康权		消除种族歧视委员会，残疾人权利委员会
	I．受教育权		消除种族歧视委员会，人权事务委员会，残疾人权利委员会
	J．残疾人		残疾人权利委员会
	K．移徙者、难民和寻求庇护者		人权事务委员会
	L．发展权和环境问题		残疾人权利委员会，消除种族歧视委员会
	M．特定地区或领土的情况或与之有关的情况		人权事务委员会，残疾人权利委员会

第三轮：

事项	提议或表达关切的条约机构
国际义务的范围以及与国际人权机制和机构的合作	禁止酷刑委员会，经济、社会和文化权利委员会，消除对妇女歧视委员会，儿童权利委员会
国家人权框架	消除对妇女歧视委员会，儿童权利委员会

参照适用的国际人道主义法履行国际人权义务的情况	A．贯穿各领域的问题	平等和不歧视	经济、社会和文化权利委员会，消除对妇女歧视委员会，儿童权利委员会
		发展、环境及工商业与人权	经济、社会和文化权利委员会，儿童权利委员会
		人权与反恐	禁止酷刑委员会
	B．公民及政治权利	生命权，人身自由和安全权	禁止酷刑委员会
		司法（包括有罪不罚问题）和法治	经济、社会和文化权利委员会，消除对妇女歧视委员会，禁止酷刑委员会
		基本自由以及公共和政治生活参与权	经济、社会和文化权利委员会，儿童权利委员会
		禁止一切形式的奴役	消除对妇女歧视委员会，经济、社会和文化权利委员会
		隐私权和家庭生活权	禁止酷刑委员会，儿童权利委员会
	C．经济、社会及文化权利	工作权和公正良好工作条件权	消除对妇女歧视委员会，经济、社会和文化权利委员会
		社会保障权	经济、社会和文化权利委员会
参照适用的国际人道主义法履行国际人权义务的情况	C．经济、社会及文化权利	适当生活水准权	经济、社会和文化权利委员会，消除对妇女歧视委员会，儿童权利委员会
		受教育权	儿童权利委员会，消除对妇女歧视委员会
	D．特定个人或群体的权利	妇女	消除对妇女歧视委员会
		儿童	儿童权利委员会
		残疾人	经济、社会和文化权利委员会，儿童权利委员会
		少数群体和土著人民	禁止酷刑委员会，消除对妇女歧视委员会，经济、社会和文化权利委员会
		移民、难民、寻求庇护者和境内流离失所者	儿童权利委员会
		无国籍人	儿童权利委员会
	E．特定地区或领土	消除对妇女歧视委员会，经济、社会和文化权利委员会，禁止酷刑委员会，儿童权利委员会	

第三节 人权理事会与联合国专门机构

联合国人权高专办通过其设在日内瓦的人权理事会和条约机制司，为人权理事会及其普遍定期审议机制提供实质性支持和技术支持，并支持人权条约机构。一些重要的联合国机构如联合国大会、联大第三委员会、经济及社会理事会以及国际法院等，也涉及促进和保护人权的工作，但人权高专办不对这些机构提供服务。许多联合国机构也参与促进和保护人权的工作，与主要的人权机构进行互动，它们是：联合国难民事务高级专员（UNHCR），加强人道主义事务协调厅（OCHA），国内流离失所问题高级别小组（INDPs_Panel），国际劳工组织（ILO），世界卫生组织（WHO），联合国教科文组织（UNESCO），联合国艾滋病规划署（UNAIDS），机构间常设委员会（IASC），经济和社会事务部（DESA），妇女地位委员会（CSW），性别问题和提高妇女地位特别顾问办公室（OSAGI），提高妇女地位司(DAW)，联合国人口基金（UNFPA），联合国儿童基金会（UNICEF），联合国妇女基金会(UNIFEM),联合国开发计划署(UNDP),联合国粮食及农业组织(FAO)，联合国人类住区规划署（HABITAT），联合国地雷行动(UNMAS)。[13]

联合国专门机构也对人权理事会的审议机制有推动作用。人权高专办将联合国专门机构有关受审议国的报告作为联合国的正式文件，连同条约机构、特别程序等提交的报告进行汇编，作为普遍定期审议的依据之一。联合国专门机构通过此种方式，参与到了受审议国的普遍定期审议之中。同样以中国参与人权理事会 3 轮普遍定期审议的情况为例，联合国机构参与中国普遍定期审议的具体情况如下表：

---

13 https://www.ohchr.org/CH/HRBodies/Pages/OtherUnitedNationsBodies.aspx，最后访问时间：2022 年 9 月 20 日。

表 7

第一轮：

<table>
<tr><th colspan="3">事项</th><th>提议或表达关切的联合国其他机构</th></tr>
<tr><td>背景和框架</td><td colspan="2">A．国际义务范围</td><td>联合国难民署</td></tr>
<tr><td>实际增进和保护人权的情况</td><td>B．国际人权义务的履行情况</td><td>社会保障权和适足生活水准权</td><td>联合国开发计划署，联合国人居署</td></tr>
<tr><td colspan="3">能力建设和技术援助</td><td>联合国开发计划署</td></tr>
</table>

第二轮：

<table>
<tr><th colspan="2">事项</th><th>提议或表达关切的联合国其他机构</th></tr>
<tr><td>背景和框架</td><td>A 宪法和法律框架</td><td>联合国教科文组织</td></tr>
<tr><td rowspan="4">参照适用的国际人道主义法履行国际人权义务的情况</td><td>B 宗教或信仰自由，言论自由，结社与和平集会自由以及公共和政治生活参与权</td><td>联合国教科文组织</td></tr>
<tr><td>C 工作权和公正良好工作条件权</td><td>国际劳工组织</td></tr>
<tr><td>D 文化权利</td><td>联合国教科文组织</td></tr>
<tr><td>E 移徙者、难民和寻求庇护者</td><td>联合国难民署</td></tr>
</table>

第三轮：

<table>
<tr><th colspan="3">事项</th><th>提议或表达关切的联合国其他机构</th></tr>
<tr><td colspan="3">国际义务的范围以及与国际人权机制和机构的合作</td><td>联合国教科文组织</td></tr>
<tr><td rowspan="4">参照适用的国际人道主义法履行国际人权义务的情况</td><td>A．公民权利和政治权利</td><td>基本自由以及公共和政治生活参与权</td><td>联合国教科文组织</td></tr>
<tr><td>B．经济、社会及文化权利</td><td>受教育权</td><td>联合国教科文组织</td></tr>
<tr><td>C．特定个人或群体的权利</td><td>移民、难民、寻求庇护者和境内流离失所者</td><td>联合国难民署</td></tr>
<tr><td colspan="2">D．特定地区或领土</td><td>联合国难民署</td></tr>
</table>

| 第七章 |

非政府组织参与人权理事会

第一节 非政府组织参与人权理事会的法律安排

联合国大会 2006 年 3 月 15 日通过的创立人权理事会的第 60/251 号决议强调：各国、区域组织、非政府组织、宗教团体和媒体在促进对宗教和信仰的尊重以及宗教和信仰自由方面都可以发挥重要作用；非政府组织在国家、区域和国际各级为促进和保护人权发挥着重要作用。决议决定，包括非人权理事会成员的国家在内的观察员、专门机构、其他政府间组织、国家人权机构和非政府组织的参与及人权理事会与它们之间的协商，应以人权委员会所遵循的包括经济及社会理事会 1996 年 7 月 25 日第 1996/31 号决议在内的安排和各种做法为基础，同时应确保这些实体做出最有效的贡献。[1]

2007 年 6 月 18 日，人权理事会通过了关于体制建设的第 5/1 号决议。第 5/1 号决议再次重申了联合国大会第 60/251 号决议的基本精神。第 5/1 号决议在议事规则“理事会观察员的参与和与之进行的协商”这一部分规定，人权理事会要采用为大会各个委员会订立的适用的议事规则，但以后大会或人权理事会另有决定者除外。包括非人权理事会成员的国家、专门机构、其他政府间组织和国家人权机构以及非政府组织在内的观察员的参与及人权理事会与之进行的协商，要依据包括经济及社会理事会 1996 年 7 月 25 日第 1996/31 号决议在内的各种安排和人权委员会所循惯例进行，同时要确保这些实体做出最切实的贡献。[2]

非政府组织等观察员出席人权理事会会议是承袭了前人权委员会的安排和惯例。这些原有的安排和做法经过继续发展和演变，有利于人

---

1 A/RES/60/251，第 2-3 页。

2 A/HRC/RES/5/1，议事规则第 7 条。

权理事会保障“观察员做出最有效的贡献”。唯有享有经济及社会理事会咨商地位的非政府组织才可被认证为人权理事会会议的观察员，不享有咨商地位的非政府组织或其他公民社会工作者也可通过许多其他途径对人权理事会的整体工作和机制做出贡献。[3] 非政府组织、国家人权机构和其他民间社会行为体作为观察员，是人权理事会工作不可或缺的一部分。享有经济及社会理事会咨商地位的非政府组织可在人权理事会互动对话和辩论中发言，从而表达世界各地的人权状况。

《联合国宪章》第 71 条是经济及社会理事会与非政府组织开展磋商的法律依据。该条规定：“经济及社会理事会得采取适当办法，俾与各种非政府组织会商有关于本理事会职权范围内之事件。此项办法得与国际组织商定之，关于适当情形下，经与关系联合国会员国会商后，得与该国国内组织商定之。”

1996 年 7 月 25 日，经济及社会理事会第 49 次全体会议通过了有关“联合国与非政府组织之间的咨商关系”的第 1996/31 号决议。决议中，经济及社会理事会申明需要考虑到国家、区域和国际各级上的非政府组织的充分多样性，确认非政府组织广泛的专门知识和非政府组织支持联合国工作的能力，考虑到非政府部门的变化，包括出现了大量国家和区域性的组织，要求联合国系统各有关组织、机关和专门机构的理事机关审查其余非政府组织咨商的原则和做法，并参照本决议的规定酌情采取行动，以促进协调一致。该决议概述了具有咨商地位的资格要求，具有咨商地位的非政府组织的权利和义务，撤销或中止咨商地位的程序等。[4]

3　《参与联合国人权事务：民间社会手册》，第 61 页，https://www.ohchr.org/Documents/AboutUs/CivilSociety/OHCHR_Handbook_Ch.pdf。

4　E/RES/1996/31.

一、与非政府组织建立咨商关系应适用之原则

根据经济及社会理事会“联合国与非政府组织之间的咨商关系”的第1996/31号决议，与非政府组织建立咨商关系应适用下列原则：（a）该组织处理事项应属经济及社会理事会及其附属机关主管范围。（b）该组织之目的和宗旨应与《联合国宪章》之精神、宗旨和原则相符合。（c）该组织应承允按照其本身目的和宗旨及其本身主管的事务和活动之性质和范围，支助联合国之工作，并促进对联合国原则和活动的认识。（d）除非另有明确规定，“组织”一词应指国家、次区域、区域或国际各级的非政府组织。（e）可根据《联合国宪章》和本决议所确定的原则及标准，与国际、区域、次区域及国家组织建立咨商关系。委员会在审议咨商地位的申请时，应尽量确保来自所有区域，特别是发展中国家的非政府组织公平、平衡、有效和真正的参与，委员会也应特别注意经济及社会理事会或愿借重其具有的特别专门知识或经验的非政府组织。（f）应鼓励来自发展中国家的非政府组织更多地参与联合国召开的国际会议。（g）应鼓励来自转型国家的非政府组织更多地参与。（h）可接纳区域、次区域或国家组织，包括与具有咨商地位的某一国际组织有关系的组织，如果它们能证明其工作方案同联合国的目标和宗旨直接有关，如为国家组织，则必先与有关会员国协商，会员国所表示的意见应通知有关的非政府组织，而它们应有机会通知有关的非政府组织委员会对该意见提出答复。（i）该组织应在其主管特殊部门内具有公认地位或代表性，如若干组织在某一部门具有类似目的、旨趣及基本见解，此类组织与理事会进行咨商时，可组成一联合委员会或其他机构，由其负责为此类组织执行此种咨商。（j）该组织应有确定的总部及执行干事，该组织应有

以民主方式通过之组织法，其副本应交存联合国秘书长，此项组织法应规定由会议、大会或其他代表机构决定政策及对决策机构负责的执行机关。(k) 该组织应有授权代表为会员发言之权，如经请求，该组织应提出此种授权之证据。(l) 该组织应有一代表结构并具有对其成员负责的适当机制，成员应通过行使表决权或其他适当民主和透明的决策程序，对组织的政策与行动行使有效的控制。依本办法规定，凡经任何政府实体或政府间协议建立的这类组织，均应视为非政府组织，包括接受政府当局指定之成员的组织在内，但此种成员须不妨碍该组织自由表达意见。(m) 该组织之基本资源主要部分应来自各国内分会或其他组成部分或来自个别会员之缴款，凡组织收受志愿捐助者，应将数额及捐赠人据实陈报非政府组织委员会。但如既未满足上述标准，而某一组织又自其他来源筹措经费，该组织则须将其未能满足本段所定条件之理由向该委员会做出合理的说明。国家政府向国际组织所进行的财政捐助或其他直接间接支助，应经由秘书长向该委员会公开声明，并应全部载明于该组织财务及他种记录，并应专供合乎联合国宗旨之用途。(n) 理事会在考虑某一非政府组织建立咨商关系时，应注意该组织工作范围是否全部或大部属于某一专门机构的范围，以及该组织于某一专门机关已订有或可能订有咨商办法时可否准予咨商。(o) 准许、停止和撤销给予咨商地位以及关于此事项的规范与决定的解释，是会员国通过经济及社会理事会及其非政府组织委员会行使特权，申请一般或特别咨商地位或列于名册的非政府组织，应有机会在委员会做出决定之前就委员会提出的任何异议给予答复。此外，经济及社会理事会认识到联合国和非政府组织之间的演变关系，在同非政府组织委员会协商下，将酌情和在必要时考虑审查咨商安排，尽可能有效地促进非政府组织对联合国工作的贡献。[5]

另外，决议第三编“咨商关系的建立”规定，由于关切人权领域的工作而应得到特别咨商地位的组织，应本着《联合国宪章》《世界人权宣言》和1993年世界人权会议通过的《维也纳宣言和行动纲领》的精神，追求增进和保护人权的目标。

二、与经济及社会理事会的委员会和其他附属机构的协商

（一）临时议程

经济及社会理事会的委员会和其他附属机构的届会临时议程应分送具有一般咨商地位和特别咨商地位的组织和列入名册的组织。

具有一般咨商地位的组织按照下列条件可提出委员会临时议程项目：（a）拟提出这类项目的组织，至少应在会议开始前63天通知秘书长，并在正式提出项目前充分考虑秘书长可能提出的任何意见。（b）提案须同有关基本文件一起正式提出，并不得迟于会议开始前49天。该项目如获得委员会与会和表决者2/3多数通过，应列入委员会议程。

（二）会议出席情况

具有一般咨商地位和特别咨商地位的组织可指派授权代表以观察员身份列席经济及社会理事会委员会和其他附属机构的公开会议。列入名册的组织可派代表出席与其主管领域的事项有关的会议。除这些出席会议的安排外，可采用其他参与方式以资补充。

（三）书面陈述

具有一般咨商地位和特别咨商地位的组织，可就其具有专长的议题，提出与委员会或其他附属机构工作有关的书面陈述。该项陈述应由秘书

---

5 E/RES/1996/31.

长分送委员会或其他附属机构成员，但业已过时的陈述，例如其所论列的问题业经处理以及业已用其他方式分送委员会或其他附属机构成员的陈述，不在此列。

提出及分送书面陈述，应遵守下列条件：（a）书面陈述须以联合国官方语言之一提出；（b）书面陈述应及早提出，使秘书长于未分送以前，有充分时间与该组织进行适当协商；（c）该组织应于递送最后正式陈述之前，妥予顾及进行此项咨商时秘书长可能提出的任何意见；（d）具有一般咨商地位的组织提出的书面陈述不超过2000字者，分送其全文。如陈述超过2000字，应由该组织拟具摘要，以便分送，或以官方语言印就全文充足册数，备供分发。如经委员会或其他附属机构特别要求，也将该陈述全文分送；（e）具有特别咨商地位的组织提出的书面陈述不超过1500字者，分送其全文。陈述超过1500字时，应由该组织拟具摘要，以便分送，或经委员会或其他附属机构特别要求，也将此项书面陈述全文分送；（f）秘书长与有关委员会、其他附属机构主席、有关委员会或其他附属机构本身协商后，可邀请列入名册的组织提出书面陈述。上述（a）、（b）、（c）和（e）各分段的规定应适用于此项书面陈述；（g）书面陈述或摘要，均由秘书长视具体情况以官方语言分发；经委员会和其他附属机构成员请求时，将以任何一种官方语言分发。

（四）会议期间的口头陈述

（a）委员会或其他附属机构可直接或通过为此目的设立的一个或数个委员会，与具有一般咨商地位和特别咨商地位的组织进行协商。在任何情况下，这类协商可应该组织的请求安排。（b）经秘书长建议并应委员会或其他附属机构的请求，列入名册的组织也可在委员会或其他附属机构陈述意见。

（五）专门研究

以不违背有关所涉经费问题的议事规则为限，各组织或其他附属机构可建议，由具有某个特殊领域专长的组织为委员会进行专门研究或调查、编写具体文件。上述书面陈述第（d）和（e）段的限制不应适用于这种情况。

三、咨商地位的停止和撤销

经经济及社会理事会准予咨商地位的组织和列入各册的组织，无论何时均应遵守关于各该组织与理事会咨商关系的建立和性质的各项原则，经济及社会理事会非政府组织委员会根据非政府组织的规定[6]所提报告及其他有关资料，定期审查该类组织的活动时，应断定各组织遵守关于咨商地位原则与对经济及社会理事会工作所做贡献的程度，并可建议经济及社会理事会停止或撤销未满足本决议所载咨商地位条件的各组织的咨商地位。

对非政府组织委员会决定建议停止或撤销其一般咨商地位或特别咨商地位或列入名册的非政府组织，应给予此项决定的书面理由和提供其答复的机会，以便委员会尽快适当审查其个案。

非政府组织在经济及社会理事会的咨商地位或其列入名册的，如有下列情形，应予三年以下停止或予撤销：（a）任何组织直接或通过其分支机构成为其利益行事的代表滥用其咨商地位，从事违背《联合国宪

6　具有一般咨商地位和特别咨商地位的组织每 4 年应经秘书长向委员会提出简要的工作报告，具体说明各该组织对联合国工作支助的情况。委员会根据其审查报告和其他有关资料的结果，可向理事会建议将各该组织改定为它认为适当的地位。但在特殊情形下，委员会可在惯常陈报日期之外请具有一般咨商地位或特别咨商地位或列入名册的个别组织提出报告。

章》宗旨和原则的一类行为，包括对联合国会员国从事不符合这些宗旨和原则的无事实根据或出于政治动机的行为；（b）有确凿证据表明受非法毒品交易、洗钱或非法军火交易等国际公认的犯罪活动所得收益的影响；（c）任何组织在前此三年内对联合国，特别是对理事会或其所属各委员会或其他附属机关的工作未做出任何积极或有效贡献。

具有一般咨商地位和特别咨商地位的非政府组织的咨商地位及其他组织的列入名册，应由经济及社会理事会根据其非政府组织委员会的建议，决定停止或撤销。

任何组织的咨商地位或列入名册经撤销后，有权于撤销生效日期期满三年后再度申请咨商地位或列入名册。

第二节 非政府组织参与人权理事会的程序要求

只有具有经济及社会理事会咨商地位的非政府组织才有资格以观察员身份参加人权理事会的会议。作为观察员，非政府组织，除其他事项外，可以：（a）列席和观察理事会的所有会议进程（理事会在申诉程序下进行的审议除外）；（b）向人权理事会提交书面陈述；（c）在人权理事会上进行口头陈述；（d）参加辩论、互动对话、小组讨论和非正式会议；（e）就与人权理事会工作有关的问题举办“平行活动”。[7]

7 《联合国人权理事会：非政府组织与会者实用指南》，第 3 页，https://www.ohchr.org/Documents/HRBodies/HRCouncil/PracticalGuideNGO_ch.pdf。

一、资格认定[8]

具有经济及社会理事会咨商地位的非政府组织如计划参加人权理事会的会议，须向秘书处提交资格认定申请函。申请函应在有关会议开始前及早提交，且如办理签证需要核签材料（visa attestations），则须提前至少两星期提交申请函。申请函须满足下列要求：（a）须使用印有有关组织正式抬头的信笺提交；（b）写明有关组织希望出席的会议的名称和时间段，例如："[组织名称]，具有经济及社会理事会咨商地位，希望委派下列成员出席人权理事会第 X 届会议（会议日期）……"；（c）列明代表该组织出席会议的人员姓名（姓在前、名在后）。有关人员的姓名必须与其护照上的姓名完全一致；（d）列明在计划出席理事会会议的代表中，哪些人已经拥有联合国日内瓦办事处安保和安全科签发的有效身份胸卡，同时注明他们持有的是年卡；（e）申请函须由有关组织的主席或首席执行官或该组织经适当授权的驻联合国日内瓦办事处主要代表签署；（f）因办理瑞士签证而需要"核签材料（Attestation of Accreditation）"的非政府组织，须在申请函中说明有此需要。通常，非政府组织应向其所在国驻瑞士领事馆官员询问有关签证申请期限事宜，并据此办理签证申请，同时确保所有文件准备妥当。办理签证所需的核签材料由联合国日内瓦办事处签发。如需核签材料，需要将申请函的复印件发送至联合国日内瓦办事处非政府组织联络干事。

值得注意的是，如果要求出席会议的非政府组织数量很多，秘书处可能会限制每个非政府组织代表团已获准进入全会会场的与会者人数。这就需要在资格认定申请函中说明是申请列席全会，还是进入公共旁听

8 《联合国人权理事会：非政府组织与会者实用指南》，第 4 页，https://www.ohchr.org/Documents/HRBodies/HRCouncil/PracticalGuideNGO_ch.pdf。

席，或者出席平行活动。

二、参加会议[9]

人权理事会召开会议的地点是瑞士联合国日内瓦办事处万国宫 20 号会议厅（Room XX）。非政府组织代表抵达联合国办事处后，在出席会议前，需在下列地点领取带照片的身份胸卡：Palais des Nations - Security entrance （万国宫－安保入口）/Pregny Gate, 8 - 14 Avenue de la Paix 1211 Geneva 10（日内瓦）（办公时间：周一至周五，上午 8 点至下午 5 点）。与会者在出示身份证明文件（护照）和有关非政府组织的资格认定申请函复印件后，可领取一张在人权理事会会议期间有效的带照片的身份胸卡。持有联合国日内瓦办事处安保和安全科签发的、在会议期间有效的带照片的年度身份胸卡或临时身份胸卡的非政府组织代表，可自由进入各个会场。所有与旅行有关的费用以及住宿和医疗保险费用，均由非政府组织或其代表自行负责。

三、公共旁听席的准入[10]

公共旁听席位于第 20 号会议厅主会场的上方，其座位数量有限，可供希望观察会议进程但未获得与会者资格认定的人士（如学生和学者）使用。个人及团体能否获准进入公共旁听席，取决于是否有座位，并视其他情形而定。有关请求须提前 24 小时通过电子邮件发送至：

9　《联合国人权理事会：非政府组织与会者实用指南》，第 5 页，https://www.ohchr.org/Documents/HRBodies/HRCouncil/PracticalGuideNGO_ch.pdf。

10　《联合国人权理事会：非政府组织与会者实用指南》，第 6 页，https://www.ohchr.org/Documents/HRBodies/HRCouncil/PracticalGuideNGO_ch.pdf。

hrcaccreditation@ohchr.org，其中应包含下列信息：（a）到访日期和目的；（b）希望出席会议者的姓名（如果超过 5 人，应使用 Excel 电子表格）。

四、提交书面陈述[11]

具有经济及社会理事会咨商地位的非政府组织（一般咨商地位、特别咨商地位或已被列入名册），可向人权理事会提交书面陈述。

根据经济及社会理事会第 1996/31 号决议的规定，具有一般咨商地位的非政府组织可以提交不超过 2000 字的书面陈述。具有特别咨商地位和已被列入名册的非政府组织可以提交不超过 1500 字的书面陈述。人权理事会对非政府组织提交的书面陈述，不做任何编辑，以提交时使用的语言（英文、法文或西班牙文）散发。非政府组织对其陈述的内容负完全责任，陈述应遵循联合国标准，避免使用侮辱性的语言。提交书面陈述的最后期限通常是会议开始的两周之前。在线注册网页及分步操作实用指南，请见：http://www.ohchr.org/ch/HRBodies/HRC/Pages/NgoParticipation.aspx。

非政府组织通过在线网页提交书面发言以前需要检查的事项清单：（a）提交书面发言代表的联系方式（姓名、手机号码、电子邮箱）。（b）发言涉及的常设议程项目号（110-）。（c）非政府组织在经济及社会理事会非政府组织数据库中使用的名称（见：http://csonet.org/）。(d) 如果是共同发言，共同发言的非政府组织在经济及社会理事会数据库中的名称。(e) 列出支持该发言的所有非经济及社会理事会非政府组织（作为发言标题的脚注）。（f）用发言的原始语言注明发言的标题。（g）

---

11 《联合国人权理事会：非政府组织与会者实用指南》，第 6-7 页，https://www.ohchr.org/Documents/HRBodies/HRCouncil/PracticalGuideNGO_ch.pdf。

发言稿须使用 MS WORD 文件格式（字体：Times New Roman；字号：10）并粘贴到电子模板中。（h）使用“工具－字数统计”统计文本长度（包括脚注 / 尾注），并将字数填写在指定区域。（i）使用拼写 / 语法检查。（j）所有提交材料须为终稿，提交之后不能修改。（k）查询请联系：hrcngo@ohchr.org。

五、请求口头发言[12]

经认可的非政府组织如希望做口头发言，须使用在线表格提出请求。发言请求在会议之前的星期五，瑞士日内瓦时间下午 2 点起提交。[13]

总体上讲，发言名单的排序依据是：报名时要求的优先次序，每个发言时段收到的报名数量，以及日程安排中分配的时间（因时间原因可做出调整）。

专题小组讨论会和互动式对话（Interactive dialogue）的发言时段非常有限，并非所有报名者都有机会发言。（a）所有登记亲自到场发言的非政府组织须在有关会议开始前 24 小时到 20 号会议厅（Room XX）的发言名单服务台确认其登记以及到场发言者的姓名。（b）如果发言者并非来自登记的非政府组织，则须由该组织的一名经授权的代表以书面方式给予授权。（c）发言时，来自非政府组织的发言者须使用专门为此目的而保留的两个会议桌席位。（d）请注意，为了协助会议事务部门及口译员的工作，在非政府组织发言名单上的人员就具体议程

12　《联合国人权理事会：非政府组织与会者实用指南》，第 7-9 页，https://www.ohchr.org/Documents/HRBodies/HRCouncil/PracticalGuideNGO_ch.pdf。

13　如果会议之前的星期五是公共假日，则发言报名从会议之前的星期四、日内瓦时间下午 2 点开始。

项目或分项开始发言前半小时，应向坐在全会会场后面的会议事务官员提供25份口头发言稿件的复印件。如果非政府组织的发言者未能及时提供发言稿，秘书处保留把该发言者移至发言名单末尾的权利。（e）在位于20号会议厅（Room XX）后面的秘书处办公室内，有复印机可供使用。只有在发言结束后，才能将非政府组织口头发言稿放在全会会场后面的桌子上，发言稿上须清楚地显示发言的非政府组织的标识和全称。（f）如需做联合发言，需下载和提交《联合发言表格》。[14]

成员国和非政府组织等观察员的发言要求：（a）小组讨论：见人权理事会外联网上公布的要求。（b）与特别程序任务负责人的互动式对话：发言须与正在审议的报告或与有关特别程序任务负责人的任务和工作有关。（c）与人权事务高级专员的互动对话：发言须与正在审议的报告、高级专员的更新信息或高级专员的任务和工作有关。（d）一般性辩论：发言须与正在审议的议程项目有关。

六、通过视频发言远程参与[15]

具有经济及社会理事会咨商地位的非政府组织如果在日内瓦没有办事机构或代表，并且没有经认可获准出席理事会相关会议的个人，可以提交事先录制的视频发言，参与人权理事会的某些会议。

希望以视频发言的方式出席会议的非政府组织，应使用在线表格提

14　表格链接：http://www.ohchr.org/ch/HRBodies/HRC/Pages/NgoParticipation.aspx，最后访问时间：2022年9月20日。

15　《联合国人权理事会：非政府组织与会者实用指南》，第9页，https://www.ohchr.org/Documents/HRBodies/HRCouncil/PracticalGuideNGO_ch.pdf。

出口头发言的请求，并且应遵守关于非政府组织视频发言的准则。[16]

七、举办平行活动[17]

获得资格认定的非政府组织可以举办与人权理事会工作相关的平行活动（也称为“边会”，Side Event）。活动场地的分配，要看是否有空闲的会场。有关会场的申请须在线提出。[18]提出请求的指示性期限是会议开始前两至三星期。在会场允许的条件下，申请按优先顺序处理。非政府组织的公开平行活动与各国和其他实体举办的活动一起，被列入每日的非正式会议公告（Bulletin of Informal Meetings）中。

如需联合举办一项非政府组织的平行活动，需通提交《联合举办方表格》[19]。（a）举办平行活动的非政府组织，需最晚在会议开始前的48小时前向秘书处提供一份用Excel格式制作的完整的来宾名单，其中，名在前，姓在后，各用一列。只受邀出席平行活动的人士需在万国宫Pregny Gate入口处出示身份证件，领取一张胸卡，该胸卡只在平行活动举办期间有效。（b）除非举办方另有说明，非政府组织的平行活动均为公开会议，各非政府组织、常驻团代表、联合国工作人员和其他可以进入万国宫的人员均可参加。（c）在平行活动会场内，经主办活动的非政府组织同意，可提供相关非政府组织材料。会议结束后，主办

16　《联合国人权理事会：非政府组织与会者实用指南》，第10-11页，https://www.ohchr.org/Documents/HRBodies/HRCouncil/PracticalGuideNGO_ch.pdf。

17　报名网址：https://www.ohchr.org/zh/hr-bodies/hrc/advisory-committee/reservation-events，最后访问时间：2022年9月20日。

18　申请链接：https://www.ohchr.org/zh/hr-bodies/hrc/advisory-committee/reservation-events，最后访问时间：2022年9月20日。

19　下载链接 http://www.ohchr.org/ch/HRBodies/HRC/Pages/NgoParticipation.aspx，最后访问时间：2022年9月20日。

活动的非政府组织应负责清理所有剩余文件。（d）联合国不为非政府组织平行活动提供口译服务。如果需要的话，非政府组织可以自带口译员，但须事先通知秘书处。（e）经活动主办方同意，并在书面通知人权理事会秘书处后，经资格认定的非政府组织代表可以在平行活动中录像，但须遵守下列要求：会议主席应在会议开始时告知与会者会议将被录像；摄影（照相和 / 或录像）不得干扰其他代表的视线，也不得干扰会议的进行。三角架应架设在会场的两侧或后方。

八、其他重要事项[20]

（一）非政府组织情况通报会（NGO Briefings）

人权理事会主席和秘书处通常每周举行一次非政府组织情况通报会。有关这些会议的信息在非正式会议公告中发布。

联合国场所及全会会场（第 20 号会议厅）的准入：（a）获得资格认定的非政府组织代表可从上午 8 点起进入万国宫。（b）与会者进入和使用联合国设施及场所须听从联合国官员和安保人员的要求和指示。（c）与会者进出联合国场所和在联合国场所内逗留期间，须随时在显眼的位置佩戴身份胸卡。（d）与会者可能会受到安全检查。不得携带大件行李进入联合国场所。（e）如果要求出席人权理事会某一会议的人数增加，秘书处可能会限制每个非政府组织代表团可进入全会会场的获准与会者人数。作为替代措施，未获准进入全会会场的非政府组织与会者将获准进入公共旁听席，或者为他们做出其他安排。（f）万国宫内禁止吸烟。全会会场及平行活动会场内不得饮食。（g）除了非政府

20 《联合国人权理事会：非政府组织与会者实用指南》，第 12-14 页，https://www.ohchr.org/Documents/HRBodies/HRCouncil/PracticalGuideNGO_ch.pdf。

组织的平行活动外，万国宫内不得使用录像设备。

（二）**媒体区域**

非政府组织不得在联合国场所内举行记者招待会。非政府组织举行新闻发布会以及散发新闻稿和媒体通报，必须通过联合国记者协会（ACANU）做出安排。[21]

（三）**非政府组织的材料**

(a) 与人权理事会工作有关的非政府组织材料（传单、出版物、公告板、条幅等），只能在明确标示用于此种用途的桌子和公告板上（在第 20 号会议厅外）展示。材料上须清楚地显示具有经济及社会理事会咨商地位的非政府组织的标识和全称。(b) 不得在万国宫，包括在餐厅和蛇形酒吧（Serpentine Bar）以及其他公共区域内散发非政府组织的材料。(c) 非政府组织口头发言的发言稿，在发言完毕后才可以摆放在全会会场后面的桌子上。(d) 不得将包含辱骂或攻击性的文本或图片材料带入联合国场所。

第三节　非政府组织参与人权理事会的实践展示

非政府组织在一定程度上参与人权理事会的工作，是对人权委员会实践的继承，在联合国体系中有其独特性。非政府组织带来的知识和专长，其耳听目视的见证作用及其与基层的紧密联系，均极大丰富了人权理事会作为政府间机构的工作。

自 2006 年 6 月的首届会议起，非政府组织就广泛而具有实质性地

21　邮件发送至：acanu.secretary@gmail.com。

参与了人权理事会的工作。参与的非政府组织包括具有一般咨商地位的非政府组织、具有特别咨商地位的非政府组织和列入名册的非政府组织。非政府组织的参与形式主要包括提交书面陈述、口头陈述以及主办平行活动等。[22]

非政府组织的观察员广泛参与人权理事会的各项具体议事活动，在有关议事的同一次会议上进行讨论的期间积极发言，并提出相关问题。非政府组织参与讨论发言的事项涵盖：（1）组织和程序事项；（2）联合国人权事务高级专员的年度报告以及高级专员办事处和秘书长的报告，包括加强在特定国家人权领域的互动对话等；（3）增进和保护所有人权，包括公民、政治、经济、社会和文化权利以及发展权；包括专家小组、与特别程序的互动对话、议程项目三下提出的报告以及关于该项目的一般性辩论等；（4）需要理事会注意的人权状况，包括关于国家状况的互动对话，主要涉及朝鲜、缅甸、苏丹、叙利亚、布隆迪、厄立特里亚等国家，也包括与特别程序任务负责人的互动对话、关于议程项目四的一般性辩论等；（5）人权机构和机制，包括与咨询委员会的互动式对话、土著人民权利专家机制、申诉程序、关于议程项目五的一般性辩论等；（6）普遍定期审议，包括参与讨论各个受审议国的普遍定期审议结果、关于议程项目六的一般性辩论等；（7）巴勒斯坦及其他阿拉伯被占领土的人权状况。包括人权理事会 S-1/1、S-1/3、S-3/1 和 S-6/1 号决议的后续行动、与 1967 年以来巴勒斯坦领土人权状况特别报告员的互动对话、高级专员和秘书的报告、关于议程项目七的一般性辩论等；（8）《维也纳宣言和行动纲领》的后续行动和执行情况，包括

22 《参与联合国人权事务 — 民间社会手册》，第 74 页，https://www.ohchr.org/Documents/AboutUs/CivilSociety/OHCHR_Handbook_Ch.pdf。

关于议程项目八的一般性辩论、关于纳入性别平等观的小组讨论等；(9)种族主义、种族歧视、仇外心理和相关的不容忍现象，《德班宣言和行动纲领》的后续行动和执行情况，包括与特别程序的互动对话、关于议程项目九的一般性辩论等；（10）技术援助和能力建设，包括与特别程序的互动对话、人权领域技术合作自愿基金、有关加强对特定国家的人权状况的互动对话，与特定国家在人权领域的合作及对其援助，关于特定国家人权状况的高级别互动对话、关于议程项目十的一般性辩论等。

非政府组织参加历届人权理事会常规会议的情况统计如表 8：

表 8

人权理事会常规会议届会	非政府组织数量（个数）	书面陈述		口头陈述（份数）	平行活动
		份数	文件号		
第一届会议	153[23]	50[24]	A/HRC/1/NGO/1–50	70[25]	不详
第二届会议	154[26]	0		141[27]	不详
第三届会议	102[28]	2[29]	A/HRC/3/NGO/1–2	69[30]	不详
第四届会议	182[31]	152[32]	A/HRC/4/NGO/1–152	154[33]	不详

23　A/61/53, 第 97-98 页。

24　A/61/53, 第 101 页。

25　https://extranet2.ohchr.org/Extranets/HRCExtranet/portal/page/portal/HRCExtranet/1stSession/OralStatements.html, 最后访问时间：2022 年 9 月 20 日。

26　A/HRC/2/9, 第 74-76 页。

27　https://extranet2.ohchr.org/Extranets/HRCExtranet/portal/page/portal/HRCExtranet/2ndSession/OralStatements.html, 最后访问时间：2022 年 9 月 20 日。

28　A/HRC/3/7, 第 43-44 页。

29　A/HRC/3/7, 第 47 页。

30　https://extranet2.ohchr.org/Extranets/HRCExtranet/portal/page/portal/HRCExtranet/3rdSession/OralStatements.html, 最后访问时间：2022 年 9 月 20 日。

第五届会议	112[34]	42[35]	A/HRC/5/NGO/1–42	53[36]	不详
第六届会议	164[37]	67[38]	A/HRC/6/NGO/1–67	187[39]	不详
第七届会议	180[40]	98[41]	A/HRC/7/NGO/1–98	238[42]	69
第八届会议	171[43]	47[44]	A/HRC/8/NGO/1–47	268[45]	不详
第九届会议	131[46]	55[47]	A/HRC/9/NGO/1–55	169[48]	不详
第十届会议	197[49]	121[50]	A/HRC/10/NGO/1–121	334[51]	不详

31 A/HRC/4/123, 第 76-79 页。

32 A/HRC/4/123, 第 94-101 页。

33 https://extranet2.ohchr.org/Extranets/HRCExtranet/portal/page/portal/HRCExtranet/4thSession/OralStatements.html, 最后访问时间：2022 年 9 月 20 日。

34 A/HRC/5/21, 第 69-91 页。

35 A/HRC/5/21, 第 77-81 页。

36 https://extranet2.ohchr.org/Extranets/HRCExtranet/portal/page/portal/HRCExtranet/5thSession/OralStatements.html, 最后访问时间：2022 年 9 月 20 日。

37 A/HRC/6/22, 第 174-177 页。

38 A/HRC/6/22, 第 183-192 页。

39 https://extranet2.ohchr.org/Extranets/HRCExtranet/portal/page/portal/HRCExtranet/6thSession/OralStatements.html, 最后访问时间：2022 年 9 月 20 日。

40 A/HRC/7/78, 第 204-207 页。

41 A/HRC/7/78, 第 217-228 页。

42 https://extranet2.ohchr.org/Extranets/HRCExtranet/portal/page/portal/HRCExtranet/7thSession/OralStatements.html, 最后访问时间：2022 年 9 月 20 日。

43 A/HRC/8/52, 第 305-307 页。

44 A/HRC/8/52, 第 313-320 页。

45 https://extranet2.ohchr.org/Extranets/HRCExtranet/portal/page/portal/HRCExtranet/8thSession/OralStatements.html, 最后访问时间：2022 年 9 月 20 日。

46 A/HRC/9/28, 第 105-107 页。

47 A/HRC/9/28, 第 112-115 页。

48 https://extranet2.ohchr.org/Extranets/HRCExtranet/portal/page/portal/HRCExtranet/9thSession/OralStatements.html, 最后访问时间：2022 年 9 月 20 日。

第十一届会议	165[52]	55[53]	A/HRC/11/NGO/1-55	326[54]	不详
第十二届会议	192[55]	57[56]	A/HRC/12/NGO/1-57	352[57]	不详
第十三届会议	214[58]	139[59]	A/HRC/13/NGO/1-139	417[60]	54[61]
第十四届会议	109[62]	66[63]	A/HRC/14/NGO/1-66	327[64]	58[65]
第十五届会议	189[66]	80[67]	A/HRC/15/NGO/1-80	313[68]	不详

49　A/HRC/10/29, 第 218-221 页。

50　A/HRC/10/29, 第 238-251 页。

51　https://extranet2.ohchr.org/Extranets/HRCExtranet/portal/page/portal/HRCExtranet/10thSession/OralStatements.html, 最后访问时间：2022 年 9 月 20 日。

52　A/HRC/11/37, 第 173-175 页。

53　A/HRC/11/37, 第 187-190 页。

54　https://extranet2.ohchr.org/Extranets/HRCExtranet/portal/page/portal/HRCExtranet/11thSession/OralStatements.html, 最后访问时间：2022 年 9 月 20 日。

55　A/HRC/12/50, 第 174-177 页。

56　A/HRC/12/50, 第 192-196 页。

57　https://extranet2.ohchr.org/Extranets/HRCExtranet/portal/page/portal/HRCExtranet/12thSession/OralStatements.html, 最后访问时间：2022 年 9 月 20 日。

58　A/HRC/13/56, 第 205-208 页。

59　A/HRC/13/56, 第 231-250 页。

60　https://extranet2.ohchr.org/Extranets/HRCExtranet/portal/page/portal/HRCExtranet/13thSession/OralStatements.html, 最后访问时间：2022 年 9 月 20 日。

61　https://extranet2.ohchr.org/Extranets/HRCExtranet/portal/page/portal/HRCExtranet/13thSession/NGOLiaisonInformationPage/Provisional%20Calendar%20-%20HRC13%20-%20NGO%20Side-Events%20-%2012-03-1.pdf。

62　A/HRC/14/37, 第 160-162 页。

63　A/HRC/14/37, 第 175-185 页。

64　https://extranet2.ohchr.org/Extranets/HRCExtranet/portal/page/portal/HRCExtranet/14thSession/OralStatements.html, 最后访问时间：2022 年 9 月 20 日。

65　https://extranet2.ohchr.org/Extranets/HRCExtranet/portal/page/portal/HRCExtranet/14thSession/NGOLiaisonInformationPage/HRC14%20-%20Provisional%20Calendar%20of%20NGO%20Parallel%20Events%20-%2027.pdf。

第十六届会议	210[69]	137[70]	A/HRC/16/NGO/1–137	447[71]	114[72]
第十七届会议	153[73]	58[74]	A/HRC/17/NGO/1–58	299[75]	69[76]
第十八届会议	183[77]	91[78]	A/HRC/18/NGO/1–91	206[79]	80[80]
第十九届会议	199[81]	154[82]	A/HRC/19/NGO/1–154	417[83]	112[84]

66 A/HRC/15/60, 第 196-199 页。

67 A/HRC/15/60, 第 229-234 页。

68 https://extranet2.ohchr.org/Extranets/HRCExtranet/portal/page/portal/HRCExtranet/15thSession/OralStatements.html, 最后访问时间：2022 年 9 月 20 日。

69 A/HRC/16/2, 第 224-227 页。

70 A/HRC/16/2, 第 242-253 页。

71 https://extranet2.ohchr.org/Extranets/HRCExtranet/portal/page/portal/HRCExtranet/16thSession/OralStatements.html, 最后访问时间：2022 年 9 月 20 日。

72 https://extranet2.ohchr.org/Extranets/HRCExtranet/portal/page/portal/HRCExtranet/16thSession/NGOLiaisonInformationPage/HRC16%20-%20Provisional%20Calendar%20of%20NGO%20events%20-%2025-02-11.pdf。

73 A/HRC/17/2, 第 194-196 页。

74 A/HRC/17/2, 第 207-210 页。

75 https://extranet2.ohchr.org/Extranets/HRCExtranet/portal/page/portal/HRCExtranet/17thSession/OralStatements.html, 最后访问时间：2022 年 9 月 20 日。

76 https://extranet.ohchr.org/sites/hrc/HRCSessions/RegularSessions/17thSession/Documents/HRC17NGORoomrequests-27-05-2011.pdf。

77 A/HRC/18/2, 第 187-189 页。

78 A/HRC/18/2, 第 200-210 页。

79 https://extranet.ohchr.org/sites/hrc/HRCSessions/RegularSessions/18thSession/Pages/Calendar_new.aspx, 最后访问时间：2022 年 9 月 20 日。

80 https://extranet.ohchr.org/sites/hrc/HRCSessions/RegularSessions/18thSession/DocumentsOthers/HRC%2018%20-%20Provisional%20Calendar%20NGO%20Parallel%20Events%20-%2009-09-11.pdf。

第二十届会议	158[85]	113[86]	A/HRC/20/NGO/1-113	264[87]	81[88]
第二十一届会议	231[89]	134[90]	A/HRC/21/NGO/1-134	349[91]	102[92]
第二十二届会议	173[93]	176[94]	A/HRC/22/NGO/1-176	368[95]	118[96]
第二十三届会议	179[97]	106[98]	A/HRC/23/NGO/1-106	310[99]	101[100]

81　A/HRC/19/2, 第 288-290 页。

82　A/HRC/19/2, 第 305-319 页。

83　https://extranet.ohchr.org/sites/hrc/HRCSessions/RegularSessions/19thSession/Pages/Calendar.aspx, 最后访问时间：2022 年 9 月 20 日。

84　https://extranet.ohchr.org/sites/hrc/HRCSessions/RegularSessions/19thSession/Documents/ProvisionalNGOParallelEventCalendar.pdf。

85　A/HRC/20/2, 第 104-106 页。

86　A/HRC/20/2, 第 116-127 页。

87　https://extranet.ohchr.org/sites/hrc/HRCSessions/RegularSessions/20thSession/Pages/Calendar.aspx, 最后访问时间：2022 年 9 月 20 日。

88　https://extranet.ohchr.org/sites/hrc/HRCSessions/RegularSessions/20thSession/POW_DL_French/HRC20%20-%20Draft%20NGO%20side%20event%20calendar%20-%2015-06-12.pdf。

89　A/HRC/21/2, 第 209-212 页。

90　A/HRC/21/2, 第 224-243 页。

91　https://extranet.ohchr.org/sites/hrc/HRCSessions/RegularSessions/21stSession/Pages/Calendar.aspx, 最后访问时间：2022 年 9 月 20 日。

92　https://extranet.ohchr.org/sites/hrc/HRCSessions/RegularSessions/21stSession/Documents/HRC21-NGO-DraftSideEventCalendarExtranet070912.pdf。

93　A/HRC/22/2, 第 253-256 页。

94　A/HRC/22/2, 第 274-293 页。

95　https://extranet.ohchr.org/sites/hrc/HRCSessions/RegularSessions/22ndSession/Pages/Calendar.aspx, 最后访问时间：2022 年 9 月 20 日。

96　https://extranet.ohchr.org/sites/hrc/HRCSessions/RegularSessions/22ndSession/Documents/HRC22draftcalendarofNGOsideevents21Feb2013.doc。

第二十四届会议	247[101]	144[102]	A/HRC/24/NGO/1-144	309[103]	100[104]
第二十五届会议	259[105]	187[106]	A/HRC/25/NGO/1-187	438[107]	131[108]
第二十六届会议	211[109]	114[110]	A/HRC/26/NGO/1-114	306[111]	126[112]
第二十七届会议	279[113]	130[114]	A/HRC/27/NGO/1-130	299[115]	162[116]

97 A/HRC/23/2, 第 213-215 页。

98 A/HRC/23/2, 第 228-242 页。

99 https://extranet.ohchr.org/sites/hrc/HRCSessions/RegularSessions/23rdSession/Pages/Calendar.aspx, 最后访问时间：2022 年 9 月 20 日。

100 https://extranet.ohchr.org/sites/hrc/HRCSessions/RegularSessions/23rdSession/Documents/HRC23NGOdraftcalendarsideevents17052013.doc。

101 A/HRC/24/2, 第 244-247 页。

102 A/HRC/24/2, 第 260-272 页。

103 https://extranet.ohchr.org/sites/hrc/HRCSessions/RegularSessions/24thSession/Pages/Calendar.aspx, 最后访问时间：2022 年 9 月 20 日。

104 https://extranet.ohchr.org/sites/hrc/HRCSessions/RegularSessions/24thSession/Documents/NGO_Calendar_Parallel_Events_HRC24.doc。

105 A/HRC/25/2, 第 171-175 页。

106 A/HRC/25/2, 第 192-211 页。

107 https://extranet.ohchr.org/sites/hrc/HRCSessions/RegularSessions/25thSession/Pages/Calendar.aspx, 最后访问时间：2022 年 9 月 20 日。

108 https://extranet.ohchr.org/sites/hrc/HRCSessions/RegularSessions/25thSession/Documents/Calendar%20of%20NGO%20parallel%20events%2028.02.2014.doc。

109 A/HRC/26/2, 第 145-147 页。

110 A/HRC/26/2, 第 159-167 页。

111 https://extranet.ohchr.org/sites/hrc/HRCSessions/RegularSessions/26thSession/Pages/Calendar.aspx, 最后访问时间：2022 年 9 月 20 日。

112 https://extranet.ohchr.org/sites/hrc/HRCSessions/RegularSessions/26thSession/Documents/HRC%2026%20NGO%20Calendar%20for%20Extranet%20as%20of%2013.06.2014.doc。

第二十八届会议	274[117]	171[118]	A/HRC/28/NGO/1–171	528[119]	182[120]
第二十九届会议	224[121]	119[122]	A/HRC/29/NGO/1–119	430[123]	157[124]
第三十届会议	256[125]	155[126]	A/HRC/30/NGO/1–155	494[127]	140[128]
第三十一届会议	275[129]	234[130]	A/HRC/31/NGO/1–23	751[131]	175[132]

113　A/HRC/27/2, 第 155-159 页。

114　A/HRC/27/2, 第 174-188 页。

115　https://extranet2.ohchr.org/Extranets/HRCExtranet/portal/page/portal/HRCExtranet/17thSession/OralStatements.html, 最后访问时间：2022 年 9 月 20 日。

116　https://extranet.ohchr.org/sites/hrc/HRCSessions/RegularSessions/27thSession/Documents/hrc27%20-%20provisional%20ngo%20side%20event%20calendar%20-%2029-08-14.pdf。

117　A/HRC/28/2, 第 165-169 页。

118　A/HRC/28/2, 第 186-204 页。

119　https://extranet.ohchr.org/sites/hrc/HRCSessions/RegularSessions/28thSession/Pages/Calendar.aspx, 最后访问时间：2022 年 9 月 20 日。

120　https://extranet.ohchr.org/sites/hrc/HRCSessions/RegularSessions/28thSession/Documents/HRC28%20-%20Provisional%20NGO%20Parallel%20Event%20Calendar%20-%2018.02.15%20session.pdf。

121　A/HRC/29/2, 第 149-152 页。

122　A/HRC/29/2, 第 166-178 页。

123　https://extranet.ohchr.org/sites/hrc/HRCSessions/RegularSessions/29thSession/Pages/Calendar.aspx, 最后访问时间：2022 年 9 月 20 日。

124　https://extranet.ohchr.org/sites/hrc/HRCSessions/RegularSessions/29thSession/Documents/HRC29%20%E2%80%93%20Draft%20Calendar%20%E2%80%93%20NGO%20Parallel%20Events-12-06-15.doc。

125　A/HRC/30/2, 第 158-161 页。

126　A/HRC/30/2, 第 175-187 页。

127　https://extranet.ohchr.org/sites/hrc/HRCSessions/RegularSessions/30thSession/Pages/Calendar.aspx, 最后访问时间：2022 年 9 月 20 日。

128　https://extranet.ohchr.org/sites/hrc/HRCSessions/RegularSessions/30thSession/Documents/draft_calendar%E2%80%93hrc30ngo_parallel_events%E2%80%9311-09-15.pdf。

第三十二届会议	280[133]	156[134]	A/HRC/32/NGO/1-156	294[135]	121[136]
第三十三届会议	279[137]	161[138]	A/HRC/33/NGO/1-161	349[139]	168[140]
第三十四届会议	326[141]	259[142]	A/HRC/34/NGO/1-259	444[143]	201[144]
第三十五届会议	256[145]	145[146]	A/HRC/35/NGO/1-145	340[147]	134[148]

129 A/HRC/31/2, 第 188-192 页。

130 A/HRC/31/2, 第 207-230 页。

131 https://extranet.ohchr.org/sites/hrc/HRCSessions/RegularSessions/31stSession/Pages/Calendar.aspx, 最后访问时间：2022 年 9 月 20 日。

132 https://extranet.ohchr.org/sites/hrc/HRCSessions/RegularSessions/31stSession/Documents/HRC31-ProvisionalNGOParallelCalendar-26-02-2016.docx。

133 A/HRC/32/2, 第 177-181 页。

134 A/HRC/32/2, 第 197-209 页。

135 https://extranet.ohchr.org/sites/hrc/HRCSessions/RegularSessions/32ndSession/Pages/Calendar.aspx, 最后访问时间：2022 年 9 月 20 日。

136 https://extranet.ohchr.org/sites/hrc/HRCSessions/RegularSessions/32ndSession/Documents/HRC32%20NGO%20Side%20Event%20Calendar%2014%20June.doc。

137 A/HRC/33/2, 第 159-162 页。

138 A/HRC/33/2, 第 174-189 页。

139 https://extranet.ohchr.org/sites/hrc/HRCSessions/RegularSessions/33rdSession/Pages/Calendar.aspx, 最后访问时间：2022 年 9 月 20 日。

140 https://extranet.ohchr.org/sites/hrc/HRCSessions/RegularSessions/33rdSession/Documents/HRC33%E2%80%93ProvisionalNGOParallelEventCalendar-09-09-16.pdf。

141 A/HRC/34/2, 第 159-164 页。

142 A/HRC/34/2, 第 180-205 页。

143 https://extranet.ohchr.org/sites/hrc/HRCSessions/RegularSessions/34thSession/Pages/OralStatements.aspx, 最后访问时间：2022 年 9 月 20 日。

144 https://extranet.ohchr.org/sites/hrc/HRCSessions/RegularSessions/34thSession/Documents/HRC34%E2%80%93ProvisionalNGOParallelEventCalendar-24-02-17.pdf。

第三十六届会议	238[149]	164[150]	A/HRC/36/NGO/1–164	511[151]	193[152]
第三十七届会议	319[153]	201[154]	A/HRC/37/NGO/1–201	632[155]	280[156]
第三十八届会议	260[157]	148[158]	A/HRC/38/NGO/1–148	467[159]	189[160]
第三十九届会议	295[161]	182[162]	A/HRC/39/NGO/1–182	507[163]	229[164]

145　A/HRC/35/2, 第 83-86 页。

146　A/HRC/35/2, 第 100-115 页。

147　https://extranet.ohchr.org/sites/hrc/HRCSessions/RegularSessions/35thSession/Pages/OraStatements.aspx, 最后访问时间：2022 年 9 月 20 日。

148　https://extranet.ohchr.org/sites/hrc/HRCSessions/RegularSessions/35thSession/Documents/HRC35-DraftNGO1-06-17.pdf。

149　A/HRC/36/2, 第 174-177 页。

150　A/HRC/36/2, 第 190-207 页。

151　https://extranet.ohchr.org/sites/hrc/HRCSessions/RegularSessions/36thSession/Pages/Oralstatements.aspx, 最后访问时间：2022 年 9 月 20 日。

152　https://extranet.ohchr.org/sites/hrc/HRCSessions/RegularSessions/36thSession/Documents/HRC36-calendar-NGOsideevents(6-09-17).pdf。

153　A/HRC/37/2, 第 171-175 页。

154　A/HRC/37/2, 第 191-210 页。

155　https://extranet.ohchr.org/sites/hrc/HRCSessions/RegularSessions/37thSession/Pages/Oralstatements.aspx, 最后访问时间：2022 年 9 月 20 日。

156　https://extranet.ohchr.org/sites/hrc/HRCSessions/RegularSessions/37thSession/Documents/NGOSideevents-HRC37.pdf。

157　A/HRC/38/2, 第 143-147 页。

158　A/HRC/38/2, 第 160-175 页。

159　https://extranet.ohchr.org/sites/hrc/HRCSessions/RegularSessions/38thSession/Pages/Oralstatements.aspx, 最后访问时间：2022 年 9 月 20 日。

160　https://extranet.ohchr.org/sites/hrc/HRCSessions/RegularSessions/38thSession/Documents/HRC38-NGOsideeventscalendar(asof13.06).pdf。

第四十届会议	375[165]	280[166]	A/HRC/40/NGO/1–280	489[167]	21[168]
第四十一届会议	350[169]	195[170]	A/HRC/41/NGO/1–195	441[171]	143[172]
第四十二届会议	314[173]	163[174]	A/HRC/42/NGO/1–163	416[175]	166[176]
第四十三届会议	294[177]	208[178]	A/HRC/43/NGO/1–208	432[179]	179[180]

161 A/HRC/39/2, 第 154-158 页。

162 A/HRC/39/2, 第 171-188 页。

163 https://extranet.ohchr.org/sites/hrc/HRCSessions/RegularSessions/39thSession/Pages/Oralstatements.aspx, 最后访问时间：2022 年 9 月 20 日。

164 https://extranet.ohchr.org/sites/hrc/HRCSessions/RegularSessions/39thSession/Documents/HRC39NGOsideeventslist_FINALas5Sep.pdf。

165 A/HRC/40/2, 第 161-166 页。

166 A/HRC/40/2, 第 182-201 页。

167 https://extranet.ohchr.org/sites/hrc/HRCSessions/RegularSessions/40thSession/Pages/Oralstatements.aspx, 最后访问时间：2022 年 9 月 20 日。

168 https://extranet.ohchr.org/sites/hrc/HRCSessions/RegularSessions/40thSession/Documents/22022019HRC40PROVISIONALCALENDAROFNGOSIDEEVENTS.pdf。

169 A/HRC/41/2, 第 162-167 页。

170 A/HRC/41/2, 第 182-201 页。

171 https://extranet.ohchr.org/sites/hrc/HRCSessions/RegularSessions/41Session/Pages/Oralstatements.aspx, 最后访问时间：2022 年 9 月 20 日。

172 https://extranet.ohchr.org/sites/hrc/HRCSessions/RegularSessions/41Session/Documents/HRC41PROVISIONALCALENDARNGO19062019.pdf。

173 A/HRC/42/2, 第 160-164 页。

174 A/HRC/42/2, 第 178-193 页。

175 https://hrcmeetings.ohchr.org/HRCSessions/RegularSessions/42Session/Pages/Oralstatements.aspx, 最后访问时间：2022 年 9 月 20 日。

176 https://hrcmeetings.ohchr.org/HRCSessions/RegularSessions/42Session/Documents/03.09.2019%20HRC%2042%20FINAL%20CALENDAR%20OF%20NGO%20SIDE%20EVENTS.pdf。

第四十四届会议	153[181]	134[182]	A/HRC/44/NGO/1-134	251[183]	不详
第四十五届会议	256[184]	189[185]	A/HRC/NGO/1-189	571[186]	不详
第四十六届会议	327[187]	140[188]	A/HRC/NGO/1-140	799[189]	不详
第四十七届会议	252[190]	219[191]	A/HRC/NGO/1-219	404[192]	不详
第四十八届会议	290[193]	184[194]	A/HRC/NGO/1-184	706[195]	59[196]

177　A/HRC/43/2, 第 147-150 页。

178　A/HRC/43/2, 第 165-179 页。

179　https://hrcmeetings.ohchr.org/HRCSessions/RegularSessions/43session/Pages/Oral-statements.aspx, 最后访问时间：2022 年 9 月 20 日。

180　https://hrcmeetings.ohchr.org/HRCSessions/RegularSessions/43session/Documents/HRC43_NGOs%20Side%20Events%20Final%20Calendar.pdf。

181　A/HRC/44/2, 第 85-86 页。

182　A/HRC/44/2, 第 101-116 页。

183　https://hrcmeetings.ohchr.org/HRCSessions/RegularSessions/44session/Pages/Oral-statements.aspx, 最后访问时间：2022 年 9 月 20 日。

184　A/HRV/45/2, 第 159-162 页。

185　A/HRV/45/2, 第 179-197 页。

186　https://hrcmeetings.ohchr.org/HRCSessions/RegularSessions/45session/Pages/Oral-statements.aspx, 最后访问时间：2022 年 9 月 20 日。

187　A/HRC/46/2, 第 181-213 页。

188　A/HRC/46/2, 第 201-185 页。

189　https://hrcmeetings.ohchr.org/HRCSessions/RegularSessions/46session/Pages/Oral-statements.aspx, 最后访问时间：2022 年 9 月 20 日。

190　A/HRC/47/2, 第 175-178 页。

191　A/HRC/47/2, 第 193-211 页。

192　https://hrcmeetings.ohchr.org/HRCSessions/RegularSessions/47session/Pages/Oral-statements.aspx, 最后访问时间：2022 年 9 月 20 日。

注: 1. 非政府组织个数及提交书面陈述份数基于人权理事会常规会议届会的报告统计。

2. 非政府组织口头陈述和平行活动基于人权理事会外联网的数据统计。

193 A/HRC/48/2, 第 192-195 页。

194 A/HRC/48/2, 第 210-226 页。

195 https://hrcmeetings.ohchr.org/HRCSessions/RegularSessions/48session/Pages/Oral-statements.aspx, 最后访问时间：2022 年 9 月 20 日。

196 https://www.ohchr.org/EN/Issues/CivicSpace/Pages/ProtectingCivicSpace.aspx, 最后访问时间：2022 年 9 月 20 日。

第八章

中国与人权理事会

第一节 中国与人权理事会机制建设

一、中国参与联合国人权机制的历程

中国参与联合国人权机制，始于《联合国宪章》制定及联合国成立时期。中国是世界反法西斯的重要力量，在第二次世界大战中为维护国际和平与安全做出了不可磨灭的贡献。作为当时的五大国之一，中国参与联合国的创建，在起草《联合国宪章》中发挥了重要作用，为奠定战后国际人权运动的基本法律框架与组织基础做出了重要贡献。经过 70 多年的发展，联合国已经成为推动国际人权运动事业最主要的普遍性国际组织，许多有影响力的国际人权条约，如《公民及政治权利国际公约》《经济社会文化权利国际公约》，都是在联合国主导下起草并由联合国大会通过的。因此，作为《联合国宪章》的主要制定者和联合国创始会员国，中国是国际人权运动事业最早的参与者和推动者之一。[1]

1946 年，联合国人权委员会成立后，中国就成为人权委员会第一届成员，并派代表参与《世界人权宣言》和其他国际人权文件的起草工作。中国代表张彭春参与了《世界人权宣言》的起草过程。一些著述生动地描述和评价了张彭春在制定《世界人权宣言》中的重要贡献。[2]

---

1 毛俊响：《中国参与人权国际合作的理论与实践》，中南大学出版社 2017 年版，第 115-116 页。

2 ［瑞典］格德门德尔 · 阿尔弗雷德松、［挪威］阿斯布佐恩 · 艾德编：《〈世界人权宣言〉：努力实现的共同标准》，中国人权研究会组织翻译，四川人民出版社 1999 年版；Mary Ann Glendon, John P. Humphrey and the Drafting of the Universal Declaration of Human Rights, Journal of the History of International Law, Vol. 2, 2000；孙平华：《〈世界人权宣言〉研究》，北京大学出版社 2012 年版；［美］玛丽 · 安 · 葛兰顿：《美丽新世界：< 世界人权宣言 > 诞生记》，刘铁圣译，中国政法大学出版社 2016 年版；孙平华：《张彭春：世界人权体系的重要设计师》，社会科学文献出版社 2017 年版。

中华人民共和国成立后的一段时期内，游离于联合国人权体制之外，较少参加联合国系统内的人权活动。尽管如此，新中国仍然在有限的范围和程度内参与并推动国际人权领域的合作与交流。这一阶段，中国在人权立场上主要是强调民族自决权，支持第三世界国家反帝、反殖、争取民族自决权的斗争。[3]

在中华人民共和国政府恢复在联合国合法席位并全面参与国际事务后，特别是 1978 年之后，中国开始以更加积极的姿态参与国际人权保障事业。自 1979 年起，中国连续 3 年作为观察员出席人权委员会会议。1981 年，中国在经济及社会理事会组织会议上当选为人权委员会成员国。自 1982 年起，中国正式担任人权委员会成员国并一直连选连任。自 1984 年起，中国推荐的专家连续当选为防止歧视和保护少数小组委员会的委员和候补委员。

人权委员会时期，发达国家一直把持着人权话语权，运用双重标准压制发展中国家的声音，使得人权委员会逐渐失信于国际社会。自冷战结束以来，人权委员会通过的 100 多项决议几乎全部针对发展中国家，没有一个欧美国家受到审议。特别是 1990 年到 2004 年间，美国等西方国家无视中国在促进和保护人权方面取得的巨大成就，先后 11 次在人权委员会上提出所谓“中国人权状况”的反华提案，均因遭到多数成员国的反对而以失败告终。

1990 年 3 月 6 日，出席人权委员会第 46 届会议的 43 个成员国以 17 票赞成、15 票反对、11 票弃权通过一项动议，否决了美国等少数西方国家炮制的“中国局势”议案。1991 年，美国等少数西方国家未提出

3　李君如：《中国人权事业发展报告 No.1(2011)》，社会科学文献出版社 2011 年版，第 444 页。

反华议案。1992 年 3 月 4 日，出席人权委员会第 48 届会议的 53 个成员国以 27 票赞成、15 票反对、11 票弃权的结果，通过了巴基斯坦代表提出的动议，决定对少数西方国家炮制的所谓“中国／西藏局势”议案不予审议和表决。1993 年 3 月 10 日，人权委员会第 49 届会议以 22 票赞成、17 票反对、12 票弃权的表决结果，决定对美国等少数西方国家提出的“中国人权状况”议案不予审议和表决。1994 年 3 月 9 日，人权委员会第 50 届会议以 20 票赞成、16 票反对、17 票弃权的结果，通过中国提出的一项动议，决定对由少数西方国家提出的所谓“中国人权状况”议案不予审议和表决。1995 年 3 月 8 日，人权委员会第 51 届会议以 21 票反对、20 票赞成、12 票弃权的表决结果，否决了由美国和欧洲联盟提出的所谓“中国人权状况”议案。1996 年 4 月 23 日，人权委员会第 52 届会议以 27 票赞成、20 票反对、6 票弃权的表决结果，通过了中国提出的“不采取行动”动议，决定对美国、欧盟等提出的所谓“中国人权状况”议案不予审议和表决。1997 年 4 月 15 日，人权委员会第 53 届会议以 27 票赞成、17 票反对、9 票弃权的表决结果，通过中国提出的“不采取行动”动议，决定对美国、丹麦等一些西方国家提出的所谓“中国的人权状况”议案不予审议和表决。1998 年，美国政府表示不在人权委员会上提针对中国人权的议案。1999 年 4 月 23 日，人权委员会第 55 届会议以 22 票赞成、17 票反对、14 票弃权的结果，通过了中国提出的“不采取行动”的动议，使美国提出的所谓“中国人权状况”议案未付诸表决即宣告失败。2000 年 4 月 18 日，人权委员会第 56 届会议以 22 票赞成、18 票反对、12 票弃权的结果，通过了中国提出的“不采取行动”动议，决定对美国提出的所谓“中国人权状况”议案不予审议和表决。2001 年 4 月 18 日，人权委员会第 57 届会议举行唱名表决，以 23 票赞成、17

票反对、12 票弃权的结果，通过了中国代表团提出的“不采取行动”动议，决定对美国提出的所谓“中国人权状况”议案不予审议和表决。2004 年 3 月 15 日，人权委员会第 60 届会议以 28 票赞成、16 票反对、9 票弃权的压倒性多数，通过了中国提出的对美国提案“不采取行动”的动议，这是中国自 1990 年以来在人权委员会上第 11 次挫败西方借人权进行反华的图谋。

二、中国对人权理事会机制建设的贡献

西方国家在人权委员会内部的政治化操作，导致人权委员会遭遇严重的信誉危机。国际社会强烈呼吁改革人权委员会，成立一个能够无差别审议所有国家人权状况的平等机制。2004 年，时任联合国秘书长安南召集了一个高级别工作组，该小组在年底递交的报告《应对 21 世纪的挑战——一个更为安全的世界》中提出，建议成立人权理事会取代人权委员会。2005 年，安南向第 59 届联合国大会提交了《大自由：实现所有人的发展、安全和人权》报告，提议设立人权理事会。同年 9 月，联合国 60 周年首脑会议通过了《成果文件》，要求第 60 届联合国大会成立人权理事会。2006 年 3 月，人权理事会成立。

为构建公正、客观、透明的国际人权机制，中国积极参与联合国人权专门机制的改革，在设立联合国人权理事会的磋商和最后表决过程中发挥了重要作用。[4] 在设立联合国人权理事会过程中，中国主张会员国公平地域分配，提升发展中国家在人权理事会中的代表性；中国主张扭

4 国务院新闻办：《改革开放四十年中国人权事业的发展进步》，http://www.scio.gov.cn/zfbps/ndhf/37884/Document/1643348/1643348.htm，最后访问时间：2022 年 9 月 20 日。

转将人权问题政治化的现状，不搞双重标准，减少和避免对抗，促进合作，推动人权理事会以公正客观、非选择性、普遍性等方式审议人权问题。[5]中国很早就提出要对联合国人权委员会的运行逻辑进行根本性改革，并在多个场合提出联合国要扭转将人权问题政治化的现状，减少对抗，促进合作。例如，1999 年 3 月，中国政府代表团在出席人权委员会第 55 届会议时提出，通过平等对话解决分歧，反对对抗；应抛弃冷战时期不同意识形态、社会制度的国家之间政治对抗的做法，通过在平等、相互尊重基础上的对话与合作妥善解决分歧。[6]2004 年 8 月 5 日，中国发布《第 59 届联合国大会中方立场文件》，强调："中国反对将人权问题政治化和在人权问题上推行双重标准……改革应有助于减少人权领域的对抗，加强国际人权合作，提高人权机制效率。"[7]2004 年 10 月 26 日，中国代表在第 59 届联大第三委员会第 25 次会议上指出："虽然（人权）委员会已经取得许多引人注目的成绩，但对它的认识一般都是以主要的政治对抗、双重标准和低信任度为背景的。它确实还在继续受到冷战思维的束缚。一些国家为了国内政治的需要，试图操纵委员会"。[8] 2005 年 2 月，中国常驻联合国代表团王光亚大使在联大非正式磋商名人小组

---

5 国务院新闻办：《中国共产党尊重和保障人权的伟大实践》，http://www.scio.gov.cn/zfbps/ndhf/44691/Document/1707316/1707316.htm，最后访问时间：2022 年 9 月 20 日。

6 新华社：《中国代表就改革人权委员会机制提出建议》，载《人民日报》，1999 年 3 月 24 日。http://news.sina.com.cn/richtalk/news/world/9903/032412.html，最后访问时间：2022 年 9 月 20 日。

7 中华人民共和国常驻联合国代表团网站：《第 59 届联合国大会中方立场文件》，http://new.fmprc.gov.cn/ce/ceun/chn/lhghywj/ldhy/yw/ld59/t162141.htm，最后访问时间：2022 年 9 月 20 日。

8 《第 59 届联大第三委员会第 25 次会议简要记录》，议程项目 105：人权问题，A/C.3/59/SR.25，第 28 段。

报告、千年项目报告时发言强调："当务之急是改变将人权问题政治化的做法，使人权会真正成为对话与合作的讲坛，成为促进和保护人权，推动国际人权合作的重要机构。"[9]2005 年 4 月，中国常驻联合国代表团大使王光亚在第 59 届联大分组审议秘书长综合报告联合国机制改革部分时指出："联合国人权领域的改革应……重在扭转将人权问题政治化的现状，减少对抗、促进合作……"[10]2005 年 6 月 7 日，中国外交部发布的《中国关于联合国改革问题的立场文件》认为："中国赞同并支持改革联合国人权机构。改革的关键是扭转将人权问题政治化的现状，不搞双重标准，减少和避免对抗，促进合作。"[11]2005 年 6 月 21 日，王光亚大使在联大磋商 9 月首脑会议成果文件草案中，再次重申了上述立场。[12]

中国的改革立场，即以合作、对话取代冲突、对抗，是对联合国人权机构运行逻辑的正本清源。在国际人权领域，发展中国家长期以来深受人权政治化的困扰，所以对中国这一立场给以积极呼应，这在第 59 届和第 60 届联大会议中得到充分体现。在第 59 届联大第三委员会

9　中华人民共和国常驻联合国代表团网站：《王光亚大使在联大非正式磋商名人小组报告、千年项目报告时的发言》，http://new.fmprc.gov.cn/ce/ceun/chn/lhghywj/ldhy/yw/ld59/t184354.htm，最后访问时间：2022 年 9 月 20 日。

10　中华人民共和国常驻联合国代表团网站：《王光亚大使在第 59 届联大分组审议秘书长综合报告联合国机制改革部分时的发言》，2005 年 4 月 27 日，https://www.fmprc.gov.cn/ce/ceun/chn/lhghywj/fyywj/wn/fy2005/t193601.htm，最后访问时间：2022 年 9 月 20 日。

11　《中国政府发布关于联合国改革问题的立场文件》，载《人民日报》，2005 年 6 月 8 日。

12　中华人民共和国常驻联合国代表团网站：《王光亚大使在联大磋商 9 月首脑会议成果文件草案时的发言》，https://www.fmprc.gov.cn/ce/ceun/chn/lhghywj/fyywj/wn/fy2005/t200663.htm，最后访问时间：2022 年 9 月 20 日。

会议期间，阿尔及利亚代表认为，应基于平等交流、协商、尊重差异、不搞霸权、没有偏见和政治图谋的伙伴关系，在人权领域进行合作，以充分实现全部人权。[13] 在第 60 届联大第三委员会会议期间，利比亚[14]、埃及[15]、缅甸[16]、布基纳法索[17]、马来西亚[18]、赞比亚[19]等国明确反对人权政治化、对抗、选择性、双重标准等做法，强调通过国际合作与对话促进人权保护。例如，在第 60 届联大第三委员会第 30 次会议上，越南代表认为，人权委员会的选择性和双重标准使其工作政治化，而且陷于瘫痪……越南政府高度重视在平等、互相尊重和理解及建设性对话的基础上加强与国际社会在人权领域的合作。[20] 在第 60 届联大第三委员会第 31 次会议上，朝鲜代表指出，人权的政治化、双重标准、选择性、傲慢的警告和对其他国家内部事务的公然干涉，导致了不信任和对抗，同时歪曲现实、谩骂别国和凭借军事实力和经济实力“速决通过”决议，

13 《第 59 届联大第三委员会第 32 次会议简要记录》，议程项目 105：人权问题，A/C.3/59/SR.32，第 65 段。

14 《第 60 届联大第三委员会第 23 次会议简要记录》，议程项目 71：人权问题，A/C.3/60/SR.23，第 26 段。

15 《第 60 届联大第三委员会第 30 次会议简要记录》，议程项目 71：人权问题，A/C.3/60/SR.23，第 16 段。

16 《第 60 届联大第三委员会第 30 次会议简要记录》，议程项目 71：人权问题，A/C.3/60/SR.23，第 36 段。

17 《第 60 届联大第三委员会第 31 次会议简要记录》，议程项目 71：人权问题，A/C.3/60/SR.31，第 41 段。

18 《第 60 届联大第三委员会第 31 次会议简要记录》，议程项目 71：人权问题，A/C.3/60/SR.31，第 47 段。

19 《第 60 届联大第三委员会第 31 次会议简要记录》，议程项目 71：人权问题，A/C.3/60/SR.31，第 52 段。

20 《第 60 届联大第三委员会第 30 次会议简要记录》，议程项目 71：人权问题，A/C.3/60/SR.23，第 22-23 段。

也无助于促进人权。[21]

《联合国宪章》作为联合国人权机构的宪制基础，早已明确强调国际合作是实现“人权和基本自由”的必由之路。《联合国宪章》的宗旨之一就是“促成国际合作，……增进并激励对于全体人类之人权及基本自由之尊重。”第 56 条规定：“各会员国担允采取共同及个别行动与本组织合作，以达成第五十五条所载之宗旨。”1993 年维也纳世界人权大会通过的《维也纳宣言和行动纲领》，重申坚决维护《联合国宪章》和《世界人权宣言》所载的宗旨和原则，并决心迈出新的一步，努力、持续地从事国际合作和团结，使人权事业取得实际的进展。在中国等发展中国家的推动下，2006 年成立的人权理事会重申《联合国宪章》所确定的国际合作理念，其机制运行逻辑方面，与中国的基本立场大致契合。例如，联合国大会通过的成立人权理事会第 60/251 号决议第四条规定，人权理事会的工作应该坚持普遍性、公正性、客观性和非选择性以及建设性国际对话与合作。[22]

第 60/251 号决议对合作与对话、普遍性、客观性和非选择性等运行逻辑的强调，为人权理事会确立普遍定期审议奠定了框架基础和价值内核。2006 年 6 月，在人权理事会第一届会议的高级别会议上，中国主张拟议中的普遍定期审议应该确保“所有国家，无论大小，都得到公正和公平对待”。[23] 一些国家也表达了类似立场。例如，印度代表主张，

---

21 《第 60 届联大第三委员会第 31 次会议简要记录》，议程项目 71：人权问题，A/C.3/60/SR.31，第 64 段。

22 UN General Assembly, Human Rights Council ,A/RES/60/251, 15 March 2006, para.2.

23 Statements delivered during the High Level Segment of the first Session of the United Nations Human Rights Council, China: Statement by Mr. Yang Jiechi, 21 June 2006, https://www.ohchr.org/Documents/HRBodies/HRCouncil/RegularSession/Session1/HLS/china.pdf, visited on 20th September 2022.

普遍定期审议应该平等对待所有国家并防止选择性、双重标准；[24] 马来西亚代表强调，人权理事会应该成为提升对话、促进理解、相互尊重的平台，应该将对话与合作作为工作方法。[25]2006 年 10 月，在第 61 届联大第三委员会会议上，中国代表在人权理事会体制建设方面更是明确提出主张："普遍定期审议应坚持公正、公平、客观和非选择性原则，促进各国就人权问题开展建设性对话，而不是相互指责和攻击。"[26] 在中国等发展中国家的努力下，人权理事会 2007 年通过建立普遍定期审议机制的第 5/1 号决议，突出强调了合作与对话、公平公正、普遍性、非政治性等原则。决议第 3 段"原则"强调，普遍定期审议应："…… (b) 是一种建立在客观可靠的资料以及互动对话基础上的合作机制；(c) 确保普遍涉及到并且平等对待所有国家；……(g) 客观、透明、非选择、具有建设性、非对抗、非政治化地进行"。由此可见，从人权委员会国别审议到人权理事会普遍定期审议的机制演进，实质上是从国际人权机制对抗到合作的运行逻辑转换。虽然现实表明这种逻辑转换并不能防止

---

24 Statements delivered during the High Level Segment of the first Session of the United Nations Human Rights Council, India: Statement by H.E. Mr. Anand Sharma, 19 June 2006, https://www.ohchr.org/Documents/HRBodies/HRCouncil/RegularSession/Session1/HLS/india.pdf, visited on 20th September 2022.

25 Statements delivered during the High Level Segment of the first Session of the United Nations Human Rights Council, Malaysia: Statement by the Honourable Mr. Ahmad Shabery Cheek, 19 June 2006, https://www.ohchr.org/Documents/HRBodies/HRCouncil/RegularSession/Session1/HLS/malaysia.pdf, visited on 20th September 2022.

26 中华人民共和国常驻联合国代表团网站：《中国常驻联合国副代表刘振民大使在第六十一届联大三委关于人权问题（议题 66 b,c）的发言》，2006 年 10 月 18 日，https://www.fmprc.gov.cn/ce/ceun/chn/zgylhg/jsyfz/rqsw/t276829.htm，最后访问时间：2022 年 9 月 20 日。

实际运行中的政治化问题，[27] 但还是为发展中国家平等表达话语提供了机制保障。

三、中国积极参与人权理事会机制的实践

（一）中国五次当选人权理事会成员

自人权理事会成立以来，中国一直对理事会工作给予高度关注和支持。2006 年 6 月 19 日至 30 日，联合国人权理事会首届会议在日内瓦万国宫举行。外交部副部长杨洁篪代表中国政府提出开创国际人权事业新局面的五项主张。2006 年人权理事会成立以来，中国已五度当选理事会成员。2006 年 5 月 9 日，第 60 届联合国大会根据联大有关决议，以无记名投票的方式选出了新成立的人权理事会首届 47 个成员，其中包括中国、法国、俄罗斯和英国四个联合国安理会常任理事国。2009 年 5 月，第 63 届联合国大会改选联合国人权理事会 18 个成员国，191 个联合国会员国的代表出席并投票。经过一轮投票，中国以 167 票成功连任人权理事会成员，任期自 2009 年至 2012 年。2013 年 11 月，第 68 届联合国大会选举产生联合国人权理事会 14 个新成员，中国以 176 票当选，任期为 2014 至 2016 年。2016 年 10 月 28 日，第 71 届联合国大会举行不记名投票，改选人权理事会成员，中国等 14 个国家当选联合国人权理事会成员，任期从 2017 年至 2019 年，其他当选国家还有突尼斯、南非、卢旺达、埃及、日本、伊拉克、沙特阿拉伯、匈牙利、克罗地亚、古巴、巴西、美国和英国。2020 年 10 月 13 日，中国在第 75 届

27　有学者认为，作为一个政府间政治机构，人权理事会的运行方式必然带有政治性。See René J. Rouwette，the Imminent Review of the Human Rights Council, 2009–2011, *Netherlands Quarterly of Human Rights*, Vol. 28 No.2(2010), p.158.

联合国大会上第五次成功当选人权理事会成员，任期为2021至2023年。此外，中国连任联合国非政府组织委员会成员，多名专家出任联合国人权理事会咨询委员会、形势工作组成员。中国政府也鼓励非政府组织积极参与人权理事会等人权机制活动。[28]

（二）**中国积极与人权理事会相关机制开展合作**

中国积极与人权委员会、人权理事会特别机制开展合作，参与人权委员会、人权理事会对相关议题的讨论和磋商。中国同联合国人权高专办等保持建设性接触，鼓励其客观、公正履职，重视发展中国家所关切的状况。中国先后八次接待人权高专访华，多次邀请高专办官员来华交流访问。其中，第二任联合国人权高专罗宾逊夫人（Mary Robinson）曾应邀七次访华，第四任人权高专路易丝·阿博尔女士（Louise Arbour）应邀于2005年8月访华。2000年，中国与联合国人权高专办签署技术合作《谅解备忘录》，并于2001年续签，在此框架下共同举办了轻罪惩罚、警察与人权、人权教育等专题研讨会及其后续行动。2005年，中国与联合国人权高专办签署第二份技术合作《谅解备忘录》，内容涵盖司法改革、人权教育、执行人权条约等多个领域，合作效果良好。2011年12月，中国与高专办合办了“中国－联合国司法研讨会”。中国政府还分别于2000年和2005年与高专办共同举办第八次和第13次亚太区域人权研讨会。[29] 截至2021年4月，中国先后邀请宗教信仰自

28 国务院新闻办：《改革开放40年中国人权事业的发展进步》，http://www.scio.gov.cn/zfbps/ndhf/37884/Document/1643348/1643348.htm，最后访问时间：2022年9月20日。

29 国务院新闻办：《为人民谋幸福：新中国人权事业发展70年》，http://www.scio.gov.cn/zfbps/ndhf/39911/Document/1665100/1665100.htm，最后访问时间：2022年9月20日。

由特别报告员、任意拘留问题工作组、教育权特别报告员、酷刑问题特别报告员、粮食权特别报告员、消除对妇女歧视问题工作组、外债对人权影响问题独立专家、极端贫困与人权问题特别报告员、老年人权利问题独立专家等九个特别机制 11 次访华。中国认真对待人权理事会特别机制来函，在认真调查的基础上及时予以答复。[30]

自 2009 年以来，中国三次接受联合国人权理事会普遍定期审议，并顺利通过核可。中国对各国所提建议均给予认真、负责任的反馈。绝大多数国家肯定中国人权发展的成就和中国对世界人权事业所做的贡献。

（三）中国积极在人权理事会机制内提出新理念

中国积极参与全球人权事务，在联合国大会、人权理事会等场合提出系列倡议，推动构建公平正义、合理有效的国际人权体系。中国明确提出“生存权发展权是首要的基本人权”的理念，坚持各项人权要协同推进，坚持人权的普遍性与特殊性相统一，强调以合作促发展、以发展促人权等人权理念和主张对广大发展中国家乃至世界人权事业发展的重要引领作用。习近平主席提出的构建人类命运共同体理念，在国际上引起热烈反响，先后被写入联合国人权理事会、联合国安理会等机构的多份决议，正在被越来越多的国家接受，成为推动包括全球人权治理在内的世界未来发展的中国智慧和中国方案。中国推动联合国人权理事会通过“纪念第四次世界妇女大会暨《北京宣言》和《行动纲领》通过 20 周年”主席声明、“加强公共卫生能力建设促进健康权”“发展对享有所有人权的贡献”“在人权领域促进合作共赢”等决议。尤其是“发展

30　国务院新闻办：《中国共产党尊重和保障人权的伟大实践》，http://www.scio.gov.cn/zfbps/ndhf/44691/Document/1707316/1707316.htm，最后访问时间：2022 年 9 月 20 日。

对享有所有人权的贡献”决议的通过，首次将“发展促进人权”引入国际人权体系。中国多次代表140余国就“加强人权合作”“落实发展权”“共建人类命运共同体”等议题进行共同发言；多次在联合国举办“减贫促进人权”等主题的人权边会和展览。[31]

（四）中国积极参与人权理事会的规则和机制发展工作

中国致力于在人权委员会、人权理事会机制内推动国际人权规则和机制发展。中国参加了《禁止酷刑和其他残忍、不人道或有辱人格待遇或处罚公约》《儿童权利公约》《残疾人权利公约》《保护所有移徙工人及其家庭成员权利国际公约》以及《经济社会文化权利国际公约》任择议定书等重要人权文件的制定工作组会议，为这些规则的起草、修改和完善做出重要贡献。中国作为主要推动者之一，参与了《发展权利宣言》的起草工作，积极推动人权委员会和人权理事会就实现发展权问题进行全球磋商，致力于推动构建发展权实施机制。中国积极参与劳工保护、人道主义等领域的国际规则制定。中国是《联合国气候变化框架公约》首批缔约方之一，全程参与并有效推动气候变化多边进程，为推动达成《巴黎协定》做出积极贡献。[32] 中国支持联合国人权理事会设立安全饮用水、文化权、残疾人权利等专题性特别机制；倡导召开关于粮食

---

31 国务院新闻办：《改革开放40年中国人权事业的发展进步》，http://www.scio.gov.cn/zfbps/ndhf/37884/Document/1643348/1643348.htm，最后访问时间：2022年9月20日。

32 国务院新闻办：《为人民谋幸福：新中国人权事业发展70年》，http://www.scio.gov.cn/zfbps/ndhf/39911/Document/1665100/1665100.htm，最后访问时间：2022年9月20日。

安全、国际金融机制等特别会议，积极推动完善国际人权机制。[33]

第二节 中国与人权理事会普遍定期审议

自 2008 年起，人权理事会普遍定期审议机制开始对所有联合国会员国人权状况的轮流审议过程，并于 2008-2012、2012-2016、2017-2021 年分别完成了三轮普遍定期审议。

一、第一轮普遍定期审议

根据人权理事会第 5/1 号决议设立的普遍定期审议工作组，于 2009 年 2 月在日内瓦召开第四届会议。在 2009 年 2 月 9 日召开第十次会议上，工作组对中国进行第一轮普遍定期审议。为便于开展对中国的审议工作，人权理事会于 2008 年 9 月 8 日选出由印度、加拿大、尼日利亚组成的“三国小组”负责协助中国报告的审议。“三国小组”编写了针对中国的第一轮普遍定期审议工作组报告。中国常驻联合国日内瓦办事处大使兼代表李保东做了介绍性发言，介绍了中国的基本国情以及近年来的人权发展成就。在互动对话期间，60 个代表团发了言，55 个代表团未能发言。许多代表团对中国内容丰富、全面的国家报告和公开介绍表示祝贺，并欢迎中国对普遍定期审议进程的建设性的合作参与。大多数发言的国家都提出了明确建议，少数国家只在发言中对中国的人权建设成果表示赞赏以及对感兴趣的问题进行询问，没有再提出具体意见。所以，如果只

33　国务院新闻办：《为人民谋幸福：新中国人权事业发展七十年》，http://www.scio.gov.cn/zfbps/ndhf/39911/Document/1665100/1665100.htm，最后访问时间：2022 年 9 月 20 日。

按照具体建议进行统计的话，在第一轮普遍定期审议中，各国代表团一共提出了 138 条建议。2009 年 6 月 11 日，人权理事会普遍定期审议工作组第 17 次会议未经表决通过关于中国的审议报告。2009 年 10 月，人权理事会第 11 届会议通过对中国的审议报告。

通过总结各国提出的建议发现，澳大利亚、加拿大等西方国家更关注中国的公民及政治权利发展情况，提出的建议涉及废除死刑、宗教自由、少数民族权利、言论自由、废除任意拘留和改革劳动教养、司法体系改革、设立国家人权机构、批准《公民及政治权利国际公约》和加入《罗马规约》等问题；而斯里兰卡、南非、俄罗斯等发展中国家则更加关注中国的经济、社会、文化权利情况，这些国家往往对中国的人权发展成果表示赞赏，提出的建议主要涉及进一步促进农村及少数民族地区发展、保障妇女儿童权利、继续实施减贫措施、分享发展经验问题。

在第一轮审议中，中国接受了其中的 55 条建议，主要包括以下几个方面：尽早批准《公民及政治权利国际公约》；继续增进和保护人权；慎用死刑，改革劳教制度，深化司法制度改革；加强与特别程序及人权理事会合作；进一步保障妇女、儿童、残疾人、少数民族、农村居民权利；加大扶贫力度，分享发展经验。[34]

二、第二轮普遍定期审议

根据人权理事会 2007 年 6 月 18 日第 5/1 号决议设立的普遍定期审议工作组，于 2013 年 10 月 21 日至 11 月 1 日召开第 17 届会议。2013 年 10 月 22 日，工作组举行第三次会议，对中国报告进行了审议。为便

34 根据人权理事会第 11 届会议普遍定期审议工作组报告文件 A/HRC/11/25 进行总结。

于开展对中国的审议工作，人权理事会于 2013 年 1 月 14 日选举波兰、塞拉利昂和阿拉伯联合酋长国组成“三国小组”，负责协助报告审议工作。中国代表团团长吴海龙发言，介绍了中国自上次普遍定期审议以来的人权发展成就。在互动对话期间，137 个代表团做了发言。2014 年 7 月，人权理事会第 25 届会议通过工作组报告。[35]

大多数国家，尤其是发展中国家充分肯定了中国在人权方面做出的巨大努力和取得的显著成绩，但是以美国、英国、瑞士为代表的少数发达国家认为中国压制集会、结社、宗教和言论自由权利以及打压所谓“人权卫士”，并对此表示了关切。137 个国家代表团共提出了 284 条建议，主要集中于以下几个方面：批准《公民及政治权利国际公约》，以及一系列中国没有批准的国际人权公约和议定书；落实《国家人权行动计划（2012-2015 年）》；加强人权教育，提高人权意识；完善法律制度，建立国家人权机构；加强与人权理事会及其特别程序以及人权条约机构等联合国人权机构合作；继续脱贫，保护妇女、儿童、残疾人、少数民族及难民等弱势群体的权利，反对歧视；公布死刑数据，争取最终废除死刑；废除劳教，防止酷刑和任意拘留，保障律师辩护权利，改革司法系统；保护公民言论、结社、集会、宗教和信仰自由权利以及自由使用互联网权利，保障选举与被选举权；保障城乡居民享有平等就业、社会保障和受教育权利；分享发展经验。

中国政府认真研究了各国在人权理事会国别人权审查工作组第 17 届会议期间提出的 252 条建议。中国政府接受 204 条建议，包括已经执行或正在执行的建议；暂不接受 48 条建议，主要因为它们不符合中国

35　根据人权理事会第 25 届会议普遍定期审议工作组报告文件 A/HRC/25/5 进行总结。

基本国情，或与中国宪法原则和国内法律精神相悖。[36]

三、第三轮普遍定期审议

根据人权理事会第 5/1 号决议设立的普遍定期审议工作组，于 2018 年 11 月 5 日至 16 日召开第 31 届会议。2018 年 11 月 6 日举行的第三次会议对中国进行了审议。为便于开展对中国的审议工作，人权理事会于 2018 年 1 月 10 日选出匈牙利、肯尼亚和沙特阿拉伯组成“三国小组”，以协助开展对中国的审议工作。中国代表团由外交部副部长乐玉成进行陈述。150 个代表团在互动对话中做了发言。2019 年 3 月 15 日，人权理事会第 40 届会议通过了工作组报告。

绝大多数国家积极评价中国的人权成就，并提出有益建议。150 个代表团共提出 346 条建议。这些建议主要包括以下几个方面：批准《公民及政治权利国际公约》以及一系列中国没有批准的国际人权公约和议定书；加强与人权理事会及其特别程序以及人权条约机构等联合国人权机构合作，落实普遍定期审议的建议；继续分享发展经验，促进“一带一路”倡议，帮助其他发展中国家发展；进一步加强对妇女、儿童、老年人、残疾人、少数民族及性少数群体等弱势群体权利的保护，反对歧视；设立独立的国家人权机构；继续执行《国家人权行动计划》；加强人权教育，提高人权意识；进一步缩小城乡差距；落实可持续发展目标和 2030 年议程，保护环境；继续努力打击恐怖主义、极端主义和分裂主义；公开死刑数据，努力废除死刑；打击人口贩运，停止任意拘留；确保宗教信仰自由、言论自由权利以及自由使用互联网权利；保障律师

---

36 中国接受建议详情请见普遍定期审议工作组报告增编文件 A/HRC/25/5/Add.1。

辩护权利，加强司法机构对人权的保护；加强社会保障制度；加强对受教育权的保障；保障人权维护者的言论自由权；维护香港人民权利。

中方决定接受346条建议中的绝大部分，共284条，涉及减贫、法治、民生、反恐、宗教、国际合作等20多个领域，充分体现中国促进和保护人权的决心和积极开放的姿态。同时，中方不接受62条建议，主要因为其不符合中国国情，与中国法律相悖，或带有政治偏见并与事实不符。[37]

四、三轮普遍定期审议简要总结

综合三轮对中国的人权普遍定期审议，可以看出：

第一，各国参与普遍定期审议的积极性在不断提升，许多国家都积极参与了与中国的审议互动对话。一方面，提出建议的国家越来越多。例如，第一轮普遍定期审议中只有60个国家代表团就中国人权状况提出建议，而第二轮和第三轮普遍定期审议中，相应的数量分别为137个、150个。特别是德国、澳大利亚、捷克、加拿大、法国等西方国家对中国人权状况给予比较积极的关注和建议。另一方面，建议的数量也越来越多。第一轮普遍定期审议一共提出138条建议，第二轮为284条，第三轮为346条。

第二，针对中国的建议涉及领域越来越广。第一轮普遍定期审议的建议内容可以大致划分为八九个方面，第二轮建议大概包含10多个方面，第三轮建议如果详细概括，可以列出20多个问题，而且出现了环保、反恐等非传统领域的人权问题。各国针对中国报告提出的主要问题有：

37　根据人权理事会第40届会议普遍定期审议工作组报告文件A/HRC/40/6总结。

关于中国批准《公民及政治权利国际公约》的问题，拘留和死刑问题，司法公正问题，少数群体权利问题，宗教和信仰自由问题，酷刑和有辱人格待遇，分享发展经验问题。此外，针对中国的建议内容容易反映当年的热点问题。例如，第一轮普遍定期审议中，针对中国的建议涉及到如何应对 2008 年金融危机的问题，第三轮中的许多建议则提到了中国的“一带一路”倡议、全面建成小康社会议题。

第三，在针对中国的建议中，对具体行为的要求比例下降，对一般行为要求的比例有所提高并且占比最大。

第四，不同类型国家对中国的建议侧重点不尽相同。发展中国家及与中国交好的发达国家更关心中国的经济、社会、文化权利保障，并提出促进人权发展的建议；而部分西方发达国家往往通过强调言论自由、宗教自由、所谓“人权维护者”的权利保障等问题，对中国的主权和内政问题进行干涉和指责。

第五，中国积极参与三轮审议互动对话，对所提建议也都以高度认真负责的态度做出自愿承诺和答复，并且接受建议和做出后续行动的比例都有所增加。这说明中国在参与审议机制的过程中采取了更加富有建设性和包容的态度。三轮审议下来，中国所接受的建议分别涉及：研究批准《公民及政治权利国际公约》，严格控制和慎用死刑，加强与联合国人权系统和各人权条约机构的建设性对话与合作，开展人权教育和宣传活动，关注妇女和儿童等社会弱势群体，减贫与实现发展权，完善社会保障体系，加强人权领域国际合作，推进经济社会和文化权利保护，提升受教育权和就业水平，推进司法改革以促进和保护人权，保障少数民族权利，法治，民生，反恐等 20 多个领域。这充分体现出中国促进和保护人权的决心 。

第三节 中国与人权理事会特别程序

人权理事会特别程序是旨在从专题角度或具体国别角度对人权问题提供建议和报告的独立人权专家机制。这一机制发端于人权委员会时代。人权委员会于 1967 年成立了一个负责调查南非人权状况的五人专家工作组。这个特设工作组可以被看作人权委员会首个特别程序，并一直工作到 1995 年南非种族隔离制度（South Africa’s Apartheid）结束。同时，经济及社会理事会第 1235 号决议决定，从 1967 年开始创立一般性议题，以讨论所有国家的人权形势。这些“一般性议题”包括强迫失踪、法外处决、即审即决或任意处决、宗教不容忍、雇佣军、虐待和贩卖儿童等。

人权理事会取代人权委员会后，基本上继承了人权委员会的特别程序。在 2011 年审议其工作和运作的背景下，人权理事会重申了各国与特别程序合作的义务以及特别程序的完整性和独立性。人权理事会还重申了合作、透明和问责的原则以及特别程序系统在加强人权理事会应对人权状况能力方面的作用。

特别程序的任务效果，很大程度上取决于国际社会，特别是各国政府的配合和支持。因此，特别程序非常强调与联合国系统内各机构、各国政府、区域人权组织、民间社会组织等主体的合作。从 1994 年开始，特别程序任务负责人举办年度会议，会议旨在更好地协调和统一特别程序的工作，便于任务负责人解决热点问题，与各国、人权理事会主席、区域人权组织、国家人权机构、人权高专办和联合国实体代表以及民间社会组织交流意见。

自恢复在联合国的合法席位以来，中国政府始终秉持积极态度参与联合国人权机制。自 1994 年至 2021 年 4 月，中国先后邀请宗教信仰自由特别报告员、任意拘留问题工作组、教育权特别报告员、酷刑问题特别报告员、粮食权特别报告员、消除对妇女歧视问题工作组、外债对人权影响问题独立专家、极端贫困与人权问题特别报告员、老年人权利问题独立专家等九个特别机制 11 次访华。中国认真对待人权理事会特别机制来函，在认真调查的基础上及时予以答复。

一、宗教信仰自由特别报告员 1994 年访华

宗教信仰自由报告员阿卜杜勒法塔赫·奥马尔应中国政府的邀请，根据他的工作任务并按照人权委员会 1994 年 2 月 25 日第 1994/18 号决议，于 1994 年 11 月 19 日至 30 日到中国进行访问。访问期间，特别报告员会见了中国政府及非政府组织代表，还会见了在中国有代表性的五大宗教（佛教、道教、伊斯兰教、天主教、基督教）负责人、宗教信仰者和学者。访问期间，他造访了北京、成都、拉萨和上海。

特别报告员认为，他通过这次访问观察到了中国在人权情况上的发展，尤其是宗教信仰宽容和非歧视方面的发展。他认为中国是一个人口众多、人口构成复杂的国家，大多数人为无神论者和马克思主义者，因此宗教的传播活动，必须在不干涉原则和国家政治敏感性以及尊重人权之间取得平衡。虽然在这方面中国已经颁布了一些法令，并取得了一些进展，但是特别报告员仍提出了一些建议。除此之外，特别报告员在报告中还讨论了对于明确界定宗教与非宗教行为的建议、加强对政府官员的人权教育、出版和分发关于宗教信仰自由的规定读物以及开展关于对

宗教信仰的容忍和非歧视的教育等建议。[38]

二、任意拘留问题工作组 1996 年访华

任意拘留问题工作组主席兼报告员路易斯·儒瓦内应中国政府的邀请，于 1996 年 7 月 14 至 21 日在工作组秘书的陪同下到中国进行准备性的访问。工作组在访问期间主要造访了北京和山东部分地区。在北京期间，工作组同外交部副部长田增佩先生进行了首次会晤，确定了这次访问的具体安排和优先目标。在外地访问期间，工作组会见了山东省副省长。回到北京以后，他们应邀访问了最高人民法院和最高人民检察院。除此之外，工作组还同全国律师协会举行了会议，了解到最近的改革所带来的影响深远的变化。工作组同外交部举行了会谈，会谈主要涉及正在举行的访问和计划中正式访问的准备工作。工作组接受中国政府的提议访问了北京监狱（已定罪人员的服刑场所）和山东省淄博劳教所（行政拘留场所）。最后几次访问都能够按照工作组所希望的安排进行，即被拘留人员和晤面地点由工作组选择。除了联合国的口译以外没有任何其他见证人在场。

对中国目前的改革及其意义，工作组认为最重要的进展是立法机构在 1996 年期间制定的一系列改革措施，审议由于上述重大改革所引起的变化，将是工作组在之后按计划进行访问期间最为关注的事项。

对于此次访问，工作组向联合国人权委员会提出了简短的评论：中国在实现其生产制度现代化以后，还应该实现立法制度的现代化，具体应从从刑事诉讼领域做起，它同拘留问题和保护人权有很直接的关系。

38　E/CN.4/1995/91.

工作组感谢中国充分考虑和顾及工作组在华期间的工作安排。[39]

三、任意拘留问题工作组 1997 年访华

人权委员会任意拘留问题工作组主席卡比尔·西巴尔（印度）和副主席路易·儒瓦内（法国）代表工作组，应中华人民共和国政府的邀请，于 1997 年 10 月 6 日至 16 日访问中国。工作组访问了北京、成都、拉萨和上海。对于这次访问，工作组认为中国做了真正的努力，满足工作组的请求，使访问取得了成功。工作组对于中国主管部门的开放精神和真诚合作给予了高度赞扬，工作组希望这次访问创建的先例能够带来不断合作的佳音。

对于中国政府对《刑事诉讼法》的修订，工作组认为，中国主管部门已经从一种审问调查的刑事审判制度走向了一种较具对抗辩论性的制度，工作组认为，无论是律师在审判中作用的加强，还是法律条文中隐含的无罪推定概念，都是朝正确方向迈出的一步。工作组也提出了需要在刑法中继续改进的事项。[40]

四、受教育权特别报告员 2003 年访华

中国政府于 2002 年 11 月 14 日邀请联合国人权委员会受教育权利问题特别报告员访问中国。特别报告员卡塔琳娜·托马舍维斯基接受中国的访问邀请，于 2003 年 9 月 9 日至 19 日访问中国，于 2003 年 11 月 21 日提交报告至人权委员会。

由于预算有限，在 10 个工作日的访问过程中，特别报告员的访问

39 E/CN.4/ 1997/4.

40 E/CN.4/1998/44/Add.2.

仅限于北京。访问和报告均以国际法律框架为标准，着重于中央政府扮演的角色，概述了从人权角度审查教育显现的关键问题，主要有以下几点：第一，建议中国政府以国际人权法为标准审查其国内法律，以便按国际要求做出调整。第二，建议中国加大教育经费投入。第三，随着经济体制的变革，教育市场也变得多元化和自由化，建议制订一个基于人权不可分割的跨部门战略，以使教育能跟上因推行市场经济而不断发生的变化。第四，建议政府在教育方面制订一项全面战略，并通过教育实现性别平等，并采取措施确保弱势群体子女或残疾儿童充分享有受教育权。第五，建议采取相关措施，改革当前以应试教育为主的做法，使教育能符合受教育权主要内容的最大利益。[41]

五、任意拘留问题工作组 2004 年访华

应中国政府的邀请，人权委员会任意拘留问题工作组于 2004 年 9 月 18 日至 30 日对中国进行访问。这次访问侧重于了解自 1997 年访问以来的发展情况。根据此次访问的后续性质，工作组会晤了曾经在 1997 年会晤过的相同部委、机构和部门的官员。此外，工作组还走访了 1997 年走访过的城市（除上海以外）以及拘留场所（只有个别例外）。

工作组访问了北京、成都和拉萨。工作组访问了事先交给中国政府的清单中所列的 10 个拘留场所。该清单还列出了一些派出所、预审拘留所、监狱、劳教所和精神病院。在这些拘留场所，工作组与名单中随机选定的 70 多个被关押人进行了会面和交谈，这些人当中有预审在押犯、已经定罪并正在服刑的犯人、妇女、未成年人和在劳教所被

41　E/CN.4/2004/45/Add.1.

行政拘留的人。

工作组重视中国最近在政治层面做出的关于进一步加强和发展人权保护的几项决定，包括：签署了《公民及政治权利国际公约》；将法治国家和保护人权的内容加入宪法；全国人民代表大会正在审查是否将一系列保护政治权利的主题作为新法律或法律修正案的议题；全国人大准备把审议当前有关劳动教养的法律制度问题列入议事日程；正在落实工作组上次提出的建议，讨论把明确反映无罪推定原则的条款纳入刑事法律立法的问题；中国政府下拨大量的资金，用来改善拘留条件，而且采取了良好的做法，更好地保护被拘留者的权利。工作组对以上做法表示欢迎，同时也提出了值得关注的不足之处以及希望在改革过程中被考虑到的建议，如希望中国早日批准《公民及政治权利国际公约》、完善有关刑事拘留的法律。[42]

六、酷刑问题特别报告员 2005 年访华

应中国政府邀请，酷刑和其他残忍、不人道或有辱人格待遇或处罚问题特别报告员曼弗雷德·诺瓦克于 2005 年 11 月 20 日至 12 月 2 日访问中国，访问地点包括北京、拉萨、乌鲁木齐。特别报告员对中国政府近年来在中央和省级层面为防止酷刑所做出的各种努力表示肯定，并认为由于近年来所做的这些努力以及类似措施，酷刑行为在不断减少。

特别报告员就进一步禁止酷刑，向中国提出相关建议，主要有：从刑事司法制度上予以保障，防止发生酷刑和虐待行为；批准《禁止酷刑和其他残忍、不人道或有辱人格待遇或处罚公约任择议定书》，对酷刑

42 E/CN.4/2005/6/Add.4.

和虐待受害人给予相应实质性补偿等其他预防措施；缩小死刑罪名的范围；废除劳动教养，等等。[43]

七、食物权问题特别报告员 2010 年访华

食物权问题特别报告员奥利维尔·德舒特应中国政府的邀请，于 2010 年 12 月 15 日至 23 日对中国进行正式访问。访问行程包括在北京参加会议以及对通州区、昌平区和山东省的济南和莱芜地区进行实地考察。

特别报告员以适足食物权的主要内容为框架，评述了中国为实现适足食物权所做的努力及面临的障碍。报告员认为，在粮食供应方面，中国在提高农业生产水平方面取得了显著进展。在获得适足食物的可能性方面，特别报告员肯定了中国过去 30 年来在经济增长和摆脱贫困方面取得的巨大进步。在可获得食物的适足性方面，中国在改善营养不良方面取得了显著成效。中国一直密切关注严重的生态威胁和挑战，为减轻和适应生态破坏包括气候变化而采取的诸多举措值得赞扬。

食物权问题特别报告员为中国在实现粮食安全方面取得的重大进展感到鼓舞。对中国面对的挑战，特别报告员提出一些建议。例如，报告员建议，在支持小农户方面，对土地使用权实行更大的保障，提高土地交易的透明度。在支持人人达到适足生活水平的权利方面，增加每月低保，继续努力缩小农村居民社会保护与城镇居民社会保护之间的差距。在支持向可持续农业过渡方面，特别报告员建议中国政府进一步探讨用生态农业的办法激发农业现代化的潜力。在支持应对营养转型的战略方面，特别报告员促请中国政府考虑《世卫组织关于饮食、锻炼与健康的

43　E/CN.4/2006/6/Add.6.

全球战略》的建议，制定并实施一项应对与中国饮食迅速改变以及随之而来的非传染性疾病传播有关问题的国家战略。[44]

八、法律和实践中的歧视妇女问题工作组 2013 年访华

法律和实践中的歧视妇女问题工作组应中国政府邀请，于 2013 年 12 月 12 日至 19 日对中国进行访问。主席兼报告员弗朗西丝 · 拉德和卡马拉 · 昌德拉吉拉那参加了访问。工作组在北京、上海和云南省西双版纳傣族自治州与政府官员、地方主管机构、国家和地方民间社会组织以及学术界、基层妇女团体领导人和联合国机构代表进行了磋商。工作组审查了妇女对经济、社会、政治和公共生活的参与和在这些方面赋予她们权利的情况。

工作组确认了消除歧视和促进平等的良好做法，就需要进一步改进的领域提出了意见，并提出了一些建议：第一，建议启动全国范围内的协商，讨论克服各类妇女面临的一切形式直接和间接歧视所需行动的优先事项；制定一项全面的多年期国家性别平等政策，并纳入中国的宏观规划；划拨足够的预算资源保障妇女的人权；对国内不同背景下和不同地区发生的重大人口和经济变化的具体性别影响开展独立研究和分析。第二，加强法律中现有平等保障的可执行性。例如，尽快通过已经提出的家庭暴力立法；颁布立法，预防、处罚和起诉学校内的暴力行为、对 16 岁以下未成年人的性虐待行为；执行国家和地方层面形成的法律规定，防止全国范围内对妇女的歧视。第三，建议中国政府采取特别措施，促进妇女平等参与政治和公共生活，使妇女能够平等、切实有效地在国

44 A/HRC/19/59/Add.1.

家、省和地方三级的所有立法、行政和司法机构中担任高级决策职务。第四，为促进妇女的经济和就业平等，工作组建议修订同酬立法，改进保护家政工人就业权利和就业条件的法律框架；在设计宏观经济政策和劳动与社会保障政策时，充分考虑分配给妇女的无偿照料工作过多的问题；向在非正规劳动力市场就业的许多妇女提供体面工作保护。第五，为保护处于弱势地位妇女的权利，工作组建议中国政府继续采取并加强措施，以便扶持处于弱势地位的妇女。[45]

九、外债对人权影响问题独立专家 2015 年访华

国家外债和其他有关国际金融义务对充分享有所有人权，尤其是经济、社会和文化权利的影响问题独立专家胡安·巴勃罗·波霍斯拉夫斯基于 2015 年 6 月 29 日至 7 月 6 日对中国进行正式访问。访问中国期间，独立专家与外交部、教育部、财政部、公安部、人力资源和社会保障部、住房和城乡建设部、商务部的政府官员以及国务院新闻办公室、国家卫生和计划生育委员会、中国人民银行和中国银行业监督管理委员会的代表开展了讨论，此行还包括与国家开发银行、中国进出口银行和中国企业联合会（包括中国五矿化工进出口商会）等机构代表的会谈以及与学者和民间社会组织代表的会谈。独立专家还与亚洲基础设施投资银行候任行长举行了会谈。

访问期间，独立专家尤为关注中国国际贷款的法律和体制框架，该问题涉及到任务负责人的工作重点之一，即分析国际供资与人权之间错综复杂的关系。他对于中国目前的情况给予了以下认可：中国已成为一

45　A/HRC/26/39/Add.2.

个为南南合作提供资金、为伙伴国家的可持续发展长期供资的主要力量。过去十年间，中国的对外援助和对外投资空前增长。通过经济合作，中国已协助很多伙伴国家落实经济、社会及文化权利。通过与其他国家合作建立新的多边开发银行，中国正在为解决发展中国家基础设施不足问题提供更多的供资机会。

与此同时，独立专家提出了中国面临的挑战：中资金融机构支持的开发项目尽管已带来了惠益，但一些项目还是给某些个人和社区造成了不利的环境、社会和人权影响。中国政府已通过制定旨在防范和缓解负面环境和社会影响的规章，应对这一挑战。更确切地说，在解决环境和社会影响方面已取得了重大进展，但明文确保在国际贷款和对外投资中尊重和保护人权的综合框架却依然缺失。中国需要做出更多努力，以加强现有指导原则在业务实践中的落实情况，改进与受影响个人和社区的磋商工作，并改善金融机构对受影响个人和社区所关切问题的应对情况。这其中包括确保受影响者可因人权受到的潜在侵犯获得切实的补救。

对此，独立专家分别针对不同的相关主体提出了针对性的具体建议，包括：第一，建议中国政府通过一系列方法，在其发展合作和国际贷款活动中纳入更明显、更明确的人权导向的方针；第二，建议国家和跨国金融机构尊重人权、信息公开、设立独立的投诉机制、考虑加入联合国全球契约或采用《赤道原则》等；第三，建议亚洲基础设施投资银行和新开发银行制定或修订环境与社会保障程序草案，就旨在避免和减轻环境、社会或人权风险的机构政策与利益攸关方开展或继续开展磋商活动，以及在不设置过分条件的情况下给予债务减免等；第四，建议伙伴国家确保外商投资项目以及双边或多边开发银行供资的开发项目奉行人权领域的国家和国际规范，确定有效的司法、行政和立法措施等；第五，建议接受企业根据适用情况尽可能落实《工商企业与人权指导原则》，考虑加入联合国全球契约。[46]

十、赤贫和人权问题特别报告员 2016 年访华

根据人权理事会第 8/11 号和第 26/3 号决议，赤贫和人权问题特别报告员菲利浦·奥尔斯顿于 2016 年 8 月 15 日至 23 日对中国进行访问。在为期九天的访问中，特别报告员与中央和地方政府、非政府组织、国际组织代表和学界专家进行了会谈和交涉。

特别报告员对中国近 30 年来取得的成就表示肯定，他认为，中国近年来脱贫成果突出，不仅消除收入贫困，还实现了各种社会目标，在人权状况方面，中国取得的发展成就也无可置疑。特别报告员指出，中国在扶贫方面取得了非凡成就。中国领导层坚定和真正地致力于建设没有赤贫的“小康社会”，表现出了令人钦佩和举世罕见的政治意愿。

尽管如此，特别报告员也提出了中国今后面临的挑战。例如，采取更多措施消除城市地区贫困现象，农村学生的教育权需要进一步保障；在确保穷人平等享有健康权方面，负担能力构成了一项特殊的挑战。[47]

十一、老年人享受所有人权问题独立专家 2019 年访华

应中国政府邀请，老年人享有所有人权问题独立专家罗莎·科恩菲尔德·马特根据人权理事会第 42/12 号决议，于 2019 年 11 月 25 日至 12 月 3 日对中国进行正式国别访问。访问期间，特别报告员前往北京、上海、常州和深圳，与政府代表、非政府组织以及老年人群体等多方面

46　A/HRC/31/60/Add.1.

47　A/HRC/35/26/Add.2.

进行了交流。

独立专家指出，中国正在经历的与年龄有关的大规模结构性变化对社会各行各业都产生了重大影响，包括对老年人享有所有人权带来挑战。值得称赞的是，中国政府制定了各种专门针对老年人的政策，中央和地方层面复杂的法律框架表明了政府对老年人事业的重视。但是，中国面临的一大挑战是维持和改善所有地区的老年人的福祉，同时减少不平等现象，确保在世代内部和世代之间公平分配资源。她鼓励中国批准其尚未加入的所有人权条约，并设立一个有着广泛任务授权的独立国家人权机构。

根据所得结论，独立专家提出了相关建议，如：确保在全国范围内系统和定期收集按年龄和性别分列的数据，以反映这一特定群体的极端异质性；需要解决农村、城市和城郊之间以及地区之间的发展差距，加强部门间协调，扩大社会参与的深度和广度；需要开展更多工作，以确保所有老年人在晚年都有经济保障，无论他们住在农村、城市还是城郊；鼓励政府进一步发展和统一养老支持系统，特别是城乡之间的不同制度，推迟正式退休年龄，便利城镇人口加入基于就业的养老保险计划，并为其参加基本养老计划提供激励措施；尽快制订长期护理总体战略远景，为这类服务的进一步全面发展提供总体方向；针对辅助技术和机器人技术介入养老所引发的一些问题，需要详加研究，为使用这种技术制定规范性框架和适当机制，以确保其使用符合人权原则。[48]

48 A/HRC/45/14/Add.1.

图书在版编目（CIP）数据

联合国人权理事会：历史、机制与实践 / 毛俊响编著 . -- 北京：五洲传播出版社，2023.7（2023.8重印）
ISBN 978-7-5085-5031-2

Ⅰ . ①联… Ⅱ . ①毛… Ⅲ . ①联合国 – 人权 – 组织机构 – 研究 Ⅳ . ① D815.7

中国国家版本馆 CIP 数据核字 (2023) 第 034967 号

联合国人权理事会：历史、机制与实践

著　　者：毛俊响　彭岑萱　盛喜　王欣怡
出 版 人：关　宏
责任编辑：樊程旭
装帧设计：殷　茵
出版发行：五洲传播出版社
地　　址：北京市海淀区北三环中路 31 号生产力大楼 B 座 6 层
邮　　编：100088
发行电话：010-82005927，010-82007837
网　　址：www.cicc.org.cn www.thatsbooks.com
承　　印：北京市房山腾龙印刷厂
版　　次：2023 年 8 月第 1 版第 2 次印刷
开　　本：787 × 1092mm 1/16
印　　张：22.375
字　　数：120 千字
定　　价：79.00 元